図解 世界の名作住宅

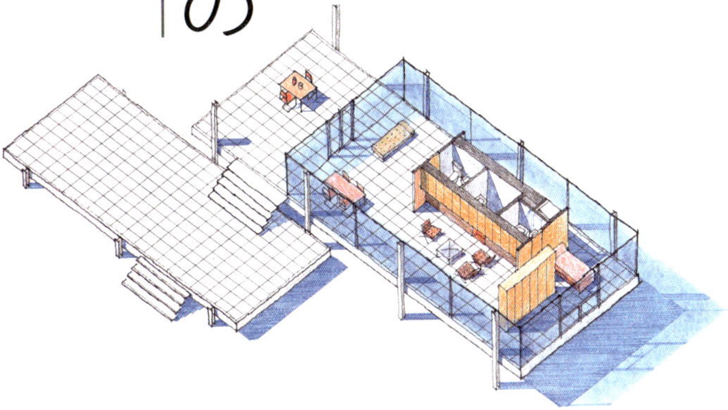

中山繁信＋松下希和＋
伊藤茉莉子＋齋藤玲香

X-Knowledge

CONTENTS

目次

CHAPTER 01 世界を変えた住宅1（～1950年代）

01 p.010 レッドハウス　フィリップ・ウェブ＋ウィリアム・モリス

02 p.014 シュレーダー邸　ヘリット・トーマス・リートフェルト

03 p.020 メーリニコフ自邸　コンスタンチン・メーリニコフ

04 p.024 ローテンボー邸　アルネ・ヤコブセン

05 p.028 サヴォア邸　ル・コルビュジエ

06 p.035 ジェイコブス邸　フランク・ロイド・ライト

07 p.040 落水荘　フランク・ロイド・ライト

08 p.046 夏の家　エリック・グンナー・アスプルンド

09 p.050 ウィチタ・ハウス　バックミンスター・フラー

10 p.055 バラガン自邸　ルイス・バラガン

11 p.062 イームズ自邸　チャールズ&レイ・イームズ

12 p.066 ファンズワース邸　ミース・ファン・デル・ローエ

13 p.072 ガラスの家　フィリップ・ジョンソン

14 p.077 ジャウル邸　ル・コルビュジエ

15 p.082 カレ邸　アルヴァ・アアルト

CHAPTER 02

世界を変えた住宅2（1960年代～）

p.088 01 フーパー邸 マルセル・ブロイヤー

p.092 02 フィッシャー邸 ルイス・カーン

p.098 03 ムーア自邸 チャールズ・ムーア

p.103 04 スタール邸 ピエール・コーニッグ

p.107 05 エシェリック邸 ルイス・カーン

p.110 06 マイラム邸 ポール・ルドルフ

p.114 07 母の家 ロバート・ヴェンチューリ

p.118 08 シーランチ・コンドミニアム MLTW

p.123 09 グワスミー邸兼アトリエ チャールズ・グワスミー

p.128 10 リヴァサン・ヴィターレの住宅 マリオ・ボッタ

p.132 11 レーゲンスブルグの住宅 トーマス・ヘルツォーク

p.136 12 マグニー邸 グレン・マーカット

p.140 13 スーパーアドビ ネダール・ハリーリ

p.144 14 パレク邸 チャールズ・コレア

p.148 15 Yハウス スティーブン・ホール

p.152 16 ヴィラ・ヴァルス SeARCH、クリスティアン・ミュラー・アーキテクツ

CHAPTER 03

日本のすごい住宅

01 p.158 新島旧邸 設計者不明

02 p.162 吉島家住宅 西田伊三郎、内山新造

03 p.168 聴竹居 藤井厚二

04 p.172 軽井沢夏の家 アントニン・レーモンド

05 p.176 前川自邸 前川國男

06 p.180 立体最小限住宅 住宅No.3 池辺陽

07 p.186 丹下自邸 丹下健三

08 p.190 SH-1 広瀬鎌二

09 p.194 私の家 清家清

10 p.198 スカイハウス 菊竹清訓

11 p.204 白の家 篠原一男

12 p.208 もうびぃでぃっく 宮脇檀

13 p.216 浦邸 吉阪隆正

14 p.220 ギャラリーをもつ家 林雅子

15 p.224 ニラハウス 藤森照信

CHAPTER 04

風土に根付く住宅

01 p.230
穴居
設計者なし

02 p.234
洞窟住居
設計者なし

03 p.238
土屋根、草屋根の住居
設計者なし

04 p.242
高床式住居
設計者なし

05 p.246
水上住居
設計者なし

06 p.250
組立て式住居
設計者なし

07 p.254
テント式住居
設計者なし

08 p.258
中庭式住居
設計者なし

09 p.262
合掌造りの民家
設計者なし

建築家COLUMN

p.018 01 ウィリアム・モリス
p.019 02 ヘリット・トーマス・リートフェルト
p.039 03 フランク・ロイド・ライト
p.054 04 エリック・グンナー・アスプルンド
p.061 05 ルイス・バラガン
p.070 06 チャールズ&レイ・イームズ
p.071 07 ミース・ファン・デル・ローエ
p.076 08 フィリップ・ジョンソン
p.086 09 アルヴァ・アアルト
p.097 10 ルイス・カーン
p.102 11 チャールズ・ムーア
p.113 12 ポール・ルドルフ
p.127 13 チャールズ・グワスミー
p.156 14 ネダール・ハリーリ
p.184 15 アントニン・レーモンド
p.185 16 池辺陽
p.189 17 丹下健三
p.193 18 広瀬鎌二
p.202 19 清家清
p.203 20 菊竹清訓
p.215 21 宮脇檀
p.228 22 藤森照信

巻末COLUMN 日本の住まい

p.268 01 住まいは移動から定住へ

p.270 02 土を掘って住む、平地に住む

p.272 03 非農耕民の住まいが生まれた

p.274 04 公家は儀礼に使える住居を求めた

p.276 05 武家の社会が接待空間を生んだ

p.278 06 畳にはまだ遠い、農家の原型

p.280 07 究極の数寄屋造りを茶室に見る

p.283 08 座敷が登場、江戸時代の農家

p.286 09 多様化していく農家

p.288 10 人々の生活に「和風」が浸透する

p.290 11 火災に強い町家はなぜできた

p.292 建築家インデックス

p.294 建物インデックス

p.299 執筆者紹介

p.300 参考文献

※本書は2014年4月に発刊した「世界で一番美しい名作住宅の解剖図鑑」を加筆・修正のうえ、再編集したものです

デザイン	細山田デザイン事務所
	(米倉英弘＋南 彩乃)
DTP	横村 葵
トレース	古賀陽子
印刷＋製本	大日本印刷

CHAPTER 01

世界を変えた住宅1

（～1950年代）

19世紀後半から近代建築運動が起こります。20世紀前半にはモダニズム建築が生まれ、世界中に広がります。主材料に鉄やガラス、鉄筋コンクリートなどの工業製品を使うようになったのもこの時代。

レッドハウス

イギリス・ケント
フィリップ・ウェブ＋ウィリアム・モリス

職人の手仕事が生み出す芸術と住宅の融合

19世紀後半、産業革命後のイギリスには、工場で大量生産された品々があふれていた。そんな時代において、手仕事による美しい物づくりの価値を主張したのがウィリアム・モリスである。

　モリスは、中世から続く職人による手仕事や、素材をシンプルに生かすデザインのなかに「美」を見出した。このレッドハウスは、モリスとその仲間たちが自身の美意識をもって建物だけでなく内装や家具もデザインした、極めて質の高い住宅である。

　一般的な住宅にアートを融合させたレッドハウスは、モリスとその仲間による芸術思想の実践の場となり、すべてのインテリアやプロダクトが彼らの手でデザイン・製作された。それは、後のアーツ・アンド・クラフツ運動［※］の原点にもなった。機械による工業化一辺倒であった時代に、職人たちが誇りをもって製作に当たったこともまた、特筆すべき点である。

　建築・美術・生活に至るまで大きな影響を与えたこの住宅は、手工芸の地位の向上という社会構造の変革まで引き起こすこととなった。

※：英国の思想家、詩人であり、近代デザイン史上に大きな影響を与えたウィリアム・モリスが主導したデザイン運動。中世の手仕事に戻り、芸術と仕事、日常生活の統合を目指した。

手工芸品が生み出す自然な美

建築年	1859年
構造規模	組積造　地上2階
延べ面積	617.12㎡

機械に頼らず、人間の手技による工芸品を内装や家具など家のインテリアにちりばめた。

モリスとウェブがデザインした、ギャラリー付きの長イス

製図室のインテリア

赤レンガでつくった
レッドハウス

住宅に赤いレンガを使った最初の例であり、外壁はすべて赤レンガでできている。

実用的な煙突も大胆に見せ、美しい絵画的な造形とした
道路から建物は見えず、門を入っても建物は正面からずれている。レッドハウスは外観よりも、内部や庭を意識した建物だということが分かる
モリスの自邸であったが、数年しか住まなかった
急峻な屋根
上げ下げサッシ窓は枠と桟が白く、レンガ壁に映える
旧来の建築と異なり、部屋の機能と配置によって、窓の大きさや位置などが決められている

建物を西側から見る

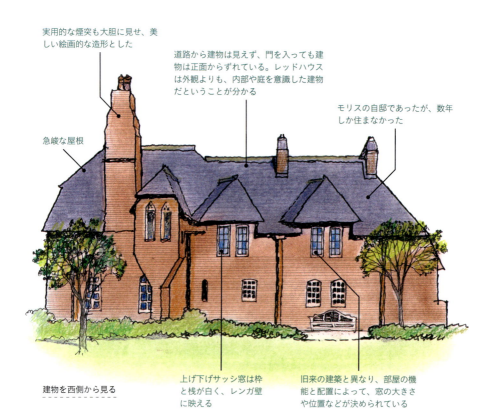

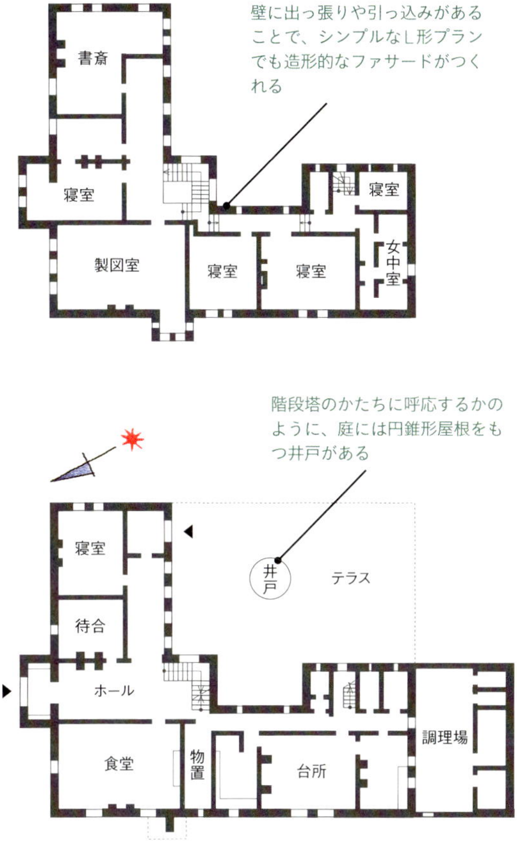
壁に出っ張りや引っ込みがあることで、シンプルなL形プランでも造形的なファサードがつくれる
書斎
寝室
製図室
寝室
寝室
寝室
女中室
階段塔のかたちに呼応するかのように、庭には円錐形屋根をもつ井戸がある
寝室
待合
ホール
食堂
物置
台所
調理場
井戸
テラス

各階平面図（下：1階、上：2階） S＝1／500

MEMO

レッドハウスがきっかけとなり、壁紙やステンドグラス、ガラス食器、刺繍、家具などを製作販売する、モリス・マーシャル・フォークナー商会が設立されて、今日に至っている。

シュレーダー邸

オランダ・ユトレヒト
ヘリット・トーマス・リートフェルト

家具デザイナーによる家具のような家

西洋建築といえば、どっしりとしたレンガ壁に覆われ、小さな開口しかない閉鎖的な建物――そんな常識を覆したのがシュレーダー邸だ。コンクリートの建物にガラスの大開口を設けて、光や風・眺望を得るだけでなく、開放感をも生み出した。また特徴的なのが、赤青黄の3原色と無彩色とで塗り分けられた線と面による構成。モンドリアン〔※〕の絵を立体化したようなこの住宅は、「デ・スティル」の理念を具現化した建築として、一躍世界的に有名になった。その理念は外観だけでなく、床・壁・天井や照明、家具・戸棚など、内部の至るところに見ることができる。

　そのほか注目すべきは、生活の中心部に設けた2階の可動間仕切戸《まじきりど》だ。天井まであるこの引戸は家具や壁のなかに収納でき、開閉することでまったく異なる空間をつくり出せるのだ。昼は戸を収納し大きなワンルームとして広々と使い、夜は個室とLDKを分けるように戸を閉め、プライバシーを確保する。このダイナミックで機能的な仕組みをもつ住宅は、家具のように細部まで精巧につくることで実現した。

※：ピエト・モンドリアン（1872-1944）は、19世紀末～20世紀のオランダ出身の画家。本格的な抽象絵画を描いた最初期の画家とされる。水平と垂直の直線のみによって分割された画面に、赤・青・黄の3原色のみを用いるストイックな原則を貫いた一連の作品群が最もよく知られる。

3原色を適所に配したビビッドな外観

建築年	1923〜1924年
構造規模	レンガ＋木＋RC造 地上2階、地下1階
延べ面積	140㎡

モノトーンで塗り分けられた壁と鉄骨部材の、ビビッドな色が特徴的な外観。リートフェルトはこの家に建築事務所を開設した。

建物内部には、インテリアデザイナーだったシュレーダー夫人によって、家具やベッドが美しくレイアウトされた。2階がオープン空間になっても、違和感なく建築に溶け込んだ

家族のプライバシーを重視して、通常1階にある居間を2階に配置したことで開放的な空間とすることができた

建物を南西側道路から見る

MEMO

デ・スティルはオランダで活動していた前衛的な画家や建築家のグループ。モンドリアンなどがいた。水平・垂直・3原色による新造形主義を唱えていた。リートフェルトは1919年に参加。

引戸の開閉で変わる 2階の使い方

2階は、引戸を開ければワンルーム空間になり、閉じれば独立した部屋群が出現する。床・壁や建具は、赤・青・黄の3原色とグレーの濃淡で塗り分けられた。

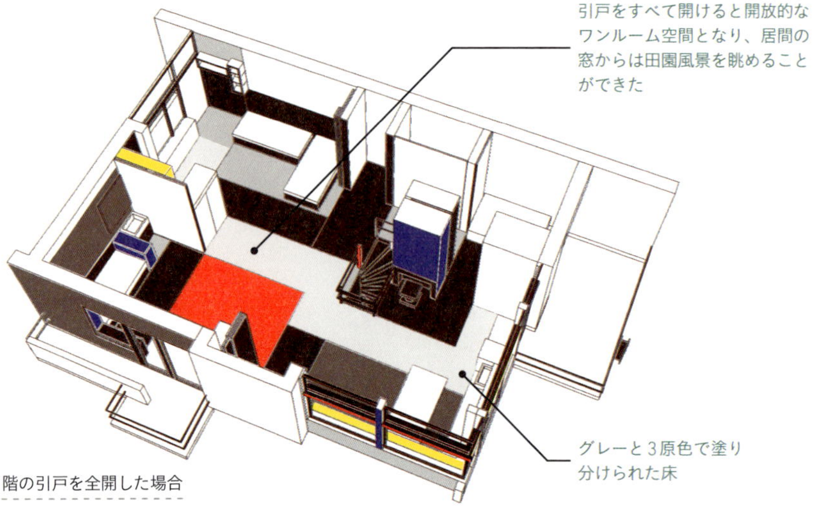
引戸をすべて開けると開放的なワンルーム空間となり、居間の窓からは田園風景を眺めることができた
グレーと3原色で塗り分けられた床
2階の引戸を全開した場合

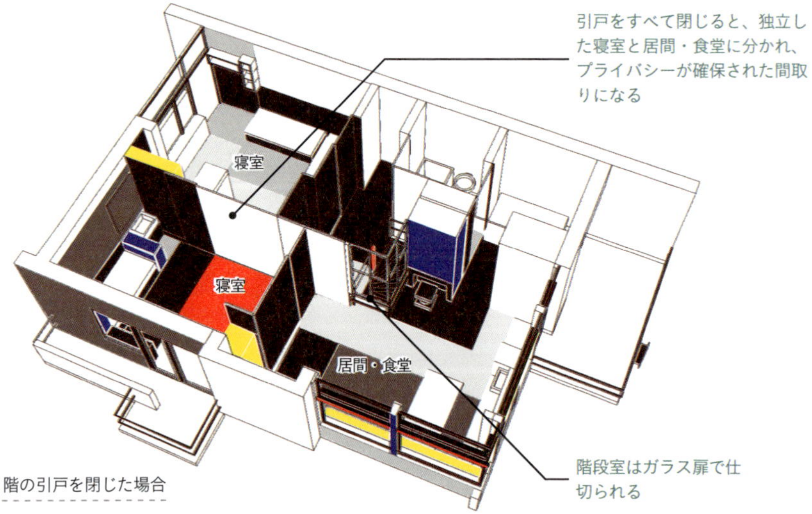
引戸をすべて閉じると、独立した寝室と居間・食堂に分かれ、プライバシーが確保された間取りになる
寝室
寝室
居間・食堂
階段室はガラス扉で仕切られる
2階の引戸を閉じた場合

美しい田園風景を取り込む

居間・食堂の隅には柱を立てず、コーナーウィンドウを設けた。2枚の窓を開けると、部屋の角がなくなり、外の自然と一体化する。

1階台所につながるダムウェーター

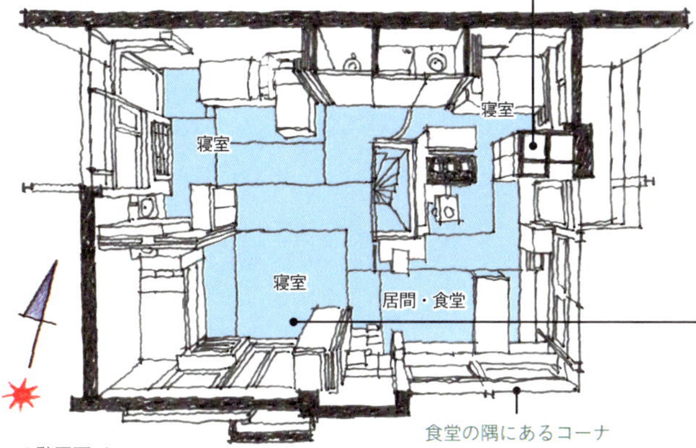

リートフェルトがデザインしたレッド&ブルー・チェアが置かれていた

食堂の隅にあるコーナーウィンドウ

2階平面パース

隅に柱が立っていない

食堂のコーナーウィンドウ

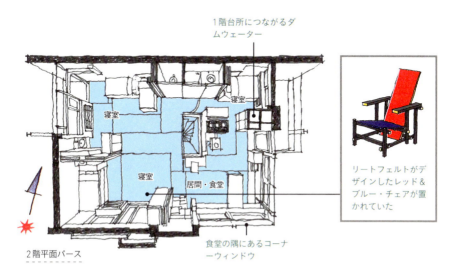

ウィリアム・モリス

William Morris (1834-1896)

中世の理想郷を求めて

　職人の手仕事により生み出される美しい生活空間のなかで、人々が暮らしていた中世。その時代へのあこがれはウィリアム・モリスの大学在学中から始まっていた。モリスは建築家を志す一方で、イタリアの初期ルネサンス絵画の作風を理想としたラファエル前派の作品に魅了され、絵画も手がけている。これは画家で友人のロセッティの勧めによるものだった。ラファエル前派の仲間とともに大学内の壁にフレスコ画を描いたことをきっかけに、モリスは共同制作の喜びを知ることになる。この経験から、自邸であるレッドハウス（10頁参照）でも建築設計から、家具や壁紙、窓に至るまでを、すべて自身と仲間たちの手によって行った。その出来映えに彼は「まさに中世の精神を体現している」と語ったという。

　その後、仲間たちと室内装飾から家具のデザインまで手がける商会（モリス・マーシャル・フォークナー商会、後にモリス商会）を発足。壁紙やステンドグラスなどあらゆる生活芸術の分野で才能を発揮した。彼は誰もが買えるよう価格を抑えた商品を販売することで、一般の人の生活空間の向上を目指した。しかし、製作が手作業であったがゆえ高額になり、顧客のほとんどは資産家階級だった。この矛盾に苦しみつつも社会主義的な政治活動にも身を投じることで、彼は中世へのあこがれと理想を追求し続けたのだ。

ヘリット・トーマス・リートフェルト

Gerrit Thomas Rietveld (1888-1964)

あくなき探求心が理念を超える

シュレーダー邸（14頁参照）やレッド&ブルー・チェアといった代表作が「デ・スティル」の理念［※］を具現化したものとして世界に衝撃を与えたからか、リートフェルトはデ・スティルと共に語られることがほとんどだ。しかし、レッド&ブルー・チェアの初期型を製作していたころ、デ・スティルにはまだ参加していなかった。となると、リートフェルトのデザインが偶然にもデ・スティルの理念と合致したといったほうがよさそうだ。

　リートフェルトはシュレーダー邸後、'20年代後半からは色彩を過剰に使うのを避け、個人住宅では居住性を重視するようになる。さらにはベネチア・ヴィエンナーレのオランダ館をはじめ大規模公共建築も手がけた。多種多様な建築にて新しい構造や材料に挑戦し、また、労働者のための集合住宅や住宅のプレファブ化といった社会的、技術的問題にも熱心に取り組んだ。しかし、これらの取り組みはあまり知られていない。

　家具職人の父の元で幼いころから家具のデザインをし、ほぼ独学で建築を学んだリートフェルト。その才能は論理的な思考から生まれたものではなく家具職人としての直感と経験を積み重ねるなかで研ぎ澄まされた。その才能は家具だけでなく建築の分野でも開花し、初期の作品から晩年の作品まで実に豊かで変化に富んだものを生み出している。デ・スティルの陰に隠れた「作品群の進化」にこそ、彼のデザインの真髄があるに違いない。

※：デ・スティルとはオランダで活動していた前衛的な画家や建築家のグループ。水平・垂直・3原色による新造形主義を唱えていた。

メーリニコフ自邸

ロシア・モスクワ
コンスタンチン・メーリニコフ

ロシア・アヴァンギャルドの「夢を見るための家」

20世紀初頭のソ連で興《おこ》った「ロシア・アヴァンギャルド」という前衛的な芸術運動の成員で、建築家であり、画家でもあったメーリニコフ。彼の自邸はそれまでのどんな建築にも似ていない。漆喰で白く塗り固められた装飾のない壁、シンプルな幾何学の形態は、確かにモダンであるが、２つの円筒や規則的に配置された六角形の窓は、同時代にヨーロッパで盛んだった近代建築運動［※］とは異なる個性を放っている。

内部構成で特徴的なのは、４人家族全員で使う寝室。家族の日常生活は1階で営めるようプランニングされたのだが、この寝室だけは2階に設けられた。「睡眠は、夢を見るための大切な時間である」と考えたメーリニコフが、寝室を特別な空間として設計したのだ。なお3階には、天井の高い空間に38個もの六角形の窓から光が差し込む、彼のアトリエが配置されている。

レンガをずらしながら積んでいく、いわばローテク工法でつくられたメーリニコフ自邸。非常に前衛的な住宅でありながらも、どこか近代に逆行する雰囲気をもつのがおもしろい。

※：産業革命以降の時代に合った、より合理的で普遍的な新しい建築のあり方を追求した運動。

六角形窓がつくる独特な風景

建築年	1929年
構造規模	レンガ造(一部木造) 地上3階、地下1階
延べ面積	236㎡

六角形という不思議な窓のかたちは、レンガをずらして積むことでまぐさを使わず開口を設ける、という構造的な理由から考案された。

アトリエと居間の天井高さは約4.7m
窓は2重になっており、開閉も可能

アトリエから外を見る

レンガ造に合う円筒形建築

ロシア・アヴァンギャルド建築において、住宅は非常に珍しい。社会主義の思想では、個人住宅は贅沢だと考えられていたためである。

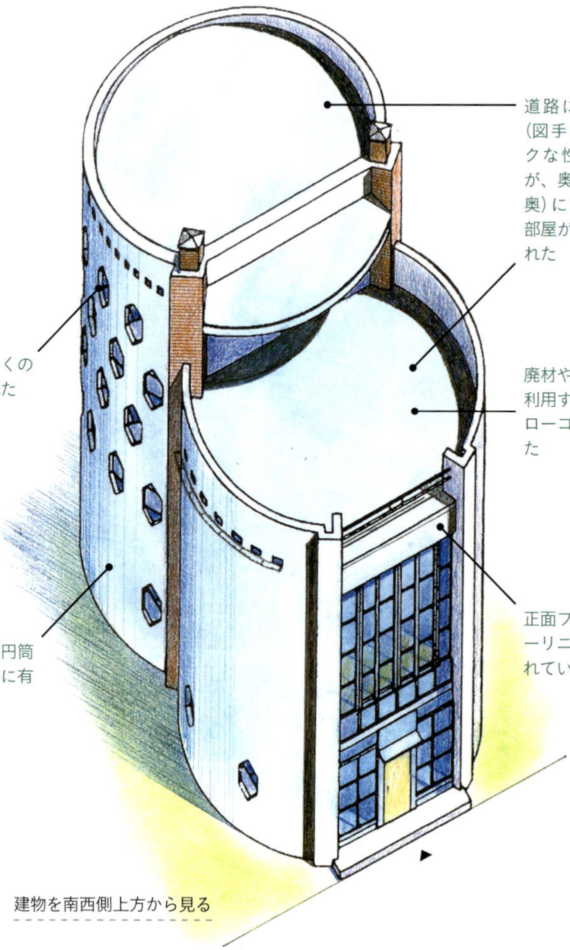
道路に近い円筒部分（図手前）にパブリックな性格をもつ部屋が、奥の円筒部分（図奥）にプライベートな部屋がそれぞれ配置された
奥の円筒部分に多くの六角形窓が配された
廃材や壊れたレンガを利用することにより、ローコストで建設された
レンガ造の場合、円筒形の建物は構造的に有利である
正面ファサードにはメーリニコフの名が刻まれている

建物を南西側上方から見る

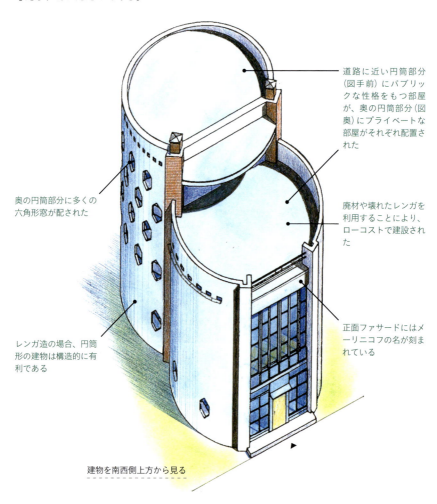

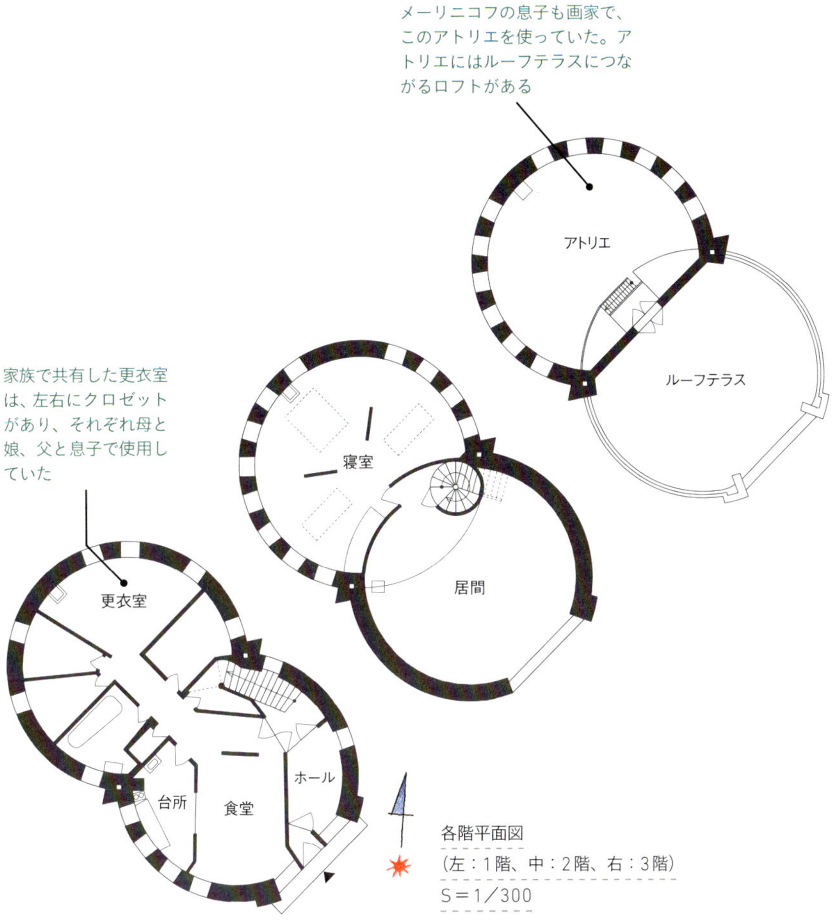
メーリニコフの息子も画家で、このアトリエを使っていた。アトリエにはルーフテラスにつながるロフトがある
アトリエ
ルーフテラス
寝室
居間
家族で共有した更衣室は、左右にクロゼットがあり、それぞれ母と娘、父と息子で使用していた
更衣室
台所
食堂
ホール

各階平面図
(左：1階、中：2階、右：3階)
S＝1／300

MEMO

メーリニコフ自邸は実現する数少ないロシア・アヴァンギャルド建築の1つであり、現在、取壊しの危機に瀕している。

04

ローテンボー邸

デンマーク・クランペンボルグ
アルネ・ヤコブセン

建物・内装・家具をトータルにデザインする

建築家やデザイナーとしてデンマークのデザインを世界中に広めたヤコブセン。モダニズム様式［※1］の代表的人物の1人だ。彼は、アーツ・アンド・クラフツ運動［※2］に代表される「総合芸術」の考え——建築家が建物の細部に至るまで設計を行うことで調和的な建築が完成する——に強く引かれ、実践した。

ヤコブセンが建築だけでなく内装や家具も含めて手がけた初期の作品の1つ、それがローテンボー邸だ。コの字形に近い平面をもち、地階と2階が混在する複雑なつくりだが、前面の庭から見た外観は非常にシンプルだ。地面を部分的にかさ上げすることで、庭と建物のつながりや、自然（建物上部のテラスや建物を囲む木々など）との調和を生んでいる。内部は控えめながら洗練された家具や照明で彩られ、プライベートな空間に至るまで考え尽くされたインテリアで構成されていた。

実験的な挑戦の場ともなったローテンボー邸。建物からインテリアまで普遍的なデザインでつくったこの住宅は、ヤコブセン作品のプロトタイプとなり、彼自身の成功のきっかけとなった。

※1：近代建築における、風土や民族などを超えた、万国に共通する様式。国際様式。
※2：10頁参照。

有機的なデザインの建物に合う家具

建築年	1930年
構造規模	組積造 地下1階、地上2階
延べ面積	約430㎡

ローテンボー邸の内装は、近年の修復で設備や家具も一新され、有機的なデザインの家具で統一された。

有機的で繊細なデザインの照明
工業的な素材（プラスチック）でつくられたイスは、エーロ・サーリネンによる、チューリップチェア

食堂のインテリア

MEMO

建築や家具、プロダクトなどデンマークのデザインを世界中に広めたヤコブセン。有機的で繊細なデザインの家具やプロダクトは、今もなお広く世界中で愛されている。

真っ白でシンプルな美しい外観

建物北面ファサード

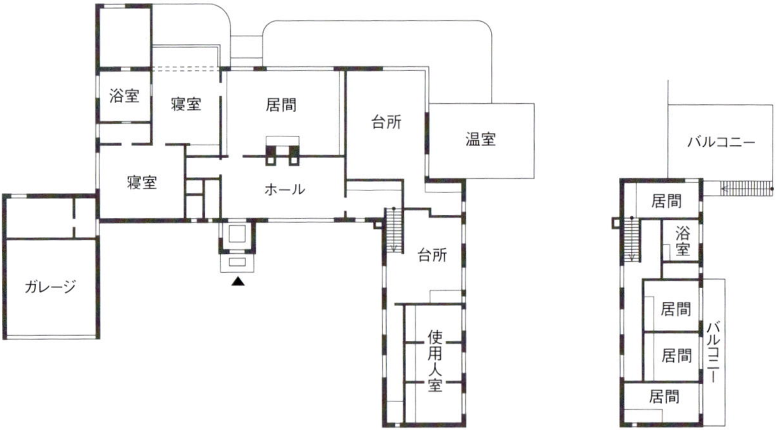
浴室
寝室
居間
台所
温室
寝室
ホール
台所
ガレージ
使用人室
バルコニー
居間
浴室
居間
居間
居間
バルコニー

これまでと異なる真っ白な建物

ヤコブセンがそれまでしばられていた土着的なスタイルとは異なり、森のなかに際立つシンプルな白い建物。ヤコブセンにとって、ローテンボー邸の設計は、1つの転機となった。

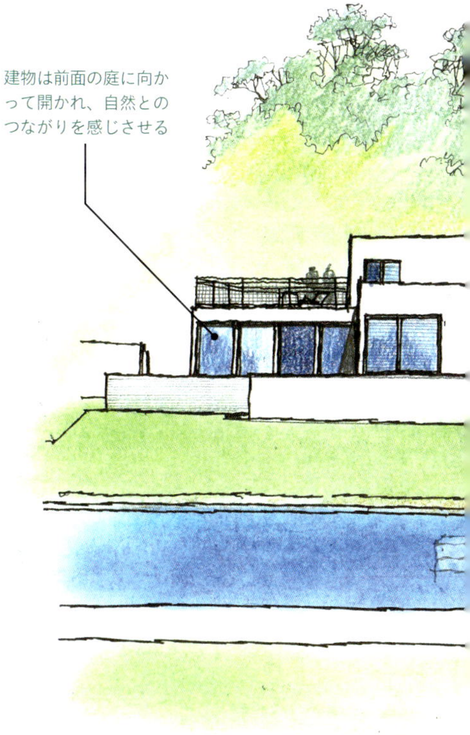
建物は前面の庭に向かって開かれ、自然とのつながりを感じさせる

プロダクトと建築を両立した建築家

ローテンボー邸が竣工してから28年後、1958年にはヤコブセンの代表作となる2脚のイスが生まれた。

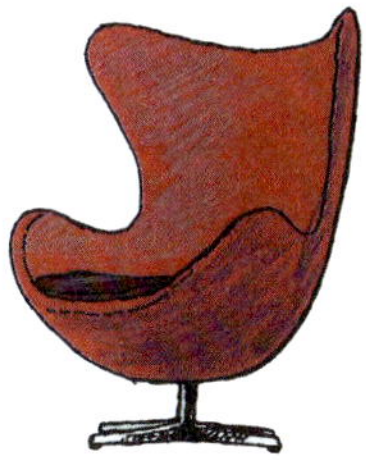

エッグチェア

スワンチェア

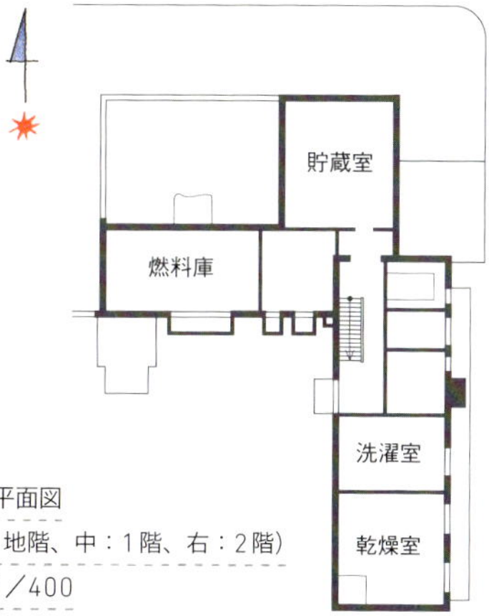
貯蔵室
燃料庫
洗濯室
乾燥室

各階平面図
(左：地階、中：1階、右：2階)
S＝1／400

05

サヴォア邸

フランス・ポワッシー
ル・コルビュジエ

巨匠がつくり出した20世紀最高の傑作

木々に囲まれたなだらかな芝生の上に、浮遊するかのような真っ白な直方体。この住宅のおもしろさは、1階のピロティ［※1］で上階の大きなボリュームを持ち上げるというアンバランスさにある。壁で平面が拘束されていたそれまでの建築と異なり、平面の好きな位置に壁を配置できる建築。さらに、建物だけでなく庭までも大地と切り離し、浮遊させた「屋上庭園」をつくり出した。

見どころはほかにも多い。ピロティ部分の車路は車の回転軌跡から編み出された馬蹄形。楽々と車を走らせることができる。2階はテラスを囲むようなL形の配置。リビングは、天井いっぱいのガラス戸でテラスと一体化する。テラスは開口のある壁で囲われ、テーブルが設えられ、内部のように感じられる。1階から屋上まで続くスロープは内部と外部を貫いて続き、予期しない眺め、意外な発見が楽しめる。

それまでの伝統的な建築の考えを拭い去り、コルビュジエの新しい建築的思想［※2］を具現化したこの建築は、当時の人々に衝撃を与え、今なお語り継がれる傑作だ。

※1：1階を吹放しの柱だけの空間とし、上階を支える形式。またはその1階の吹放し空間を指す。
※2：コルビュジエが提唱した「近代建築の5原則」として、「ピロティ」「屋上庭園」「自由な平面」「水平横長窓」「自由な立面」がある。

宙に浮かぶ白い直方体

小高い丘の上に建つ白い建物。宙に浮いたように見せるその仕掛けにあっと驚かされる。

建築年	1931年
構造規模	RC造
	地上2階、地下1階
延べ面積	360㎡

サヴォア邸　北側ファサード

ピロティにある馬蹄形の車路につながるアプローチ。車は一方通行として2本設けられた

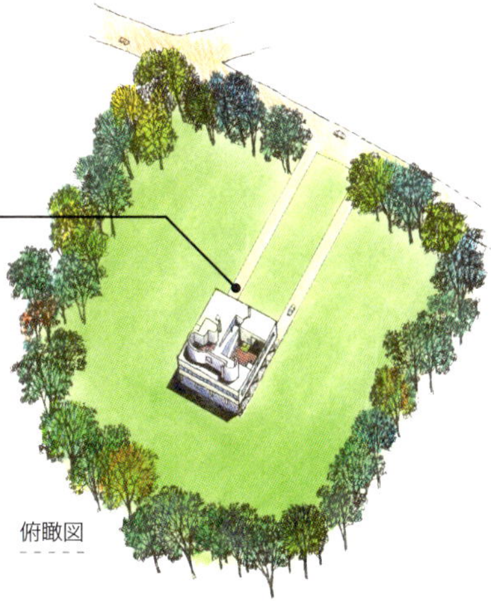

俯瞰図

ぎゅっと詰まった デザイン要素

コルビュジエが何度もスケッチしていたこの景色こそ、
彼が一番大切にしていたものだろう。

屋上庭園まで続くスロープで人が上下するのを一望できる

2階テラスよりリビングを見る

屋内にいるかのように感じさせる造付けのテーブルは、コンクリート製

水平横長窓によって自然を切り取るリビング

内部と外部が一体となる大開口

地面から
切り離された主階

大地から離れた場所から自然を楽しむことは、都市的な自然の楽しみ方ともいえる。

建物を西側から見る

周囲の景色を切り取る
ピクチャーウィンドウ

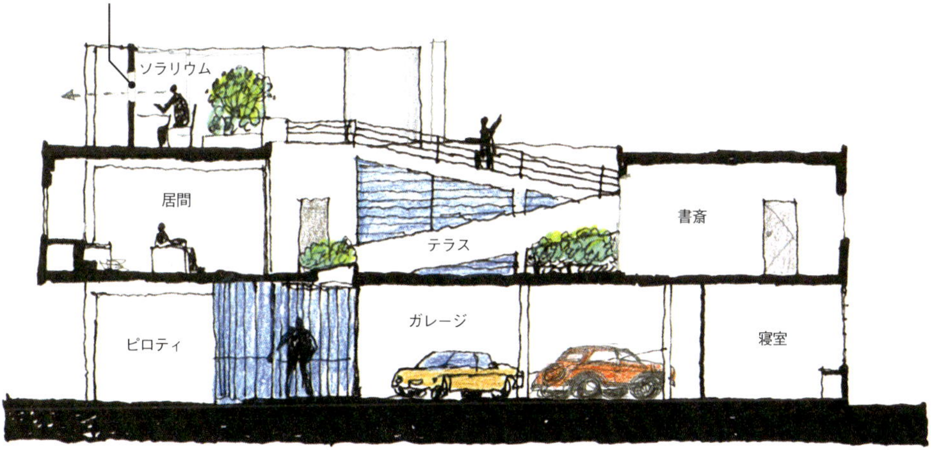

断面図

近代建築の5原則を具現化

コルビュジエがサヴォア邸で実証した「近代建築の5原則」。1.ピロティ、2.屋上庭園、3.自由な平面、4.水平横長窓、5.自由な立面という5つの要素は、いずれも伝統的な建築を否定する主張であった。

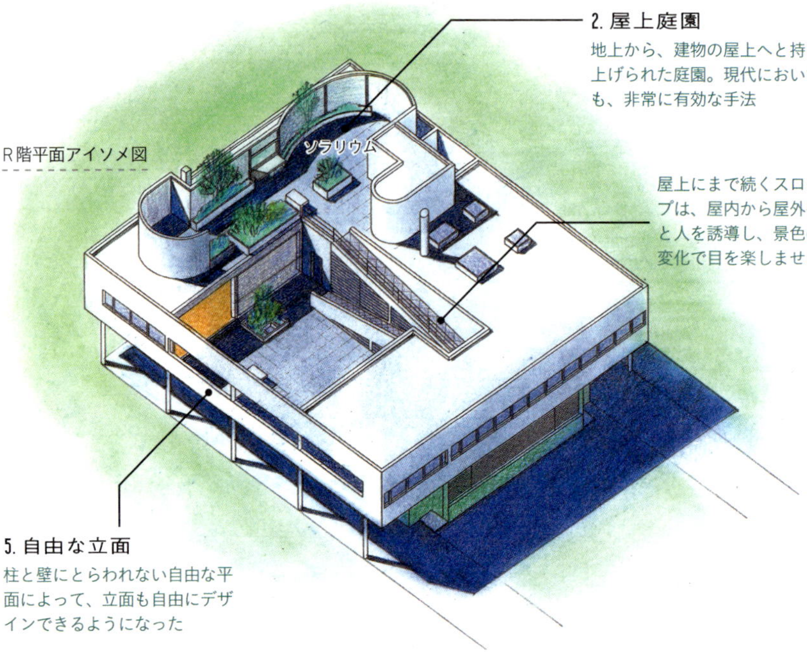

R階平面アイソメ図
ソラリウム
2. 屋上庭園
地上から、建物の屋上へと持ち上げられた庭園。現代においても、非常に有効な手法
屋上にまで続くスロープは、屋内から屋外へと人を誘導し、景色の変化で目を楽しませる
5. 自由な立面
柱と壁にとらわれない自由な平面によって、立面も自由にデザインできるようになった

MEMO

サヴォア邸の設計が終わったころ、コルビュジエはブエノスアイレスで講演し、アルゼンチンの美しい田園のなかにもサヴォア邸を建てられると説いた。牧場の草むらに20戸ほど建つサヴォア邸をスケッチし、宙に浮いたサヴォア邸は自然と一体化し、草木や牛の群れをそのままにしておけるという説明をした。サヴォア邸をこれからの理想的な住宅のプロトタイプとしてイメージしていたようだ。

天井までの大開口。引戸を開ければ、リビングはテラスと一体化する

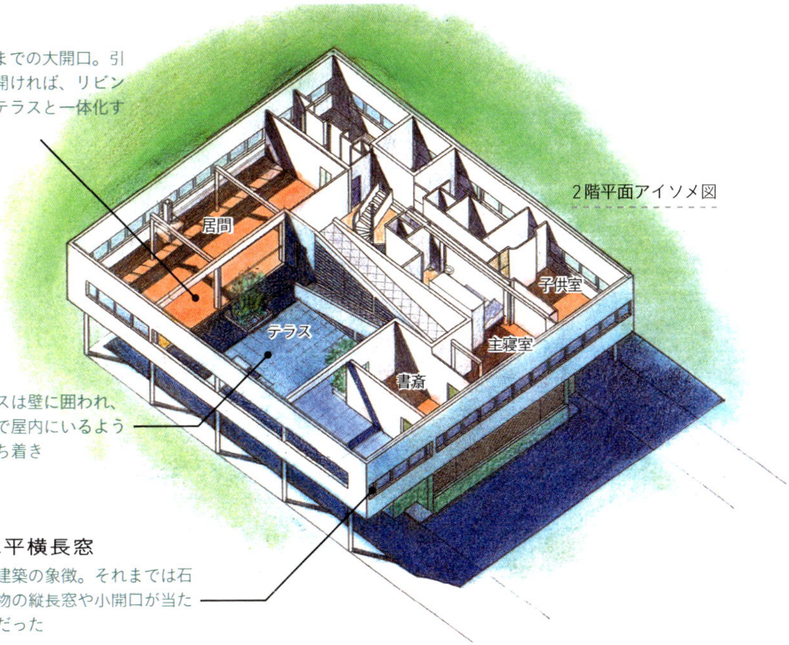
居間
テラス
書斎
主寝室
子供室

2階平面アイソメ図

テラスは壁に囲われ、まるで屋内にいるような落ち着き

4. 水平横長窓

近代建築の象徴。それまでは石造建物の縦長窓や小開口が当たり前だった

1. ピロティ

上階のボリュームを持ち上げ、浮遊感を演出。車路でもあり、柱越しに車が通り抜けるのが見える

素早く上下を移動できるらせん階段。スロープに対し、機能面を補うもの

エントランスを入ると目の前に現れるスロープ。「建築的散策」のための役割を果たす

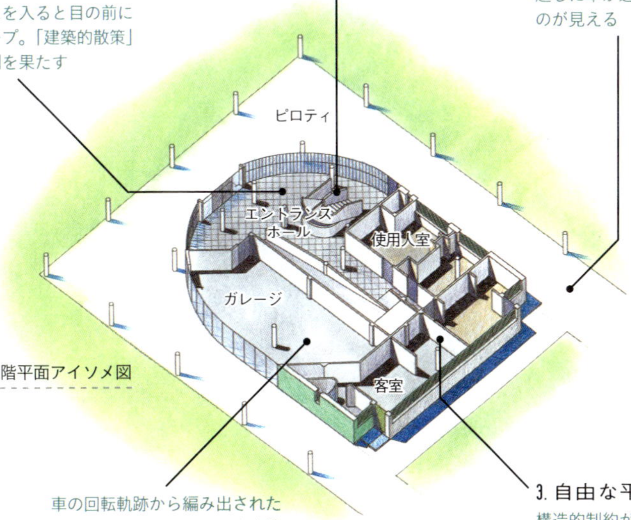
ピロティ
エントランスホール
使用人室
ガレージ
客室

1階平面アイソメ図

車の回転軌跡から編み出されたかたち。エントランスで人を降ろす。駐車もスムーズ

3. 自由な平面

構造的制約がなくなったので、厚い壁で拘束されることなく、自由な位置に壁を立てることができる

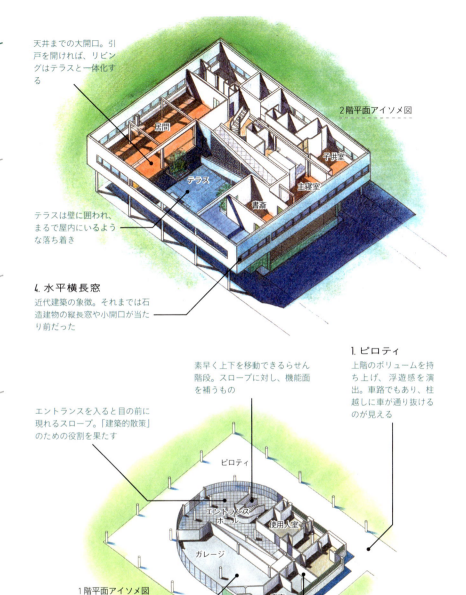

サヴォア邸に置かれた名作家具

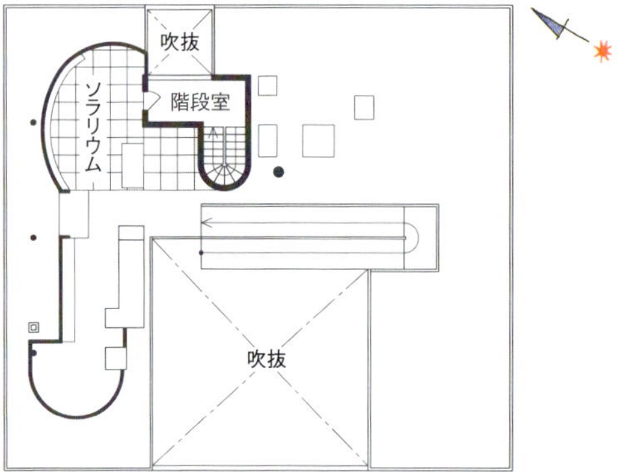

R階平面図　S＝1／400

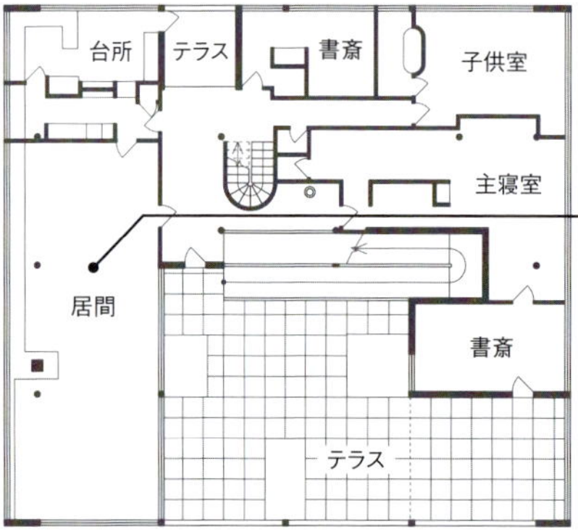

2階平面図　S＝1／400

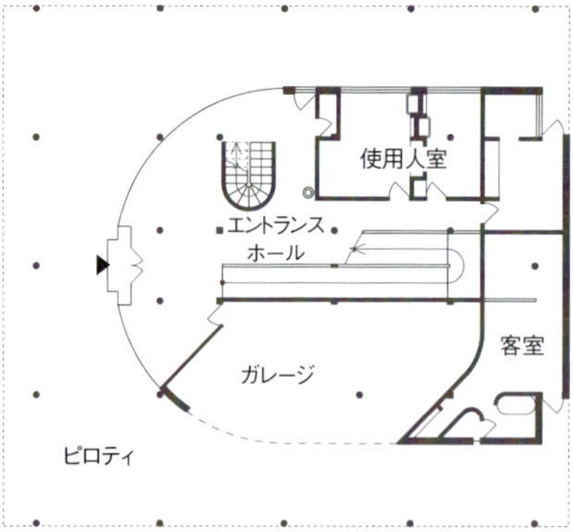

1階平面図　S＝1／400

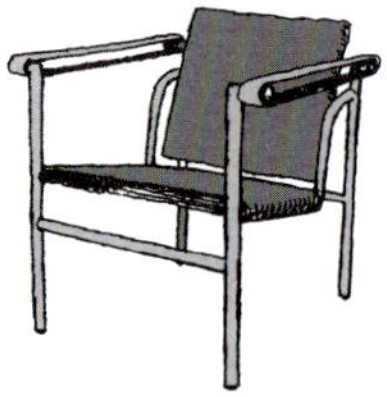

LC1スリングチェア

LC2ソファ

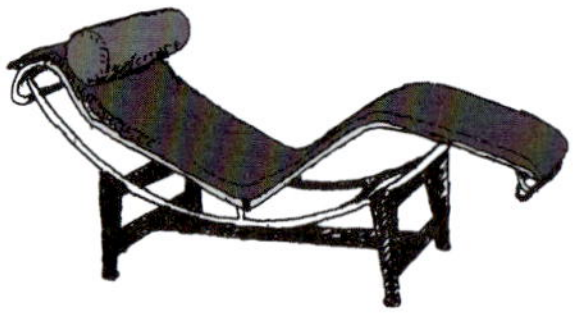

LC4シェーズロング

コルビュジエがシャルロット・ペリアンと設計したイスの数々が置かれている

ジェイコブス邸

アメリカ・ウィスコンシン
フランク・ロイド・ライト

アメリカ中流階級の夢の住宅

有名建築家は豪邸しか設計しない、というイメージがあるかもしれない。しかし、近代建築の巨匠であるフランク・ロイド・ライトは、晩年、普通の中流家族のために、手ごろな価格で入手できるコンパクトな戸建住宅「ユーソニアン・ハウス」をいくつも設計した。

理想郷（ユートピア）に関連した造語「ユーソニアン」は、誰もが庭付きの住宅と自動車をもてる社会を意味し、アメリカ人であるライトの理想を反映していた。

ジェイコブス邸はユーソニアン・ハウスの最高傑作である。低く張り出した軒や、周辺環境に溶け込んで広がる平面は、ライト初期のプレーリースタイル［※］にも似ている。が、大恐慌を経て人々の暮らしは簡素になり、家族中心の生活が主になった。ユーソニアンの特徴であるL字プランの角部分には、台所と食堂が機能的に配置されている。使用人がいなくなり、主婦が独りで家事を担うようになった中流家庭では、主婦とその働く場こそが家全体に目を配る「家庭の要」であるとライトは考えたのだ。

※：大草原（プレーリー）に沿うように、高さを抑えて水平を強調した外観と、部屋どうしの仕切りを減らして流動的な平面をもつ様式。

自然環境になじむ
L形平屋住宅

建築年　1936年
構造規模　レンガ造　地上1階
延べ面積　144㎡

アメリカの住宅は2層の箱形のものが通常だが、ライトは周辺の庭になじむように、平面的に広がった計画とした。

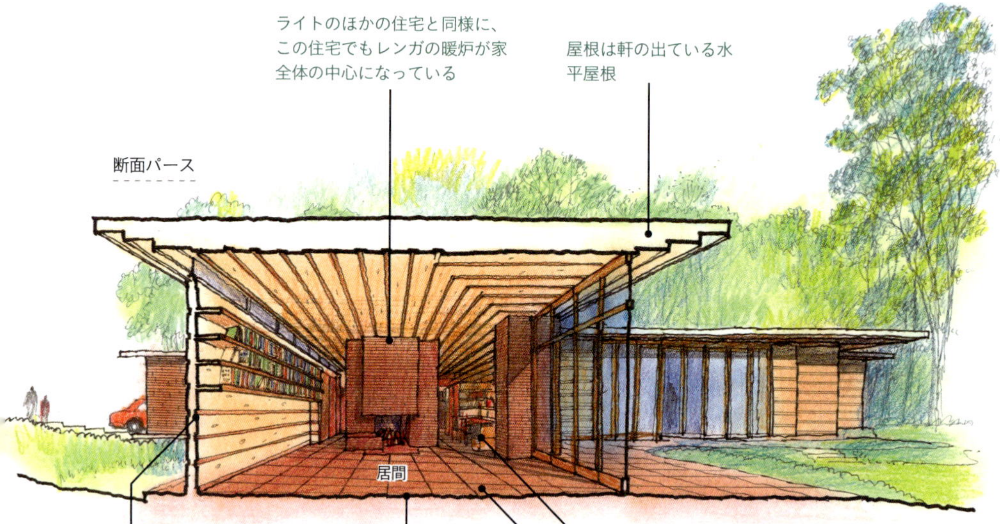

断面パース
ライトのほかの住宅と同様に、この住宅でもレンガの暖炉が家全体の中心になっている
屋根は軒の出ている水平屋根
居間
内壁や天井、本棚は330㎜ピッチでデザインすることで家全体に統一感が出る
L形プランの角部には台所と食堂がある
平面は2×4フィート(600×1,200㎜)のグリッドシステムによる
床スラブには温水パイプが打ち込まれた床暖房設備が施されている

建物を西側より見る

立面は屋内外とも、13インチ（330㎜）の水平バンド（帯）が基準

配置図兼平面図

カーポートの位置も合理的に設計されている

L字をした建物のかたちにより、私的な庭空間を道路から分離。それぞれの部屋が庭に面することができた

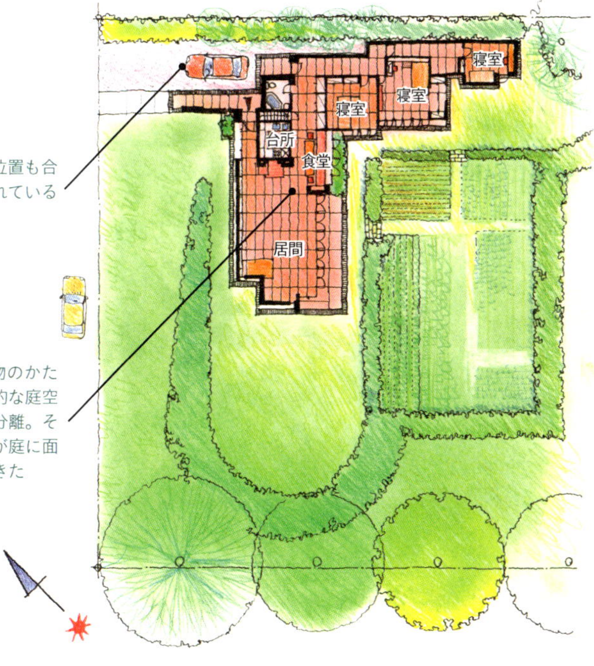

キッチンは家の要《かなめ》

ダイニング・キッチンを要に、家族の共有スペース（リビング）と個人のスペース（寝室など）がそれぞれ続いていく。

ダイニング・キッチン
平面パース

造付け家具も建築と同じシステムに従って設計され、全体の調和をなす
家族のスペースへ
食堂
台所
個人のスペースへ

MEMO

ライトは近代建築の巨匠のなかでも、新しい家庭や家族のあり方について特に強い興味をもっていた人だった。

フランク・ロイド・ライト

Frank Lloyd Wright (1867-1959)

建築の評価は素材の貴賤ではない

わが国の近代化の施策（大正期）の1つに、外国からの来賓を招くためのホテルの建造というものがあった。その結果つくられたのが帝国ホテル旧本館であり、設計者に選ばれたのがライトである。

その近代化の象徴ともいえる建物の仕上材に大谷石《おおやいし》をライトは選んだ。大谷石は北関東に産出する凝灰岩である。やわらかく加工しやすい反面、水に弱く風化しやすい。そのため、一般的には安価な材で塀などに使われることが多かった。ライトは大谷石の加工性のよさと柔らかな風合いに着目し、帝国ホテル旧本館の外装・内装のメイン素材に使用することにした。ホテルの建設委員会からは安価な素材を外国高官が宿泊するホテルに使うことに反対する意見が強かった。しかし、ライトは素材に貴賤はないと主張し、大谷の石工たちの高い技術によって複雑なアールデコ調の装飾を施し、美しい外観と独自な内部空間のホテルを完成させた。現在も一部が明治村（愛知）に保存されるほどのライトの名作である［※］。ライトは建築のよし悪しは決して素材の貴賤ではないことを実証して見せたのである。

※：中央玄関部のみ移築されている。

07

落水荘

アメリカ・ペンシルバニア
フランク・ロイド・ライト

滝の上に建つドラマチックな家

石の断層はむき出し、木々に囲まれた斜面には2つの滝が重なり合う。ここは、そんな壮大な景観をつくり出す、何とも魅力的な敷地だった。建物の依頼主であるカフウマン氏は、この魅力的な滝を望む別荘となることを思い描いていた。

しかし、ライトは誰でも思いつくようなことを簡単にはしない。彼が提案したのは、その美しい景色と一体となる、滝の上に建つ建築。もちろん、実際に滝の流れの真ん中に建築をつくったわけではない。キャンチレバー［※］で建物を滝の上に張り出させ、あたかも建物の真下を滝が流れるかのように見せたのだ。そのさまは水平ラインと垂直ラインにより構成された建築と、平らな水面や真下に流れ落ちる滝とのドラマチックな融合である。

自然とは美しいだけでなく、建築をつくるうえでは制約にもなるもの。しかし、ライトが敷地をくまなく調査し、熟知することで見事に建築に取り入れることができた。

この落水荘は、自然をこよなく愛した建築家が「建築は周辺環境の一部となりうる」と証明した住宅なのだ。

※：建物の本体が持ち出され、先端に支えがない床や梁の構造。

自然の一部となった建築

ライトは滝や岩の位置、樹木の種類などを詳しく観察し、この土地の形状を調べ尽くした。そのうえでできたのが、この落水荘だ。

建築年	1936年
構造規模	RC造 地上3階、地下1階
延べ面積	340㎡

ゲストハウス棟へと続くアプローチと軽やかな庇

南東側上方から建物を見る

水面との調和が取れた、水平性を強調する建物のかたち

建物が滝の上に浮かび上がる

上から下へ流れ落ちる滝、森、そして建物が一体となったこの景色は、建物へと向かうアプローチから眺めることができる。この風景を見せつけるような、計算し尽くされた配置計画である。

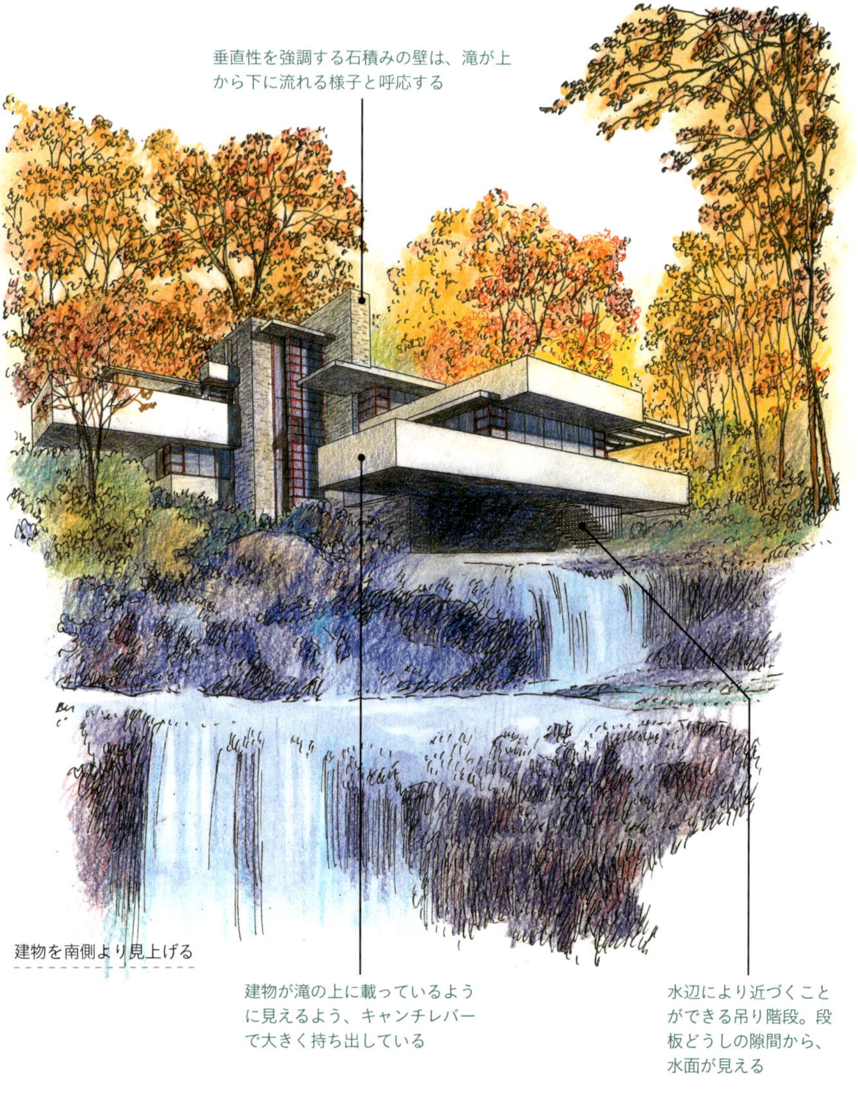
垂直性を強調する石積みの壁は、滝が上から下に流れる様子と呼応する
建物が滝の上に載っているように見えるよう、キャンチレバーで大きく持ち出している
水辺により近づくことができる吊り階段。段板どうしの隙間から、水面が見える

建物を南側より見上げる

大胆な構造を支える
自然の岩塊

この建物の最大の見せ場であるキャンチレバーの床は、元来あった岩塊で支えられている。景観だけでなく、構造も自然と一体になっている。

短手方向断面図

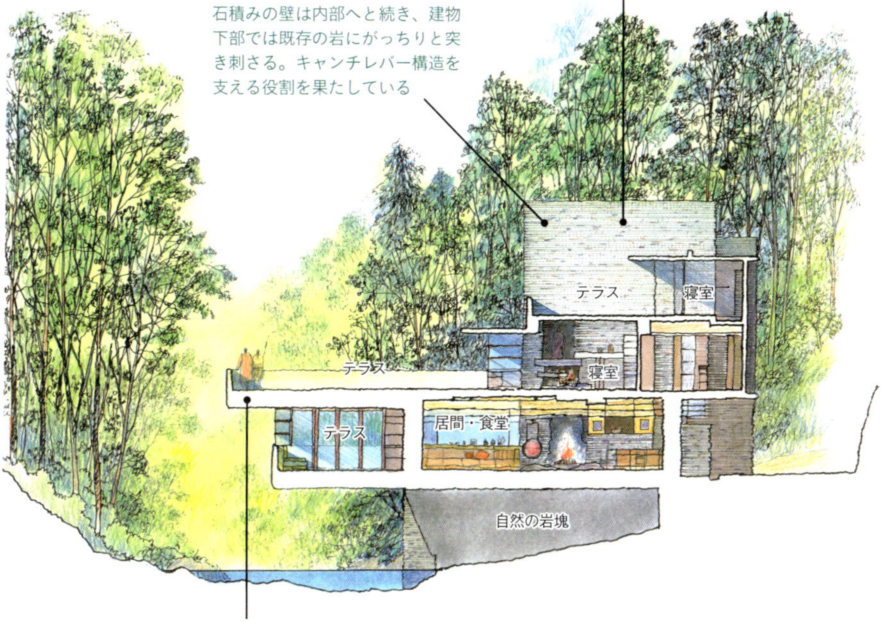
各階の暖炉の煙突や設備が納められた壁。一見、垂直性を高めるために意匠的に設けた壁にしか見えない
石積みの壁は内部へと続き、建物下部では既存の岩にがっちりと突き刺さる。キャンチレバー構造を支える役割を果たしている
テラス
寝室
テラス
寝室
テラス
居間・食堂
自然の岩塊
大きく張り出したテラスにいると、まるで滝の上に浮かんでいるかのよう

リビングの中心は岩

この土地にあった岩はなんと室内にまで入り込んでいる。象徴的なこの場は暖炉と組み合わされ、家の中心となっている。

居間から暖炉を見る

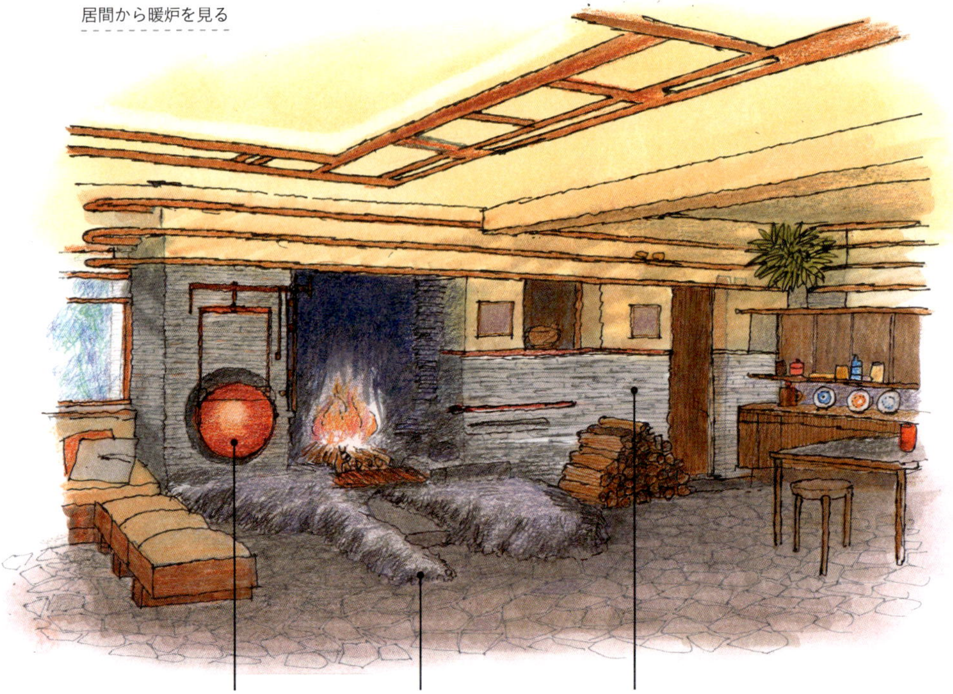

暖炉の火でワインを温めるための道具

もともとこの地にあった岩を居間の床から露出させ、暖炉床として使う

外壁同様、現地産の自然石が積み上げられた壁。内外の連続性が図られている

MEMO

ライトは自身のスキャンダルにより建築家としての地位と名声を失い、20年もの長い低迷期を過ごした。その暗黒時代を乗り越えるきっかけとなったのがこの落水荘。天才建築家はチャンスを逃すことなく、華麗によみがえった。

各階平面図
(下：1階、中：2階、上：3階)
S＝1／800

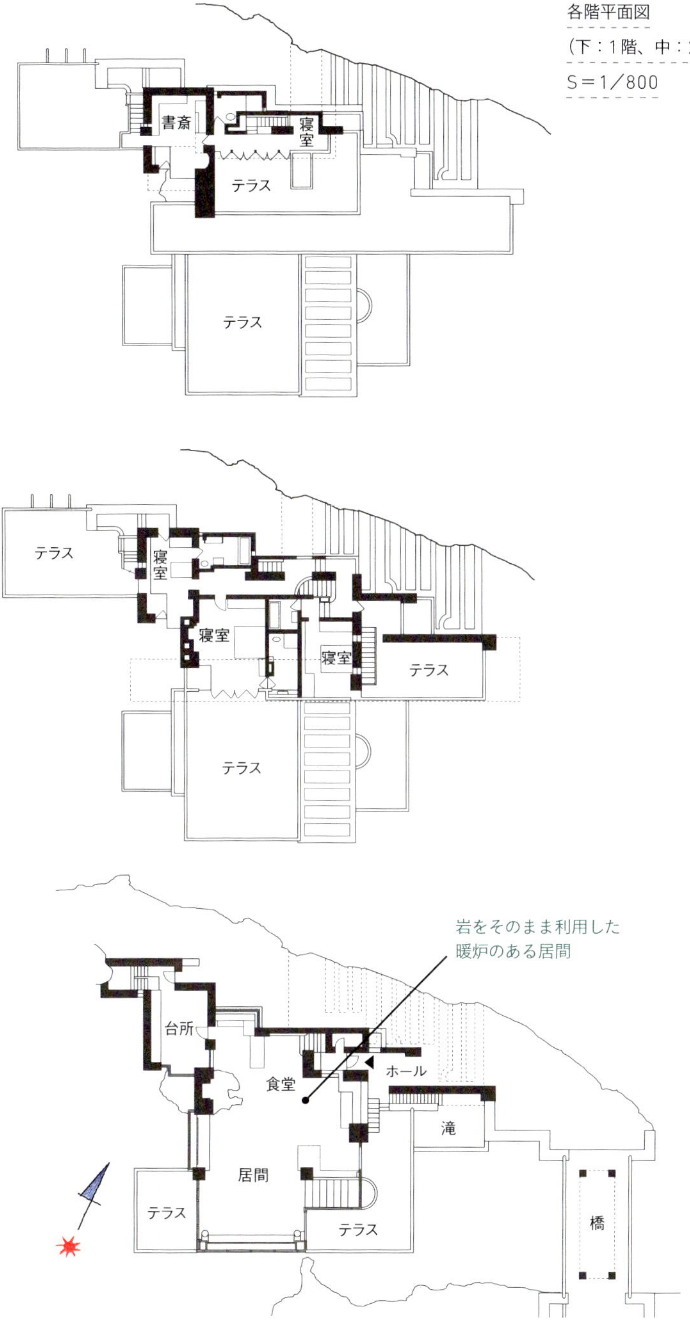

08

夏の家

スウェーデン・ステナス
エリック・グンナー・アスプルンド

モダンと伝統をつなぐ家

近代建築とは一般的に、伝統や地域性を否定し、鉄やガラスなどの新しい素材を用い、機能や合理性を重視するものだと考えられている。

しかし、デンマークの近代建築家、アスプルンドの夏の家は、伝統的な工法でつくられ、地域になじみ、人に寄り添いつつ、同時にモダンであることが可能だと教えてくれる。

夏の家は、アスプルンドと家族のためにスウェーデンで建てられた。平屋ではあるが、居間やホール、寝室、食堂の床にレベル差が設けられており、家のなかでも敷地のなだらかな傾斜を感じられる。大きな窓がある居間は、目の前に広がる入り江の景色を堪能するため最も低く配置され、さらにほかの部屋とは向きをずらしてつくられている。

家の内部は近代的な暖房設備が備わり、モダンでシンプルな造付け家具などで機能的にデザインされている。一方で、伝統的なスウェーデンの農家に近い建物のかたちをもち、木や石、レンガなどの在来の素材が使われている。近代と伝統が結び付いた、どこか懐かしさを感じさせる住宅である。

一見、何の へんてつもない山小屋

建築年　1937年
構造規模　木造　地上1階
延べ面積　115㎡

周辺環境になじむよう伝統的な工法でつくられているため、建物外観はどこにでもある山小屋のように見える。

建物の先には遠く海（ステナスの入り江）が広がる
外壁は白く塗装された小幅板仕上げ
五角形の大きな煙
庭にも暖炉がある
敷地は海に向かって傾斜している

建物を北側上方より見る

景色を見るために
ずらされたリビング

平面のなかで居間だけは全体から少しずらして配置されている。

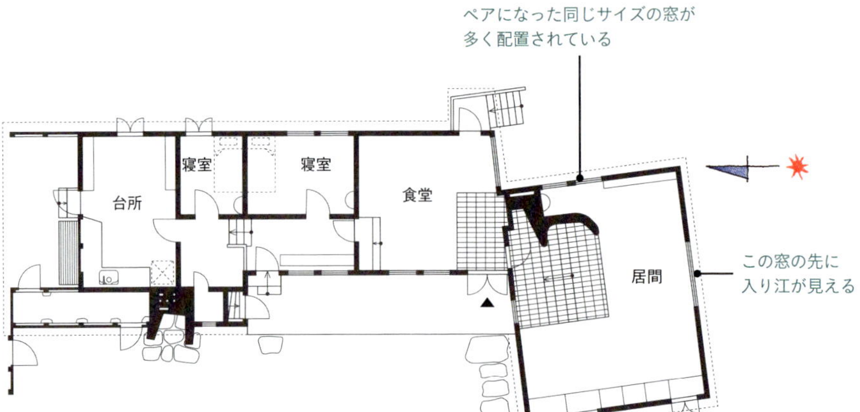
ペアになった同じサイズの窓が多く配置されている
この窓の先に入り江が見える
寝室
寝室
台所
食堂
居間

平面図　S＝1/250

敷地の傾斜に合わせ、家の床レベルは4つの高さで構成されている
台所
食堂
居間
海
ボイラー室

断面図

さりげなく考え抜かれた リビング空間

有機的なかたちをした暖炉、造付け家具などがリビングのなかに「場」をつくり出している。

居間平面アクソノ図

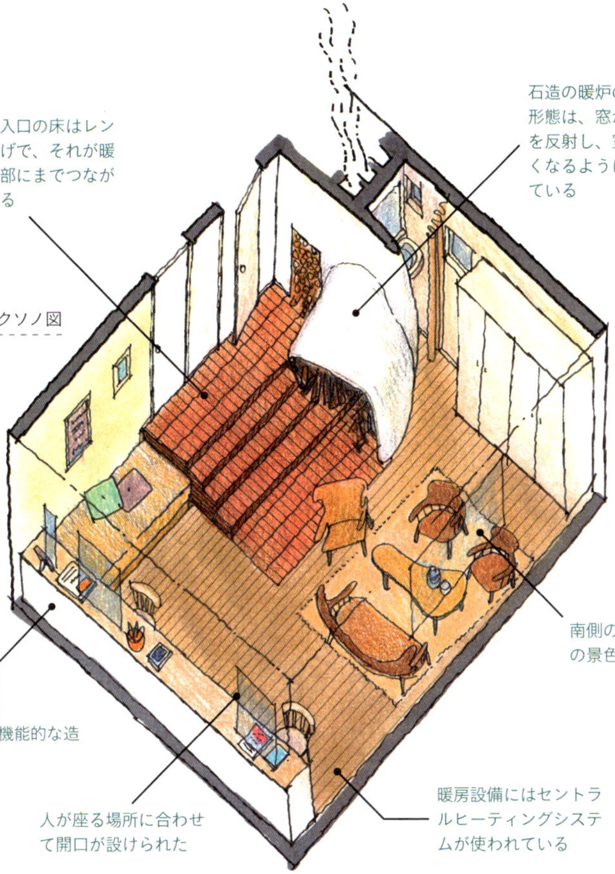
居間の入口の床はレンガ仕上げで、それが暖炉の内部にまでつながっている
石造の暖炉の有機的な形態は、窓から入る光を反射し、室内が明るくなるように設計されている
南側の窓からは入り江の景色が望める
シンプルで機能的な造付け家具
人が座る場所に合わせて開口が設けられた
暖房設備にはセントラルヒーティングシステムが使われている

MEMO

アスプルンドは、フィンランド出身の近代建築の巨匠であるアルヴァ・アアルト（82頁参照） に、強い影響を与えた。

09

ウィチタ・ハウス

アメリカ・カンザス
バックミンスター・フラー

全世界の人を幸せにする夢の量産住宅

フラーにとって住宅の設計とは、1人のクライアントのためでなく全世界の人のために、より快適で安価な住まい（装置）をどう迅速に供給するかという問題だった。運搬・組立ての簡略化には、建物に徹底的な軽さが求められる。最小限の部材で最大限の空間を覆うには、柱を立てて屋根を支える一般的な構造より、屋根を吊り下げるほうが部材重量はずっと少なくて済む、という結論に至る。かくてダイマキシオン・ハウスは構想された。

それから20年近くを経て、ダイマキシオン・ハウスは実現した。敷地の名前からウィチタ・ハウスと呼ばれるこの住宅は、形態や機能が遊牧民族のパオ（250頁参照）に似ている。壁は軽くて薄いアルミで覆われているだけなので、一見、気候の影響を受けやすそうだ。しかし、少ない部材がつくる流線形の曲面が、外部では建物を風圧から守り、内部では空気を壁に沿って循環させることで、快適な住環境を確保している。構造だけでなく、環境の面でも、徹底的に省エネを目指した住宅なのである。

量産の夢は叶わなかった

建築年	1929〜1945年
構造規模	鉄骨造　地上1階
延べ面積	約77㎡

ウィチタ・ハウスは1928年に構想されたダイマキシオン・ハウスを発展させて設計された。ウィチタ・ハウスは、終戦で需要が激減した戦闘機の工場を活用して量産される構想だった。

ダイマキシオン・ハウスの構想

ダイマキシオンという言葉はdynamic, maximum, tension（動的、最大、張力）という言葉を合成した造語。ダイマキシオン・ハウスは結局、量産されることはなかった

外装は、航空機に使われるジェラルミンに透明なアクリル樹脂パネルの窓

自然を利用した環境制御

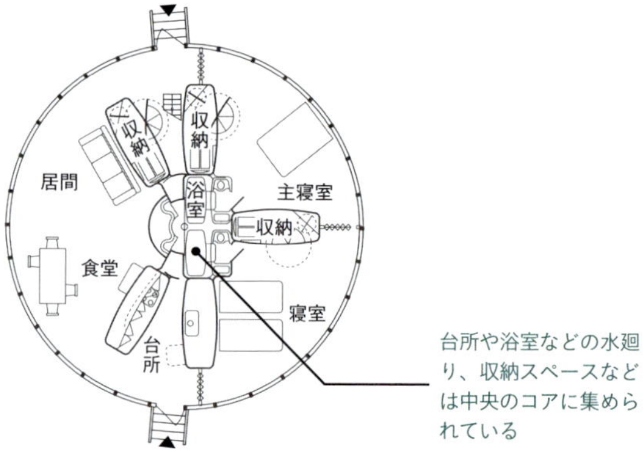
収納
収納
居間
浴室
主寝室
収納
食堂
寝室
台所
台所や浴室などの水廻り、収納スペースなどは中央のコアに集められている

ウィチタ・ハウス平面図　S＝1／250

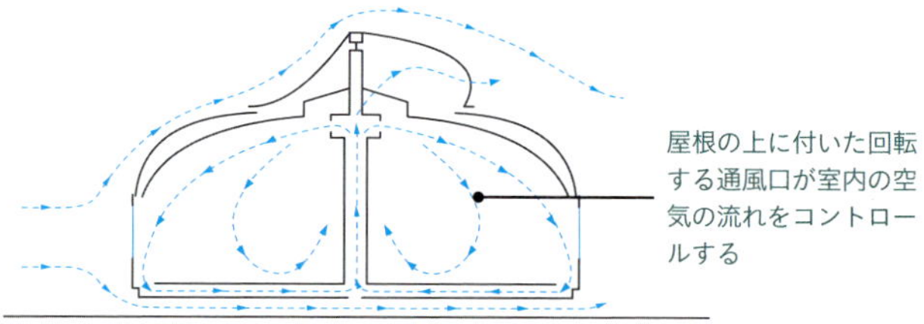
屋根の上に付いた回転する通風口が室内の空気の流れをコントロールする

ウィチタ・ハウス断面図　S＝1／250

MEMO

フラーは30歳のころ最初の子どもをポリオで失い、自身も会社から解雇された。アルコールに溺れ、自殺を考えるほど追いつめられた絶望の底で、世界を変え、人類に貢献する仕事をしようと決意したと後に語っている。

ダイマキシオン・ハウスのしくみ

1戸全体の重さが3,500kg程度しかなく、1つの部材は5kg以下に抑えられているため、6人いれば1日で建設できるという。

1. 床の骨組み

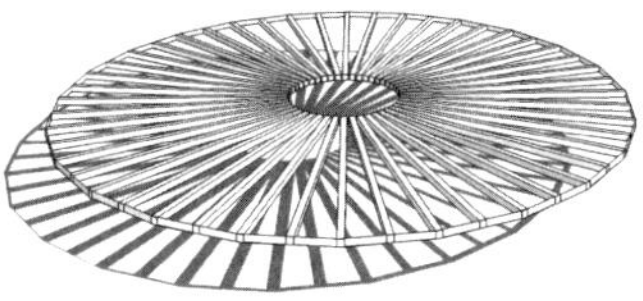

2. 床組を支える脚

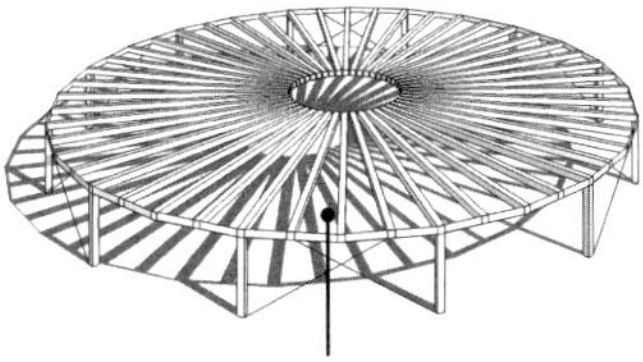

床は120人が載っても耐えられるよう設計されている

3. ドームを支える柱

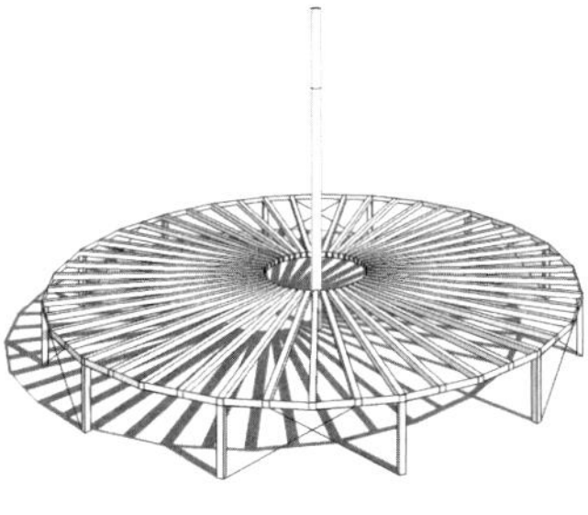

4. 屋根となるドーム

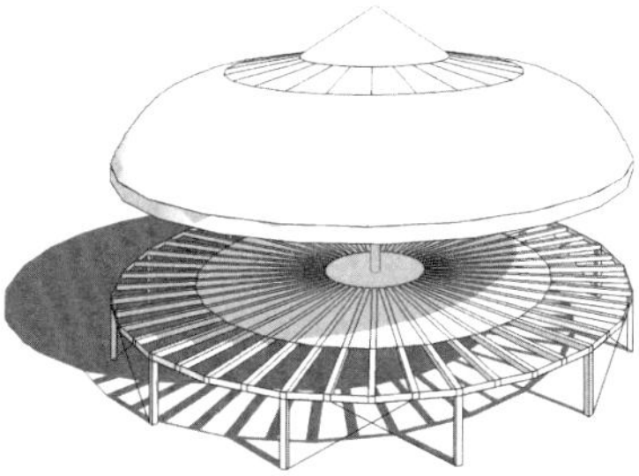

5. ハウス外観

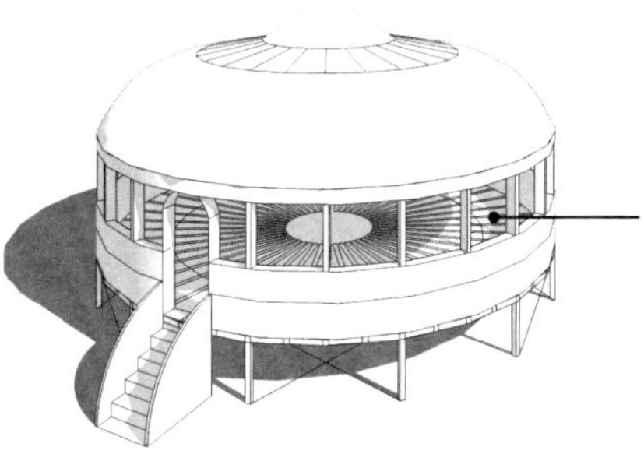

フラーは、現代のユニットバスにつながるプレハブの浴室「ダイマキシオン・バスルーム」も1936年に設計し、特許を取得していた

エリック・グンナー・アスプルンド

Erik Gunnar Asplund (1885-1940)

合理性と相反する、心地よいあいまいさ

同世代のコルビュジエ、ミースらが合理的で機能的な建築を追究し、世界から脚光を浴びていた時代。アスプルンドは人の気持ちに寄り添い、人の心理、建築、環境が一体となる建物をつくり続けた。不思議なのは、土地のもつ素質を見事に読み取り、計画された建築であるのは確かなのだが、どの作品も歪みやズレ、余白のあるデザインとなっていること。その部分が独特の安心感を与え居心地のよい空間になっているのだ。そしてディテールも美しさと使い勝手のバランスが素晴らしい。たとえば代表作の1つである「森の墓地」は、訪れた人がケガすることがないよう、角のまったくないデザインとするなど、適切なディテールでまとめられているのだ。

また、アスプルンドは建築だけでなく、家具やプロダクトまで手がけている。これは「人間の生活の場をデザインするべき」という考えから。北欧建築の先駆者となりアアルトやヤコブセンに多大な影響を与え、彼らも建築、家具、プロダクトのデザインまでを行った。アスプルンドはランドスケープデザインでも独創的な世界観を発揮。それは、たぐいまれなる造形的な才能と、土地本来の美しさを最大限に引き出す力とを掛け合わせることで生み出されたものだった。

環境から建築のディテール、家具やプロダクトに至るまで、完璧なデザインに不透明さやあいまいさが付加されたアスプルンドの作品は、時代に左右されることのない普遍的で力強いものとなっている。

10

バラガン自邸

メキシコ・メキシコシティ
ルイス・バラガン

孤独を愛した建築家の静謐な光の差す家

十字架を模したような窓サッシのある居間。そこから望む庭に、メキシコの野生が今にも室内に迫らんと生い茂る。ここは自然との対話の場である。対照的に、書斎からは風景が見えない。窓は採光のためだけにあり、凛とした静けさが空間を満たしている。自己と対峙する空間である。

バラガンが最も好んだのは、開放的な居間よりも、狭く小さな食堂だった。バラガンは、静かで閉ざされた空間こそ、精神的な安寧をもたらしてくれると感じていたのだろう。

誰か、何かと簡単につながることができる道具を、現代に生きる私たちはたくさんもっている。いつでもどこでも何かとつながっていたいという、ある種の強迫観念に促われている面もあるだろう。バラガンの家は、そんな私たちに、家とは「一人でいてもよい場所」であることと、「独りで自分自身と向き合うことの大切さ」を教えてくれる。

バラガンはいった。「静けさこそが、苦悩や恐怖を癒す薬です。豪華であろうと質素であろうと、静謐《せいひつ》な家をつくることが、建築家の義務なのです」。

赤やピンクを壁面に配した屋上テラス。青空に映えるビビッドな配色にメキシコ人らしいセンスが光る

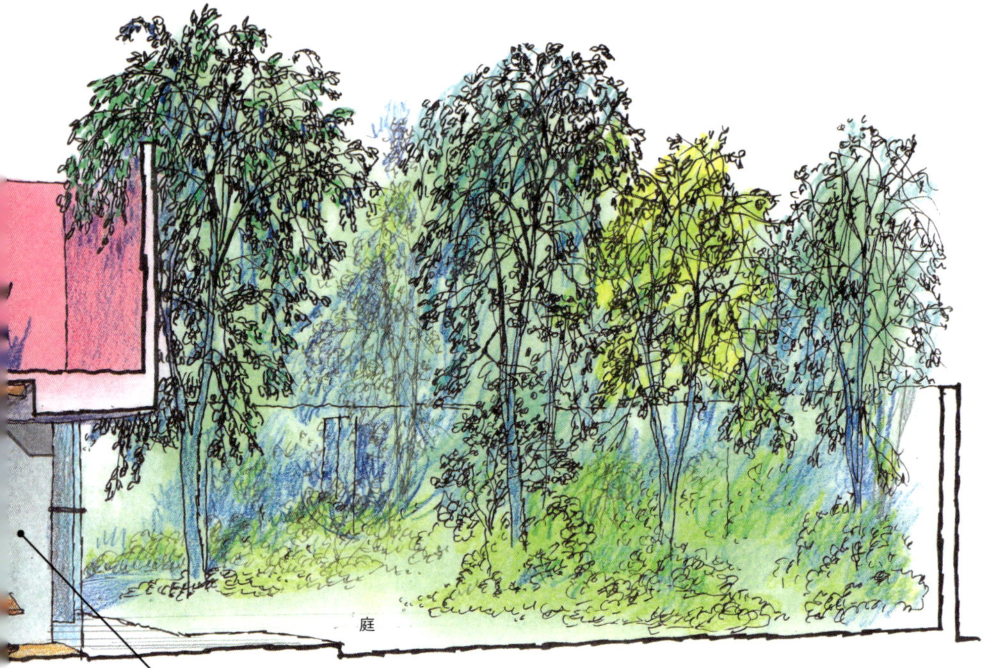

居間はメキシコの「荒々しい自然」と対話する場所

MEMO

不動産開発の実業家としても成功したルイス・バラガンは、ヨーロッパのランドスケープデザインやコルビュジエに強い影響を受けたメキシコの建築家。自邸を「私の心の避難所」と形容し、住宅の本質を的確に表現した。ユネスコの世界遺産に、数少ない20世紀の建築の1つとして登録された。

自己や自然と向き合う空間

建築年	1947〜1948年
構造規模	RC造　地上3階
延べ面積	約420㎡

バラガンにとって「メキシコの家」とは、自己を省《かえり》みる空間であった。自己を省みるときに対話するのは、透き通るようなメキシコの空や熱帯の草花が迫り来る庭だったのだ。

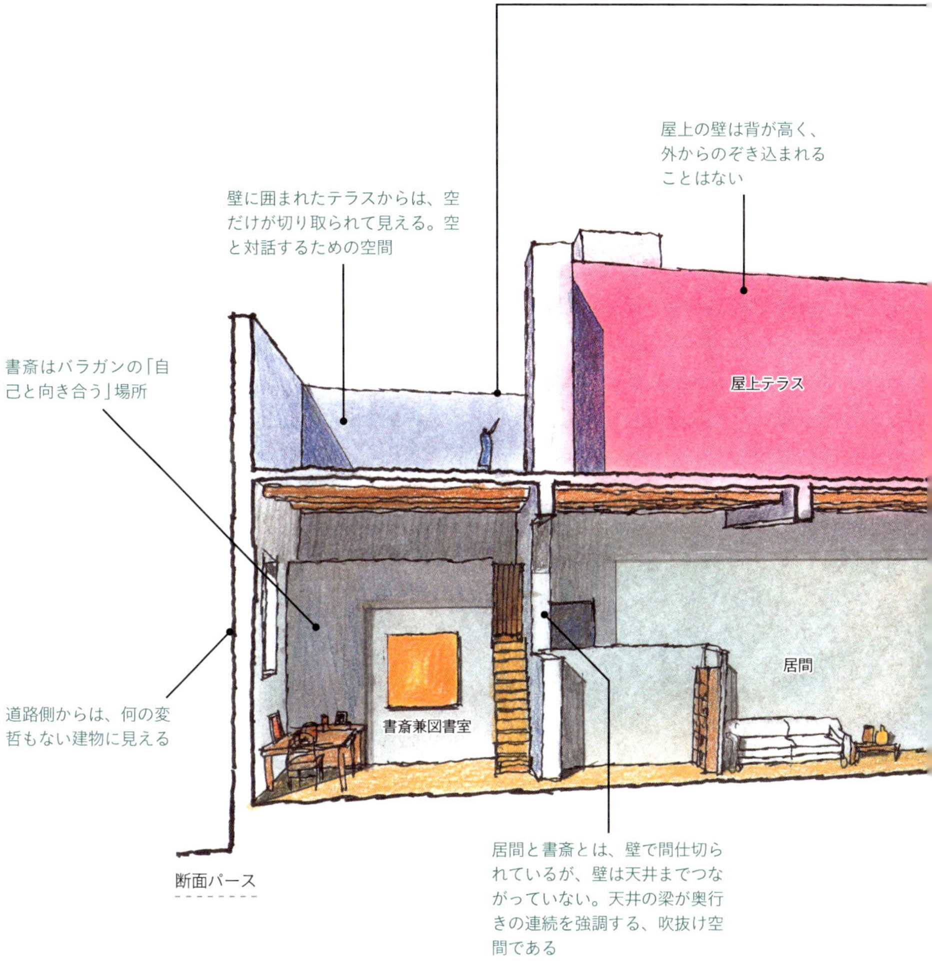
屋上の壁は背が高く、外からのぞき込まれることはない
壁に囲まれたテラスからは、空だけが切り取られて見える。空と対話するための空間
書斎はバラガンの「自己と向き合う」場所
屋上テラス
書斎兼図書室
居間
道路側からは、何の変哲もない建物に見える
居間と書斎とは、壁で間仕切られているが、壁は天井までつながっていない。天井の梁が奥行きの連続を強調する、吹抜け空間である
断面パース

メキシコ伝統の内省的な建物

メキシコの気候に合う土着の建築は、壁で囲まれたパティオや庭などで表現されるような、内省的な姿を見せる。バラガンの住宅は、そうしたメキシコの伝統を受け継いでいる。

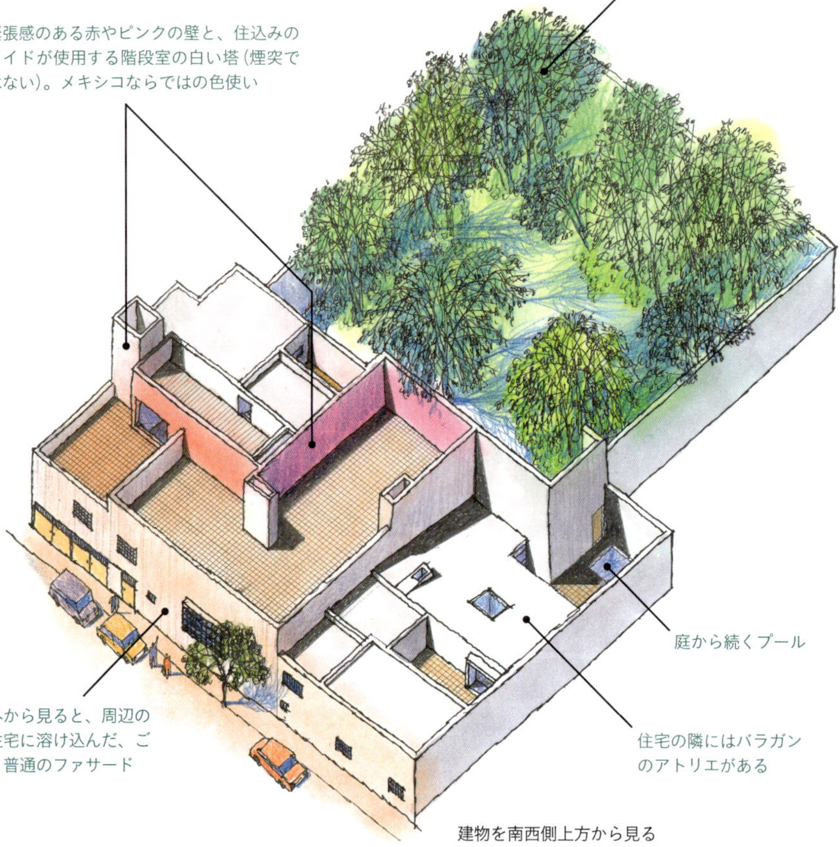
当初は芝の庭だったが、メキシコの土着の植物が容赦なく生長した
緊張感のある赤やピンクの壁と、住込みのメイドが使用する階段室の白い塔（煙突ではない）。メキシコならではの色使い
庭から続くプール
外から見ると、周辺の住宅に溶け込んだ、ごく普通のファサード
住宅の隣にはバラガンのアトリエがある

建物を南西側上方から見る

性格の異なる2室を1つの空間に

自然と対話する居間、自己と対峙する書斎。これらは、ひとつながりの大空間になっている。用途の異なる部屋を壁で仕切るのではなく、開口の工夫によってデザインした。

十字架を模したサッシが印象的な、天井までの大開口。敬虔なキリスト教徒だったバラガンにとって、自然は祈りを捧げる対象だったのかもしれない
バラガンの家の家具はすべて大きい。バラガン自身が大男（身長190cm超）だったからという

1階居間から庭方向を見る

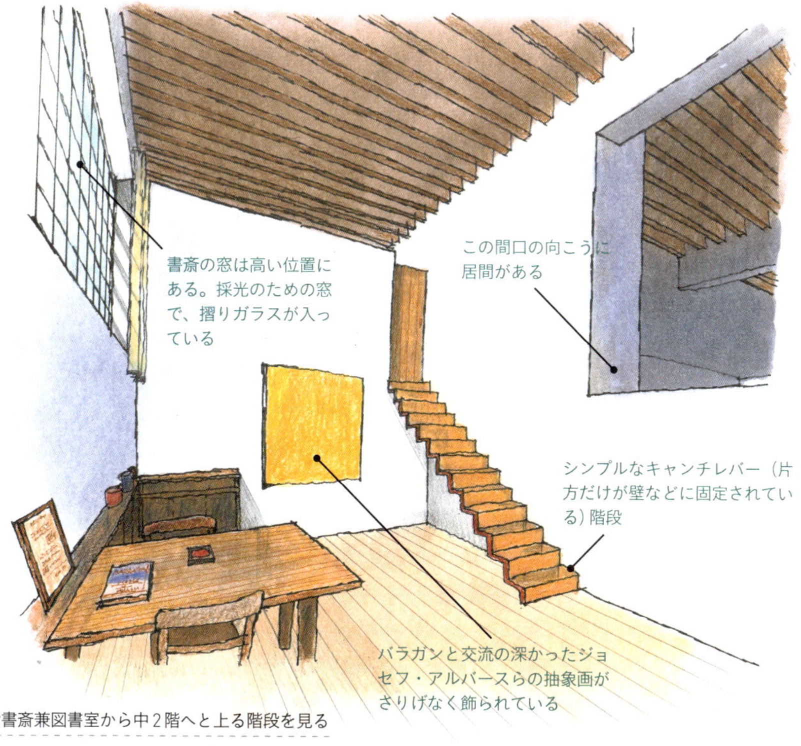
書斎の窓は高い位置にある。採光のための窓で、摺りガラスが入っている
この間口の向こうに居間がある
シンプルなキャンチレバー（片方だけが壁などに固定されている）階段
バラガンと交流の深かったジョセフ・アルバースらの抽象画がさりげなく飾られている

1階書斎兼図書室から中2階へと上る階段を見る

開放感と閉鎖性が隣り合わせ

各階平面図

（下：1階、中：2階、上：3階）

S＝1／500

高い壁で囲まれた屋上テラス

こちら側にバラガンのアトリエがある

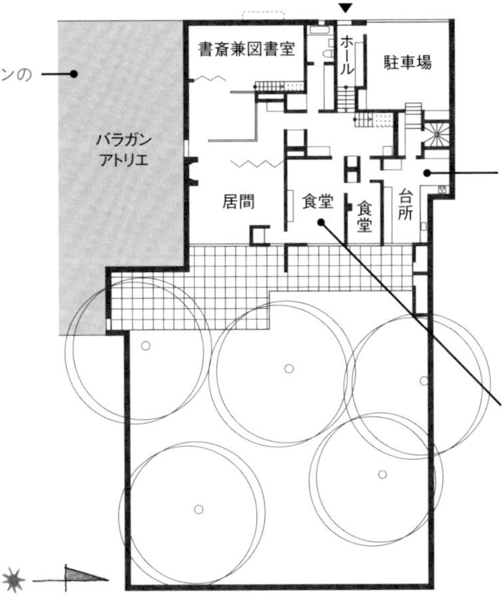

住込みのメイドと生活を共にしていたバラガンは、彼女との動線の交わりを台所や食堂とし、コミュニケーションをよくとっていた

バラガンが最も愛した空間は、荒ぶるメキシコの自然に対して開かれた居間でも、ビビッドな空に開かれた屋上テラスでもなく、自身と対峙できる小さな食堂であった

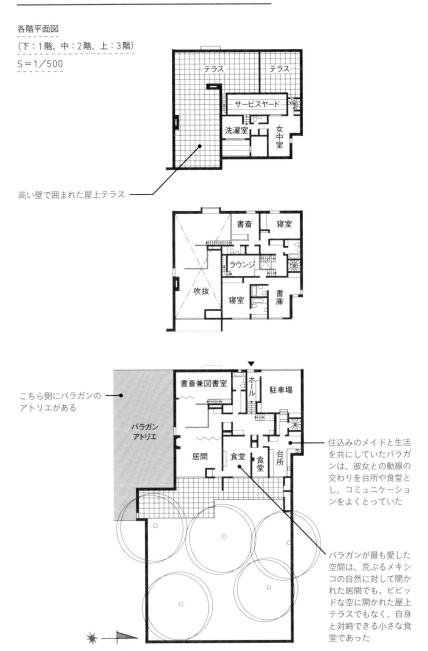

ルイス・バラガン

Luis Barragán (1902-1988)

おおらかな風土のおおらかな住宅

絵の具をこぼしたような鮮烈な青空が印象的なメキシコシティ。バラガンはその郊外に自邸を構えた。もともとはメキシコ第二の都市・グアダラハラ生まれの地主の子で、スペイン、フランスなどのモダニズム建築に触れる周遊の旅ののち、メキシコシティで実験的住宅をいくつも建築した。

身長約１９０cmと、背の高いバラガンの設計する住宅は、スケールが大きい。写真やイラストでは伝わりにくいが、図面や家具の大きさを見ると一目瞭然。「大男の家」なのだ。しかし筆者が思うに、バラガンは何も大男が住む家という実用性のためだけに、家具や空間を大きくしたわけではなかったはずだ。

その根拠は、モダニズム的な「用の美」のみにとらわれることなく、メキシコのおおらかな風土と融合した空間のつくり方を、あまたの作品で実践しているから。

ビビッドな色使いの壁、大胆な吹抜けのリビング、使い込まれてあめ色に変化した大ぶりな木製の家具の数々。住む人と住まいの関係も、住まいの中と外の関係も、おおらかで気持ちのよい距離感を保つ。それがバラガンの住宅の名作たるゆえんなのかもしれない。

11

イームズ自邸

アメリカ・カリフォルニア
チャールズ&レイ・イームズ

イームズ夫妻の素敵な実験住宅

イームズ夫妻は家具のほか、ファブリック、グラフィック、インスタレーションのデザイン、そして映画制作まで手がけたマルチなデザイナーである。彼らにとってそれらの領域を区分する必要はなく、何のデザインでも、すべて建築の設計と同様にとらえていたようだ。そのイームズ建築の最高傑作とされるイームズ自邸は、もともと建築雑誌の企画「ケース・スタディ・ハウス・プログラム」の一環として建てられた実験住宅だった[※]。

ローコストで質が高く、量産も可能なデザインを目指したイームズ夫妻は、住宅の設計に関しても工場や倉庫で使われる既製品サッシを組み合わせた設計を試み、この住宅でもそれが基準寸法になっている。住宅用でなく工場用のサッシを選択したことで、コストの節減だけでなく、通常の住宅にはない大きな開口部のある住宅が実現した。

2層吹抜けの大きなリビングで光と周辺の自然を室内に取り込み、居間に開放感をもたらす一方、天井の低いアルコーブをつくり、狭い空間の居心地よさも同時に考えられている。

※：イームズ自邸はケース・スタディ・ハウス＃8。ケース・スタディ・ハウス＃22はピエール・コーニッグのスタール邸（103頁参照）。

既製品を組み合わせてつくる

最小限の部材で最大限の空間をつくることが目的の1つであった実験住宅。吹抜けの天井高さは17フィート（約5.1m）。

建築年　1949年
構造規模　鉄骨造　地上2階
延べ面積　190㎡

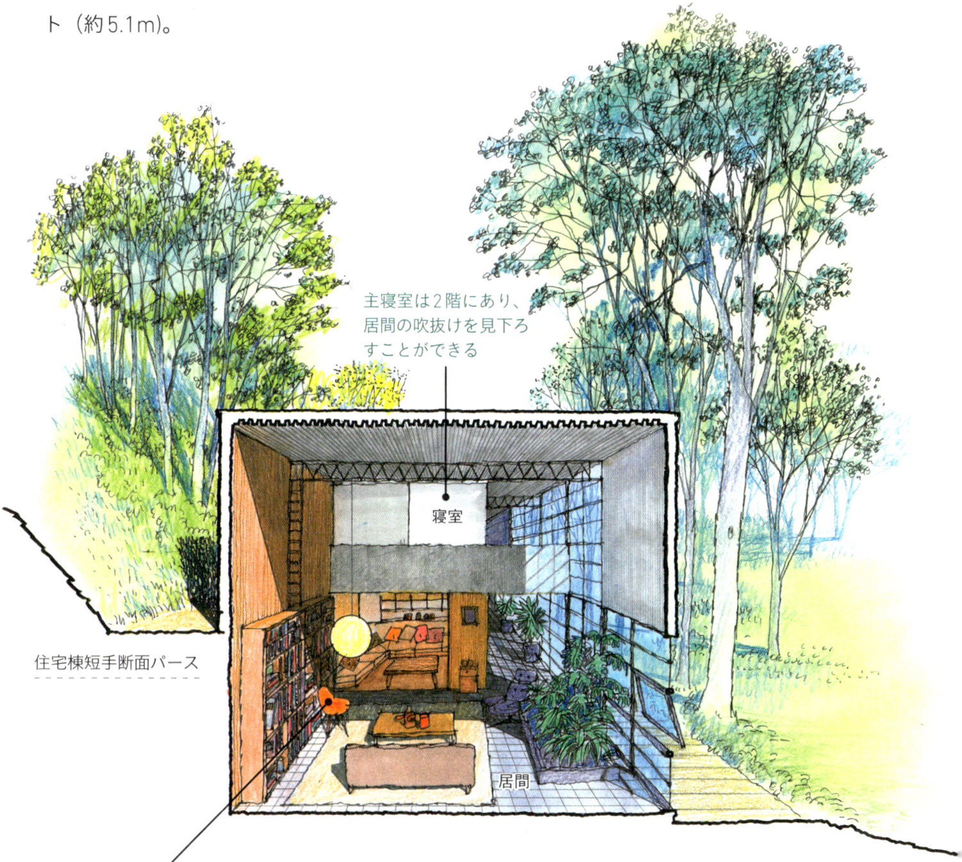
主寝室は2階にあり、居間の吹抜けを見下ろすことができる
寝室
居間

住宅棟短手断面パース

内部にはイームズ夫妻のデザインした家具が並ぶ

サイドシェルチェア　ラウンジチェア

住宅棟と
アトリエ棟からなる建物

イームズ邸はアメリカ国定歴史建造物。住宅とアトリエの2棟に分かれ、間に中庭が設けられている。内部では、アトリエ床材の木レンガなど、自然素材が随所に見られる。

住宅棟、アトリエ棟と中庭は1層分のコンクリートの擁壁で1つにつながっている

建物を東北側から見る

この住宅は当初、イームズ夫妻の友人の建築家、エーロ・サーリネンと共同で設計され、斜面地に張り出した計画であったが、敷地にもともとあった植栽を切らないように、平地に計画し直された

窓はほとんどが規格品のサイズである。1ユニットは約2.3×2.4m

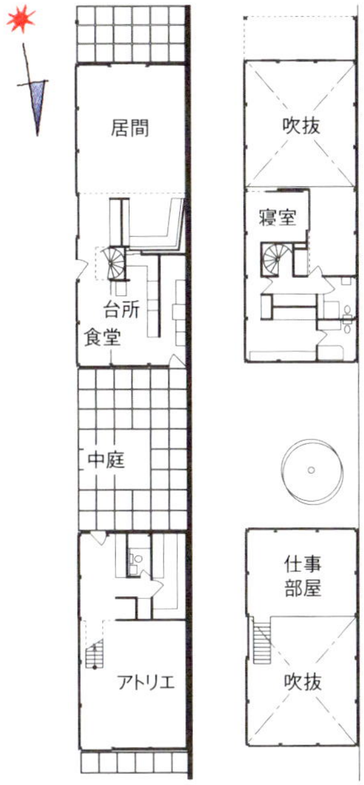
居間
台所
食堂
中庭
アトリエ
吹抜
寝室
仕事
部屋
吹抜

各階平面図（左：1階、右：2階） S＝1／500

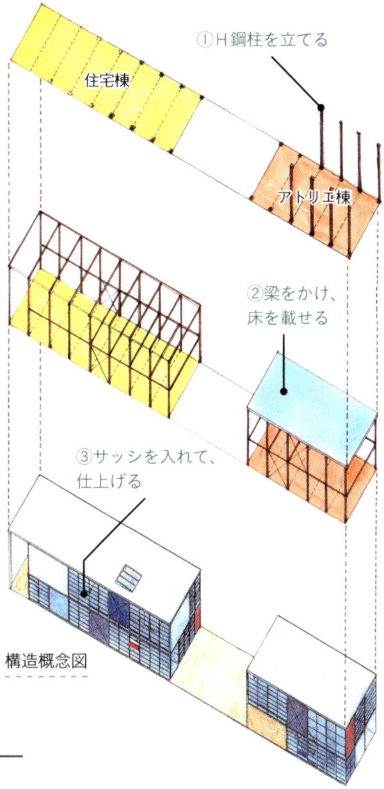
①H鋼柱を立てる
住宅棟
アトリエ棟
②梁をかけ、
床を載せる
③サッシを入れて、
仕上げる

構造概念図

MEMO

イームズは親日家で、柳宗理、剣持勇、渡辺力といった日本のデザイナーたちと交流があっただけでなく、この自邸に畳を敷いて、日本風のお茶会を開いたこともあった。

ファンズワース邸

アメリカ・イリノイ
ミース・ファン・デル・ローエ

巨匠が手がけた最後の個人住宅

ファンズワース邸は、近代建築の巨匠、ミース・ファン・デル・ローエの最も有名な作品の1つだ。機能的な要求の少ない、自然のなかの週末住宅であるがゆえに、住まいというよりは建築を抽象的に表現したパビリオンのようでもある。

地面から持ち上げられた広いポーチから玄関を抜けてガラスの家に入ると、中央のトイレを囲む壁以外はワンルームで、まるで自然のなかに浮かんでいるように周囲の景観を楽しむことができる。ガラスと鉄という人工の素材で直線的に構成されていながら、外観もまた見事に自然と調和している。

しかし、パビリオンで暮らすことはなかなか難しい。実際、施主のファンズワース夫人は、週末住宅とはいえそこに「住む」ことを希望していたため、住むにはさまざまな不備のあるこの住宅に対して苦情を訴えた。一方、ミースは「住まい」にまったく関心がなく、設計したかったのは抽象的な「家」の概念であったので、この対立は苦い結末を迎えた[※]。そして、「家」の原型を極めたこの住宅は、ミースが手掛けた最後の個人住宅作品となった。

※：長年にわたり、工事費などについて裁判が行われた。

パビリオンへのアプローチ

建築年	1950年
構造規模	鉄骨造 地上1階
敷地面積	約39,000㎡（オリジナル）
延べ面積	93㎡（室内部分）

地面から持ち上げられたエントランスポーチは、ファンズワース邸全体の1/3を占める外部空間。ポーチについた小さな階段がガラスの家へといざなう。

柱は200㎜サイズのH形鋼。72頁のガラスの家と異なり、柱をガラスの外側に配置している

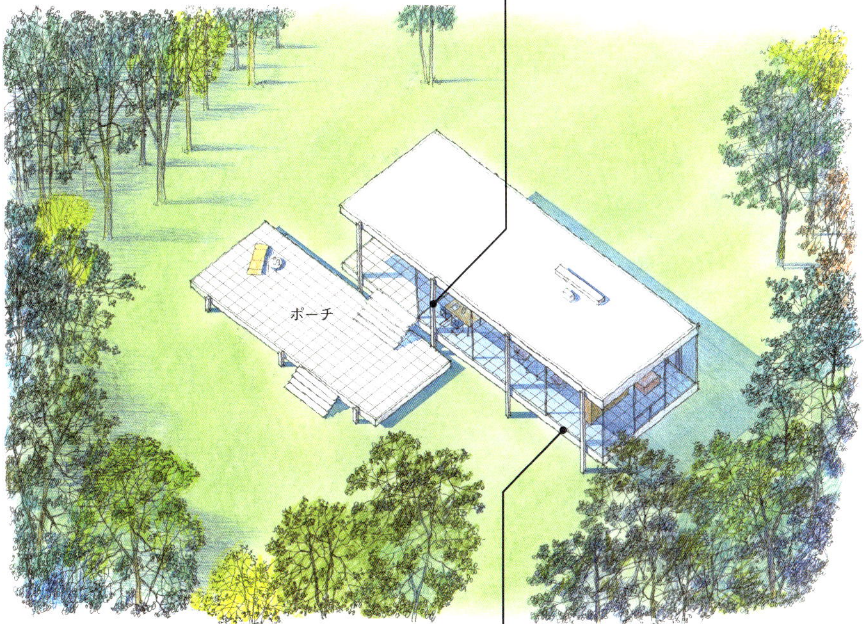

建物を南東側上方より見る

近くの川が時おり起こす洪水に備え、地面から1.5mも上げた高床。それでも浸水することがあるという

ガラスと鉄の家

ピロティの形態は、弥生時代につくられた日本の伝統的な高床式住居にも似ている。

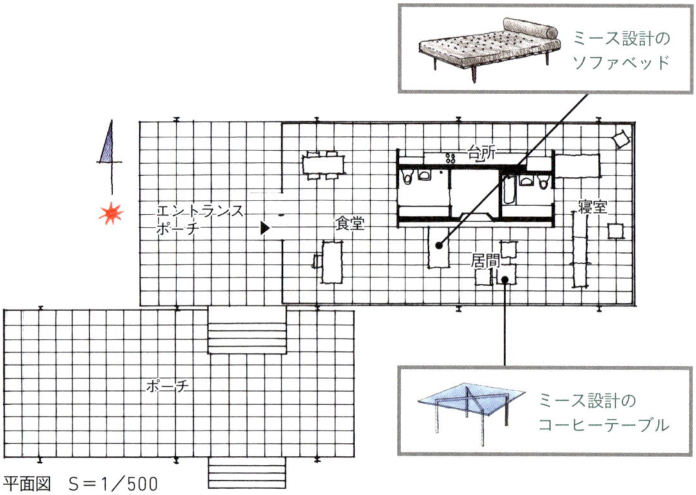
ミース設計の
ソファベッド
台所
エントランス
ポーチ
食堂
寝室
居間
ポーチ
ミース設計の
コーヒーテーブル

平面図　S＝1／500

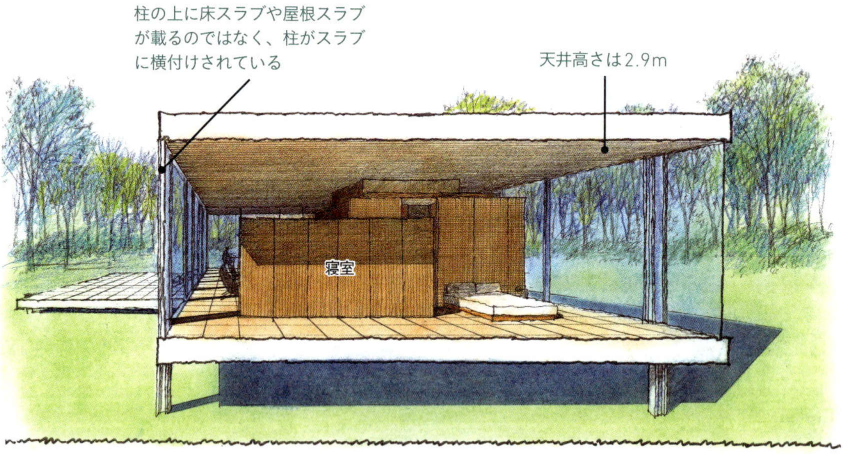
柱の上に床スラブや屋根スラブ
が載るのではなく、柱がスラブ
に横付けされている
天井高さは2.9m
寝室

建物を東側より見る

コアのあるワンルーム空間

ワンルームの居室にパネルで覆われたコアが微妙に非対称な位置に置かれることで、各スペースにそれぞれの居場所が生まれる。

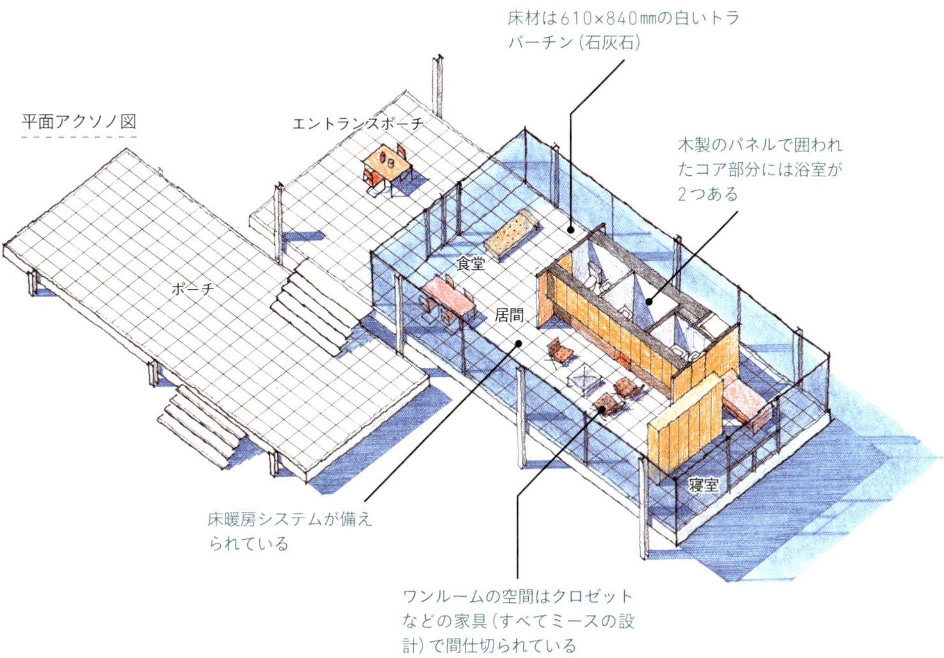
床材は610×840mmの白いトラバーチン（石灰石）
平面アクソノ図
エントランスポーチ
木製のパネルで囲われたコア部分には浴室が2つある
食堂
ポーチ
居間
寝室
床暖房システムが備えられている
ワンルームの空間はクロゼットなどの家具（すべてミースの設計）で間仕切られている

MEMO

ミースは結婚し娘も3人いたが、妻とも恋人とも長期的に一緒に住まない、孤独を愛する人だった。そのことも「住まい」に対する関心の低さに結びついているのかもしれない。

チャールズ＆レイ・イームズ

Charles Ormond Eames, Jr. (1907-1978)
Ray Eames (1912-1988)

既製品を使いこなせ

20世紀、建築家たちは競って新しい建築の原理を追い求め、建築のなかでも小さいスケールの住宅で実験を繰り返した。オリジナルな一品生産に全職能を捧げるのが建築家の使命だと固く信じられていた時代、建築にも産業化の波が押し寄せる。大量に生産された「既製品」をこれまで誰もやったことのない方法で住宅に取り入れたのがチャールズ＆レイ・イームズ夫妻だ。

建築家が戸建住宅を設計し、モデルハウスまで建てるという「ケース・スタディ・ハウス・プログラム」で彼らは自邸であるイームズ邸（62頁参照）をつくった。窓やドア、壁などすべてが建設資材カタログに載っている既製品だ。このプロジェクトで第1案から第2案に変更したときにも、梁1本変えるだけでできたという有名な逸話があるほどだ。イームズ夫妻はありふれた既製品を使っても個性的で魅力ある空間をつくり出すことに成功している。また、建物の内部は暮らしていくうちに徐々に2人の生活感や世界観がにじみ出て、空間そのものが熟成されていった。当時は、既製品は工場や倉庫などを建設するためのもので、住宅建築には使用しないものとされていた時代。このような住宅を生み出した彼らは今日のプレファブ住宅の先駆者といえるだろう。

ミース・ファン・デル・ローエ

Ludwig Mies van der Rohe (1886-1969)

建築も世のなかもユニバーサル・スペースに

ミース、ル・コルビュジエ、フランク・ロイド・ライトは近代建築の土台をつくった「近代建築3大巨匠」といわれる。ミースと同郷［※］で元同僚のヴァルター・グロピウスを加えて、4大巨匠とすることもある。

1930年代、ミースはナチスの迫害から逃れるため、ドイツからアメリカへ亡命した。当時はヨーロッパ、アジアから始まった大戦の荒波に世界が飲み込まれようとしていた。ミースが提唱した「ユニバーサル・スペース」の概念は、古代ヨーロッパの古典的な建築様式を復刻させる社会的な潮流（歴史主義）に対抗するものとして一般的には解釈されている。

だが、ミース自身の経験と苦悩に満ちた時代背景からかんがみると、彼が目指したユニバーサル・スペースとは、単に内部空間の用途・機能を限定せず、自由に使えるようにしただけのものではなかったはずだ。実は、過去の思想や慣習にとらわれることなく、人種差別や迫害のない、誰もが平等に生きることができる社会を、建築空間で実現しようという試みだったのではないだろうか。

※：ミースの祖国・ドイツでは彼の功績を称え、1987年に生誕100周年切手が発売された。

ガラスの家

アメリカ・コネチカット
フィリップ・ジョンソン

ミースを真似た森のなかのガラスの家

敬愛するミースの名作ファンズワース邸（66頁参照）にインスパイアされ設計した、フィリップ・ジョンソン自身のセカンドハウス「ガラスの家」。広大で美しい敷地には十数棟のさまざまな建築が建てられており、この住宅はその1つである。

ガラスの家は、建材としては近代以降に用いられるようになった鉄とガラスという素材が可能にした、現代建築の象徴ともいえる住宅である。構造体をスリム化し、大きな開口を可能にする鉄。透明性・反射性によって内と外の空間を一体化させ、開放的な空間を創出するガラス。この住宅は、2つの新建材の特徴を最大限生かしてつくられている。

4面ガラスの壁は外部と内部を同化させ、内部に入ると、あたかも美しい林のなかで生活しているような錯覚を起こす。室内には、トイレとシャワールームを納めた円筒形のコアと暖炉以外に、空間を強く仕切る障壁がない。収納家具やプッサン［※］の絵画のパネルなどを使い、あいまいに領域を規定しているだけだ。それにより、多種多様な空間体験が可能となっている。

※：ニコラ・プッサン（1594-1665）はフランスの画家。フランス古典主義の巨匠。

美しい自然にたたずむ
ガラスの家

建築年　1949年
構造規模　鉄骨造　地上1階
延べ面積　128㎡

広大な敷地のなかには、ガラスの家をはじめ、レンガの家、パビリオンなど大小10の建物が建つ。ガラスの家は広い敷地と豊かな自然がなければ、存在しえない建築である。

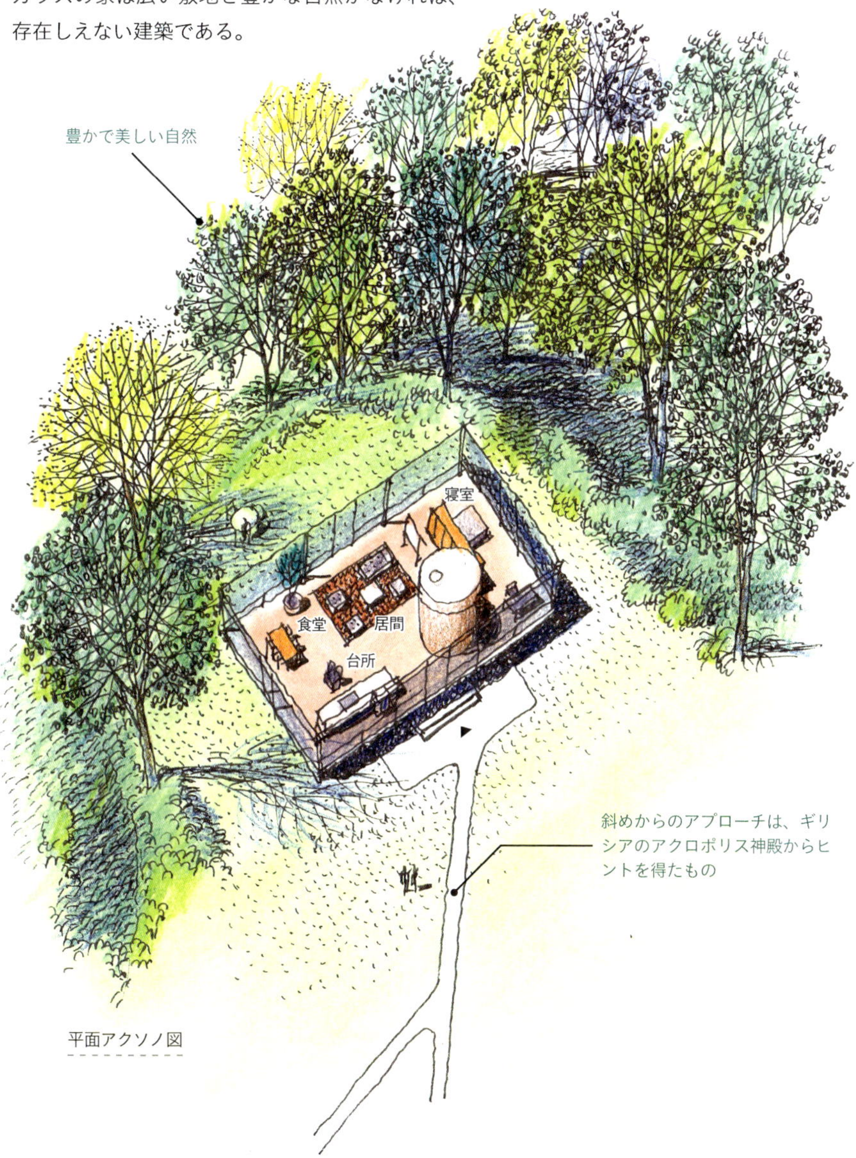
豊かで美しい自然
寝室
食堂
居間
台所
斜めからのアプローチは、ギリシアのアクロポリス神殿からヒントを得たもの

平面アクソノ図

ガラスに映る虚像と実像

ガラスには反射性と透明性という性質がある。ガラスに反射する屋内と、ガラス越しの自然という虚像と実像が、多様な空間を生み出す。

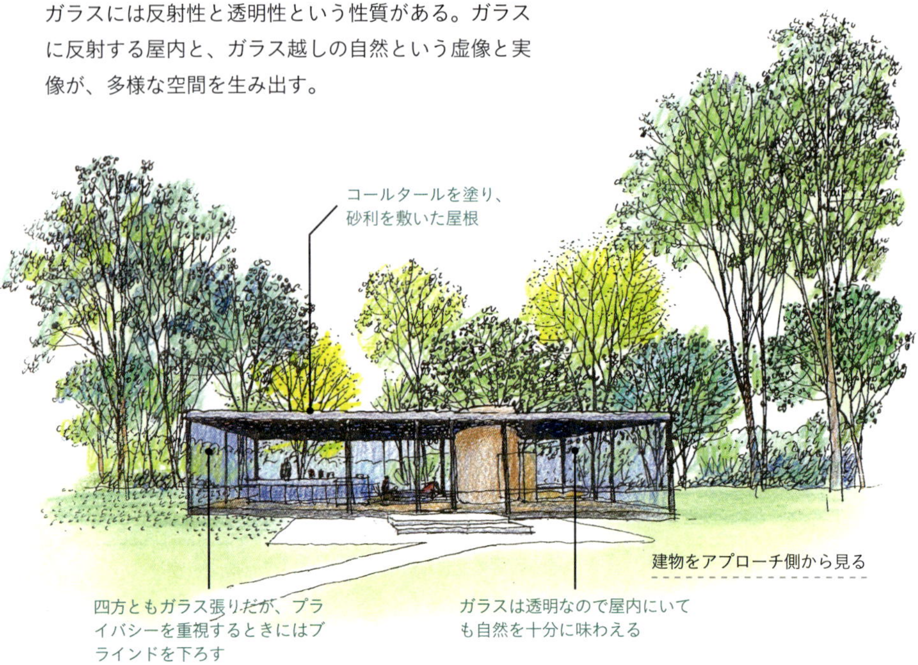

コールタールを塗り、砂利を敷いた屋根
四方ともガラス張りだが、プライバシーを重視するときにはブラインドを下ろす
ガラスは透明なので屋内にいても自然を十分に味わえる

建物をアプローチ側から見る

浴室など水廻りが組み込まれたレンガ張りのコアは、暖炉でもある
居間・食堂
台所

短手方向断面パース

仕切りなしのワンルーム

ミースのファンズワース邸同様、コアは非対称な位置にある。このずれたコアがさまざまな居場所をつくり出す。

床はヘリンボーン・パターンのレンガ敷き

家具はすべてミースがデザインしたもの

プッサンによる17世紀の風景画

収納によって居間と寝室が分けられている

平面パース

20世紀前半に活躍した彫刻家エリー・ナーデルマンによる彫像

オープンキッチンは、ジョンソンが最初に提案したといわれる

浴室・トイレなどが組み込まれたコア

MEMO

ガラスの家と対照的な「レンガの家」は、少し離れたところにある。閉鎖的なこの家が、「ガラスの家」とセットで存在しなければ生活が成り立たない、とジョンソンはいう。

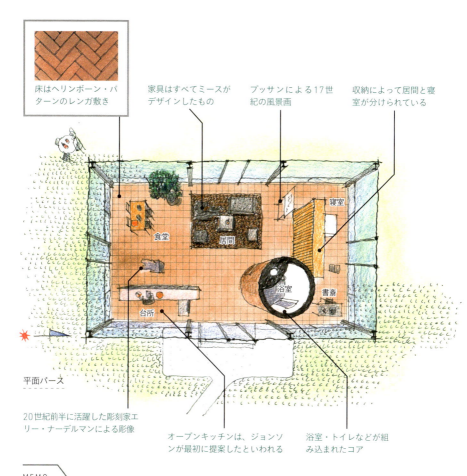

フィリップ・ジョンソン

Philip Johnson (1898-1976)

ジョンソンの執事

若いということは恐ろしいことだ。筆者は仲間と自動車でアメリカを旅行した。さまざまな建築を見て回るのが旅の目的だった。フィリップ・ジョンソンの自邸「ガラスの家」（72頁参照）もお目当ての1つ。無謀にも何のアポも取らず敷地に足を踏み入れていた。あの美しいガラスの家を見たいという一心がそうさせたのだ。

迷いながら歩いているうちに、ガラスの家が垣間見えた。思わず見とれていると、すぐに「ゲットアウト！」と叫びながらなかから1人の男が出てきた。あのフィリップ・ジョンソンだ。

剣幕のすごさに押されて乗っていた車を道路まで後退させた。車のなかで茫然としたままどのくらい経っただろうか。初老の男が車に近づいてきた。叱責を覚悟してドアを開けると、ジョンソンの執事であると名乗り、どこから来たか尋ねてきた。日本の建築を学ぶ学生だと答えると、もう少し経ったらジョンソンが出かけるから、待っていなさいという。小一時間ほど待っただろうか。別のメイドが呼びに来た。ガラスの家のなかには入れてもらえなかったが、外からくまなく見せてもらった。執事の粋な計らいであった。

まだ、日本から訪れる観光客がごくまれな時代の話である。

14

ジャウル邸

フランス・パリ
ル・コルビュジエ

モダニズムの巨匠がつくる光を操る家

ピロティや屋上庭園、水平連続窓など、サヴォア邸(28頁参照)に見られる、伝統にとらわれないコルビュジエの表現。それとまったく逆行するのでは?という声も上がるのがこのジャウル邸だ。

　確かに、レンガ積みの重厚な壁やアーチ状のヴォールト天井、どっしりと被さる屋根などからは、モダニズム建築の構造的自由は感じられず、暗く閉鎖的な住宅を連想させる。

　しかし、この建物でコルビュジエが目指したのは、サヴォア邸のような「均質で透明な広がり」のある空間ではなく、その対極にある空間だ。

　不規則に開けられた窓には板扉が取り付けられ、その板扉で光を遮断することで完全な闇が生まれる。板扉を開ければ、内部の闇には光が入り、「生活」の場として整えることができる。光を自在に操作できるという点で、闇は空間的な想像力を駆使させるのだ。

　ジャウル邸は、これまでのコルビュジエの考えを真っ向から否定するものではない。宗教建築に魅せられ、光と空間の関係性を考え続けたコルビュジエの精神そのものが現れた建物なのだ。

「開放感」の対極をつくる

建築年	1955年
構造規模	RC＋組積造 地上3階

コルビュジエは、壁ではなく柱で建物を支えることで、合理的で開放感のある住宅を発表してきた。そのような彼の住宅作品とは対極にあるような、重厚な外観をもつのがジャウル邸である。

梁はコンクリート製。ヴォールトにより強化され、スパンを広げることができた
アーチ状のヴォールトは、型枠を使用せずにモルタルで接着したタイルで形成し、層を重ねることで構造を強化している
開放的なモダニズムの家とは正反対。それ以前の家でよく見られた重厚なレンガ積みの壁

B棟を北側中庭より見る

素材感のあるインテリア

内装には、テクスチュアの粗い素材をあえて使っている。光により、素材そのものの表情がより強調されるからだ。

荒々しいコンクリートがむき出しの梁
外装でも使用したテラコッタタイル
ランダムに開いた窓によって調整された光は、住人の創造力を研ぎ澄ます
窓から入る光は、レンガやテラコッタ、コンクリートなどそれぞれ異なる表情をもつ天然素材を輝かせる
荒っぽく塗ったモルタル。差し込んだ光が素材感を強調するように、陰影を付ける

B棟居間　インテリアパース

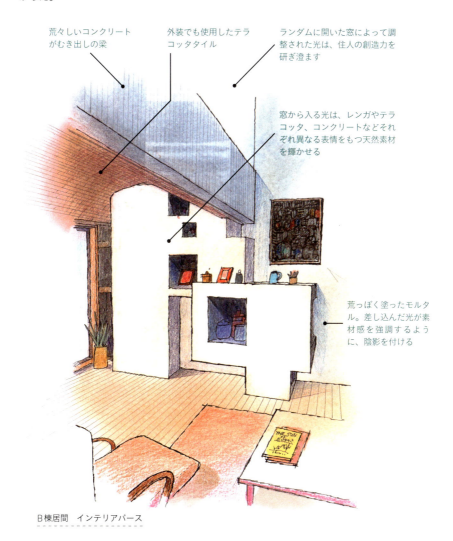

親子分棟型のプラン

当初は2棟がつながった計画で、コルビュジエもそれに多くの時間を費やしたが、最終的には分棟形になった。

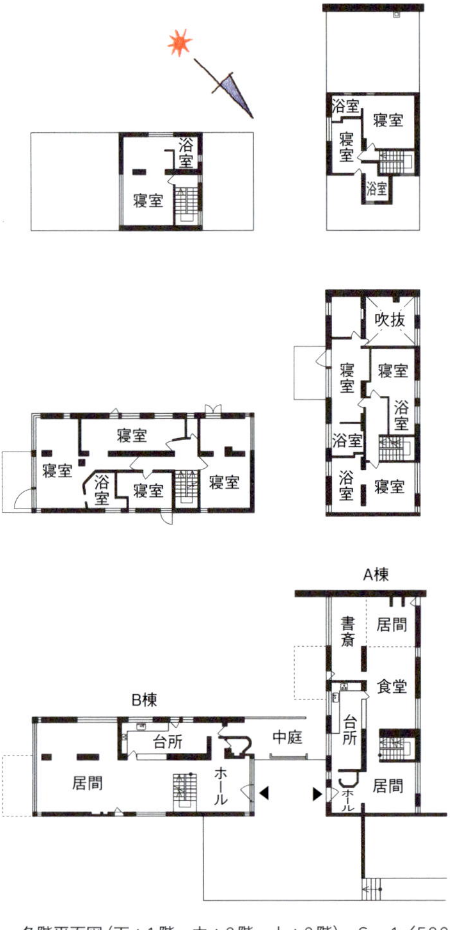

各階平面図（下：1階、中：2階、上：3階） S＝1／500

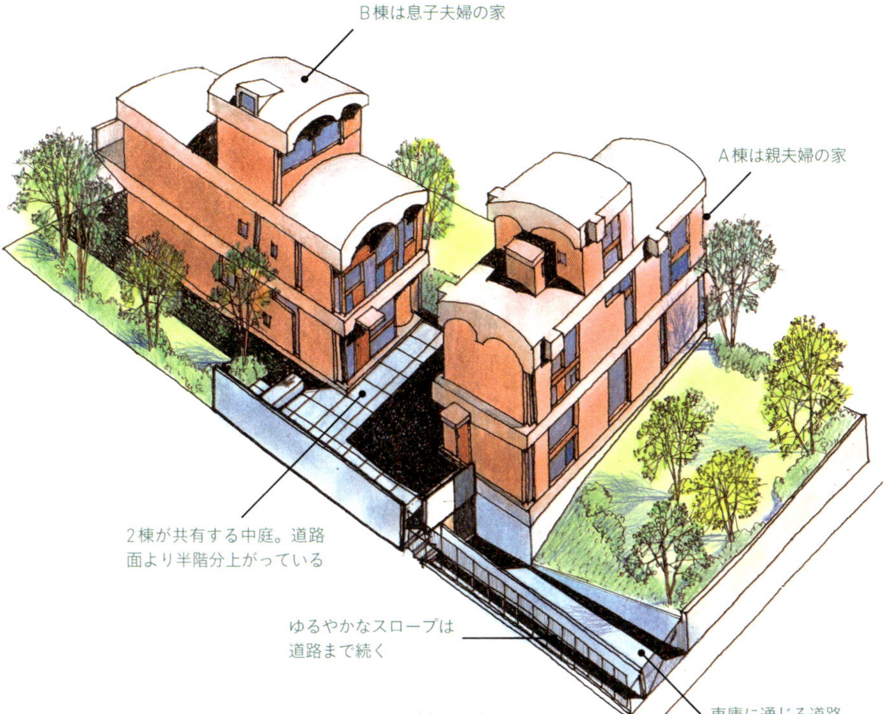

2つの建物を北側上方から見る

MEMO

ジャウル邸の設計は、戦争の影響もあり、長い年月にわたることになった。何通りものプランを提案し、ドローイングは500枚を超えたという。コルビュジエは、戦後のスタイルを新たに提唱するために、並々ならぬ気力でこの建物に向かったのだ。

カレ邸

フランス・バゾッシュ
アルヴァ・アアルト

クライアントとの共鳴が生んだ傑作

パリから西へ約50km、静かな田園にある村の小高い丘で、カレ邸はひっそりと息づく。豪邸を「ひっそり」と表現するのは本来なら不適当かもしれないが、フィンランドが生んだ有機的建築の創造者、アアルトの手にかかれば、この大きな建築もひっそりと呼吸するのだ。土地の傾斜と平行に上がっていく青いスレート葺きの屋根、囲われた中庭に面してリズミカルに配置された段の造形、傾斜に合わせてレベル差を設けた内部空間、それらによって見事に自然の環境に溶け込んでいる。

一方、内部で特徴的なのが、大きな玄関ホールに設けた、絵画を飾るための小さな壁。各部屋への動線ともなるこのホールは、ギャラリーでありながら生活の一部ともなっている。自然と調和しつつ、アートと融合できる家を希望したパリの画商ルイス・カレのために、アアルトは、アートと共に暮らし、一体となれる家をつくり上げたのだ。

家具や照明など細部に至るまで、アアルトはデザインした。きめ細かく設計されたこの住宅は、カレ夫妻によって、ほぼ完成当時のまま使い続けられた。

玄関ホールは アート・ギャラリー

建築年	1959年
構造規模	RC造 地上2階、地下1階
延べ面積	450㎡（地上部分）

玄関ホールを兼ねるギャラリーは居間と同じ広さをもつ。ギャラリーは各部屋への動線でもある。

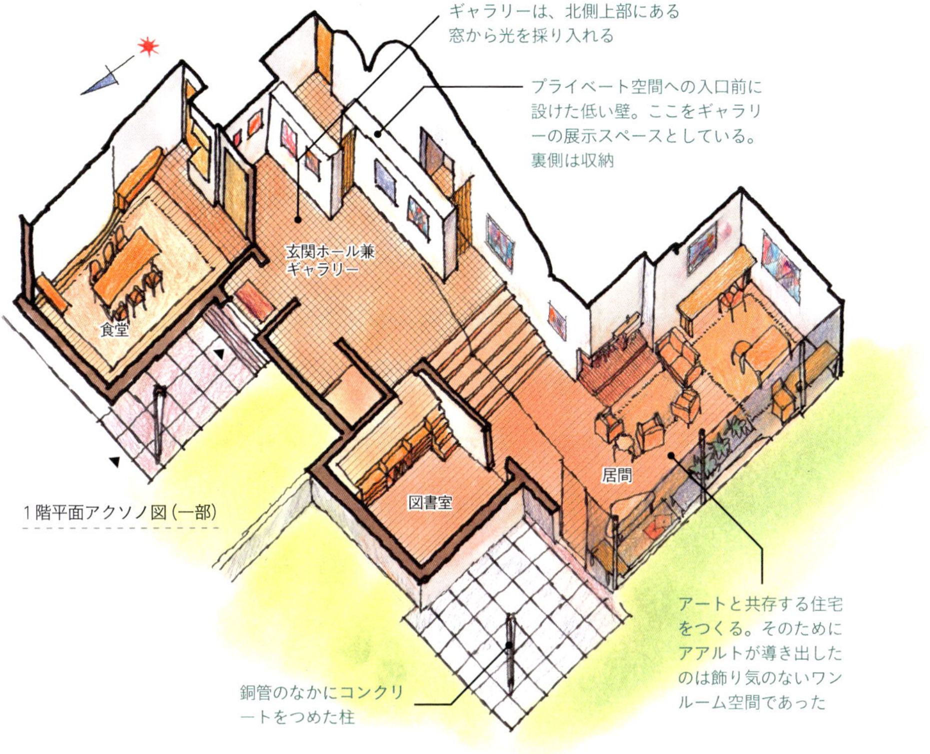
ギャラリーは、北側上部にある窓から光を採り入れる
プライベート空間への入口前に設けた低い壁。ここをギャラリーの展示スペースとしている。裏側は収納
玄関ホール兼ギャラリー
食堂
図書室
居間
アートと共存する住宅をつくる。そのためにアアルトが導き出したのは飾り気のないワンルーム空間であった
銅管のなかにコンクリートをつめた柱

1階平面アクソノ図（一部）

MEMO

「私の協力者は熟練した建築家であり、単なるドラフトマンではない」、アアルトの言葉だ。アアルトは、組織的なチームではなく、共同設計者である妻や事務所スタッフ、家具職人など多くの人たちと共同で設計しているという意識だったようだ。立場に関係なく誰もが責任と誇りをもって、楽しんで仕事をしていたに違いない。

自然と調和した建築

オークの林に囲まれた小高い丘の上にある広大な敷地。アアルトは、窓から風景がどう見えるかを考え、建物とランドスケープの構想を練り上げた。

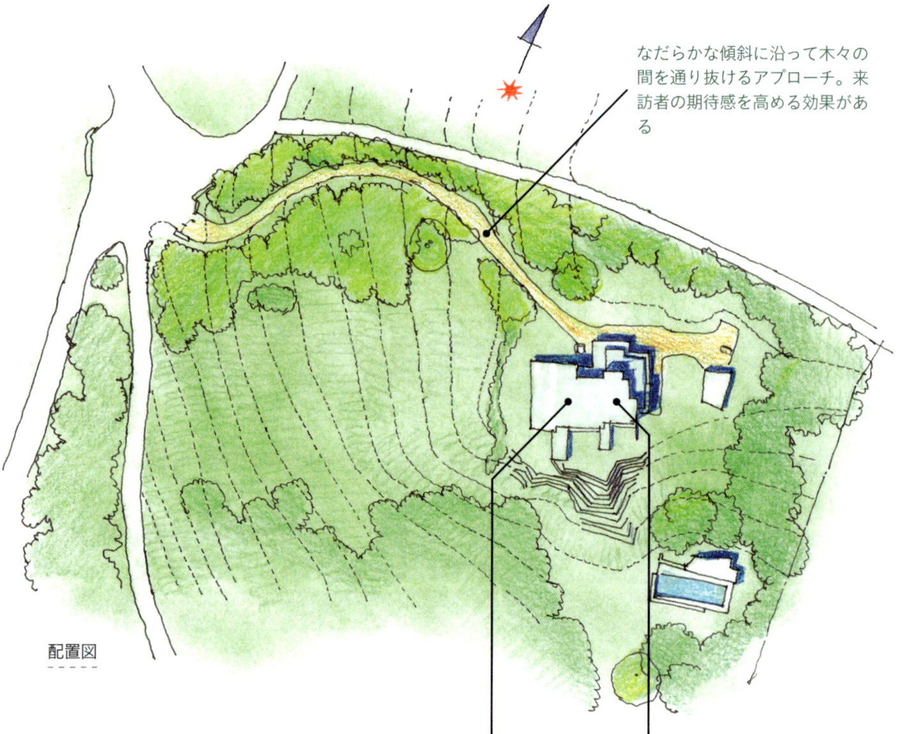

なだらかな傾斜に沿って木々の間を通り抜けるアプローチ。来訪者の期待感を高める効果がある
美しい自然が残るこの土地に建てたのは、別荘ではなく、日常生活を送るための住宅
カレが唯一要望したのが、青いスレート葺きの屋根。カレが生まれ育った地方で一般的だった材料

配置図

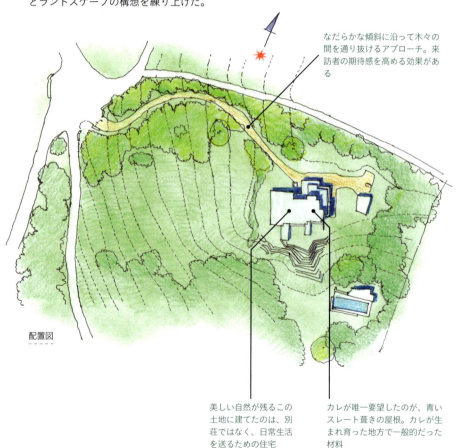

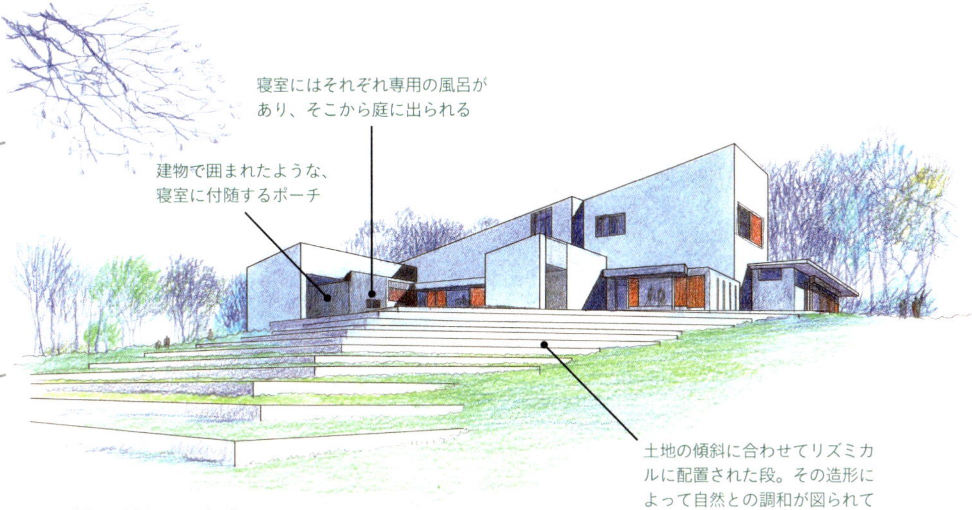
寝室にはそれぞれ専用の風呂があり、そこから庭に出られる
建物で囲まれたような、寝室に付随するポーチ
土地の傾斜に合わせてリズミカルに配置された段。その造形によって自然との調和が図られている

建物を南側より見上げる

暖気は天井のスリットから屋根裏を通り、排出される（自然換気）
生活の中心となる玄関ホール。アカマツの板を張った波打つ天井は、一番高い所で5mもある
夏の強い日差しは、オーニング（布などでできた日除け）で調整
使用人室
玄関ホール兼ギャラリー
台所
居間
機械室・ワインセラー
大きなボリュームの空間にヒューマンスケールの壁を設けることで、特別なスペースであることを演出
地形に合わせて高低差が設けられた内部空間

長手方向断面図

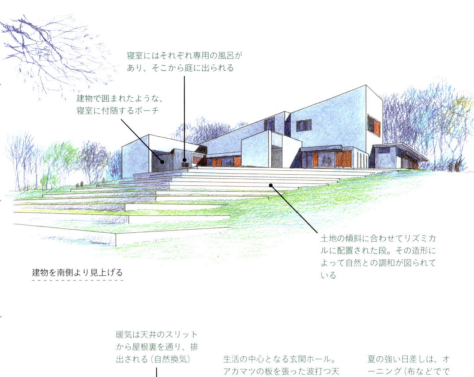

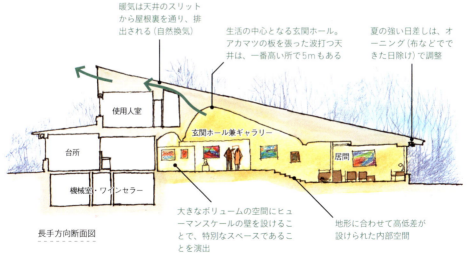

アルヴァ・アアルト

Alvar Aalto (1898-1976)

日本人に響く感性

アアルトの建築には素材の扱い方において、たとえば色彩の薄い木材の美しい木肌をそのまま現しで用いた点など、日本文化の影響を感じさせる要素が多く見られる。実際、アアルトはかなりの親日家であったらしく、日本建築だけでなく、日本の童話などにも親しんでいたらしい。

30代の半ばに親しく交友した日本人がいた。フィンランド駐在の日本公使、市河夫妻だ。在留邦人がほとんどいなかった時代の話である。アアルト夫妻はすでにフィンランドを代表する建築家として活躍しつつ、自らデザインした家具を販売するアルテック社を立ち上げるなど多忙な時期であったが、恐らく初めて知り合った日本人に強い興味を抱いたのだろう。近所に住まいがあった1、2年の間であったが、頻繁に交流があったようだ。

非常に社交的でユーモアにあふれたアルヴァと穏やかで落ち着いたアイノ。アアルト夫妻がデザインしたインテリアに招かれた市河夫妻は、どこか日本を思い起こさせる曲げ合板の家具やファブリックの色合いを愛でた。

一方、市河夫妻との交流や書籍から学んだ日本建築や生活様式はアアルトの感性に影響を与え、その建築的特徴を引き出す一因になったと考えられる。

CHAPTER

02

世界を変えた住宅2

（1960年代〜）

戦後の混乱・復興期を過ぎると、モダニズム建築の勢いも衰えていきました。多様化する社会のなかで、建築が自然環境とどう向き合うのかも1つのテーマになっています。

フーパー邸

アメリカ・メリーランド
マルセル・ブロイヤー

自然を切り取り、取り込む家

2万8300㎡もの広大な敷地をドライブ・ウェイから見ると、家らしきものはなく、ただ壁が2枚立っているだけである。しかし、地元産の石材でできた壁の間を通ると、天井高さ2.6mほどの薄暗い玄関の先に、部屋と石壁で囲まれた100㎡ほどの中庭が広がる。

敷地は広く自然豊かなので、ファンズワース邸（66頁参照）のように自然に向けて住宅を開くことも考えられたが、この家の住人のためにブロイヤーは、自然を切り取って、住宅の内部に取り込むことにした。そうすることで、自然は家族とより濃密な関係を結び、住まいの一部となる。間取りも、立面と同様にいたってシンプルだ。長方形の箱の真ん中に中庭。その片側に、居間や食堂、台所といった公共性の高い部屋が配置され、もう一方の側には夫婦と3人の娘、そして泊まり客用の寝室と、家族用居間などのプライバシー性が高い部屋を置く。

シンプルな構成と控えめな表現でつくられているがゆえに、このフーパー邸には経年を感じさせない心地よさがある。

壮大な敷地に現れる2枚の壁

建築年	1960年
構造規模	組積＋鉄骨造 地上1階、地下1階
敷地面積	約28,300㎡
延べ面積	725.4㎡

自然あふれる敷地の景観と調和しながらも、直線的でモダンな壁。この壁に設けられた開口が、周囲の自然景観を切り取って内部に取り込む。

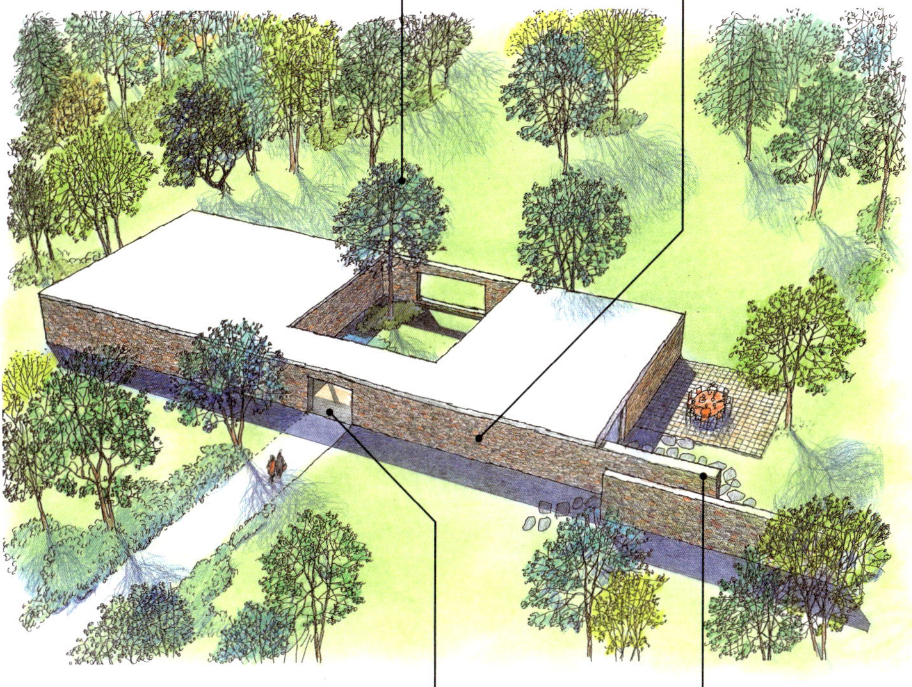
中庭には巨大なナラの木が生えている
入口側のメリーランド産フィールド・ストーンの石壁は42mもの長さ
壁の間のガラス扉を通して、中庭とその奥の林が見える
石壁の厚さは石の美しさを十分に見せるため40㎝もある

建物を南東側上方から見る

中庭が2つの空間の緩衝帯

家族のための居間には壁に窓がない。光は天窓から採っており、ほかの部屋と異なる雰囲気をもつ

シンプルなかたちの暖炉はコンクリート製、びしゃん仕上げ

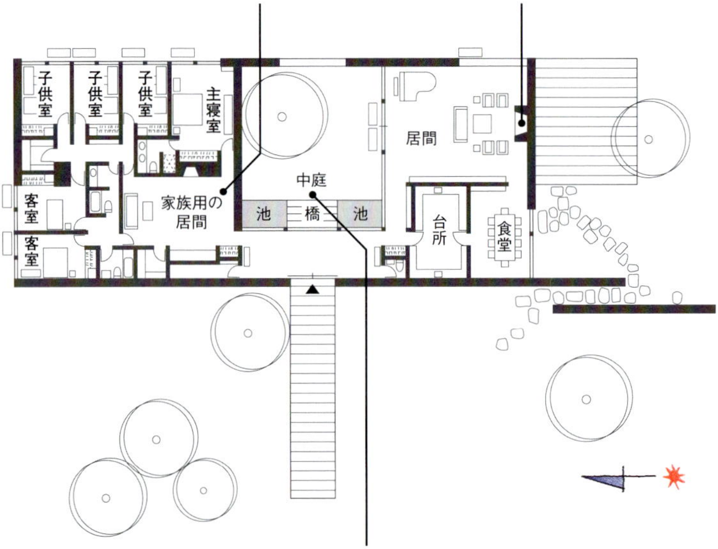

北側のプライベート空間と南側のパブリック空間をへだてるように中庭を配置

1階平面図　S＝1/500

MEMO

マルセル・ブロイヤーで最も有名な作品といえば、鉄パイプを使った片持ちの構成と籐の座面を持った“チェスカ”チェア（1928年）である。この名称は彼の娘の名前に由来する。

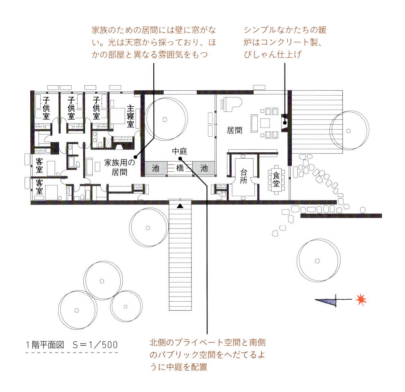

既存樹木を取り込んだ中庭

ナラの大木が印象的な中庭は、気候のよい時は第2の居間のようにも使われる。また、室内外にフーパー夫人が好んだ、モダン・アートの作品が飾られた。

中庭には幅いっぱいに池があり、ブルーストーン製の橋がかかっている
居間
中庭
橋
池
ホール
床材は大判のブルーストーン

ホールから中庭・居間を見る

02

フィッシャー邸

アメリカ・ペンシルバニア
ルイス・カーン

よい建物はいつか優しい廃墟に還る

木立のなかに佇む2つの木製キューブ、それがフィッシャー邸だ。道路側は壁で閉じているが、自然豊かな庭に対しては窓を大きく開いている。2つのキューブは、人が集う空間（リビングキューブ）とプライベートな空間（スリーピングキューブ）として、機能が明確に分けられている。性質の異なる空間を分離すると同時に、それらを互いにどのように関連付けるか。カーンは2つのキューブを斜めに配することで空間をつなぎ、光の採り入れ方を変化させて2つの空間に深みを与えた。

地元産の石と木でできたこの住宅は、周辺の環境と見事に調和している。フィッシャー夫妻によって丹念に磨き込まれたイトスギの壁は、長い年月を経てなお、風合いを増しつつある。

他所《よそ》から来た安い材料で住宅をつくることは、なるほど経済的で合理的だ。だが地元の材料でつくれば、周辺環境との調和もつり合いもさらに高まる。

いつの日か、この住宅が廃墟となるとき、役目を終えた石も木も、母なる大地の上で静かな眠りに就くことになるのだろう。

周囲になじむ
イトスギのキューブ

建築年	1960〜1967年
構造規模	木造
	地上2階、地下1階
延べ面積	約170㎡

フィッシャー夫妻によって丁寧に手入れされたキューブは、地元産の木材製。周辺環境にもよくなじむ。

斜めに配置させたのは、見え掛かりに深みをもたせるため。空間にも奥行きが生じる
材料は、基礎の石から外壁のスギに至るまですべて地元産。朽ちてもその土地になじむものを、という配慮である

建物を小川側から見上げる

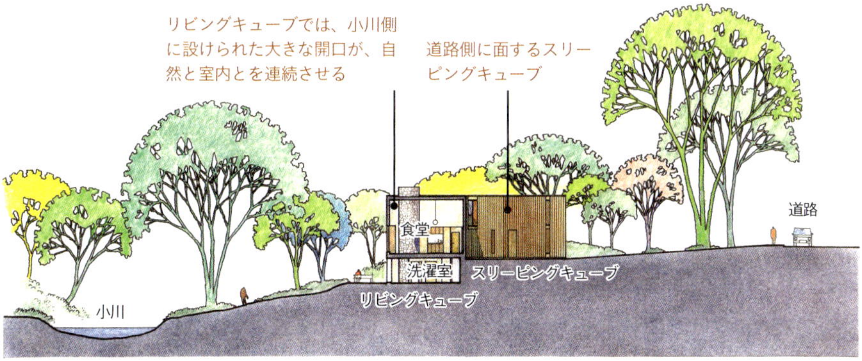
リビングキューブでは、小川側に設けられた大きな開口が、自然と室内とを連続させる
道路側に面するスリーピングキューブ
食堂
洗濯室
スリーピングキューブ
リビングキューブ
小川
道路

短手方向断面図

竣工まで6年の月日が流れた

「ある家族のためのよき家は、ほかの家族にとってもよき家になる資質をもつ」という信念のもと、カーンは6年もかけてこの住宅を完成させた。

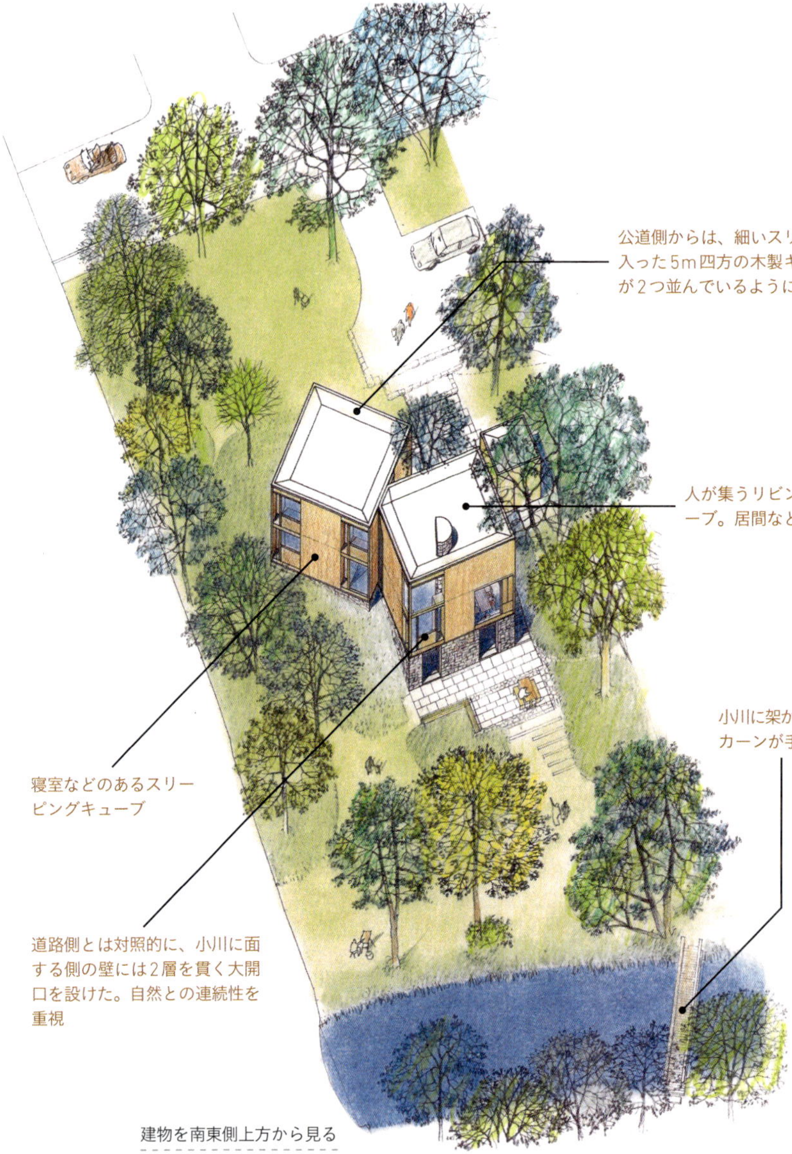

公道側からは、細いスリットの入った5m四方の木製キューブが2つ並んでいるように見える
人が集うリビングキューブ。居間などを配置
寝室などのあるスリーピングキューブ
小川に架かる橋も、カーンが手掛けた
道路側とは対照的に、小川に面する側の壁には2層を貫く大開口を設けた。自然との連続性を重視

建物を南東側上方から見る

心地よい部屋は外に開く

フィッシャー邸は、カーンの理論のみによるものではない。周囲の自然の美しさを生活に取り込むことまで計算したうえでつくられたかたちなのだ。

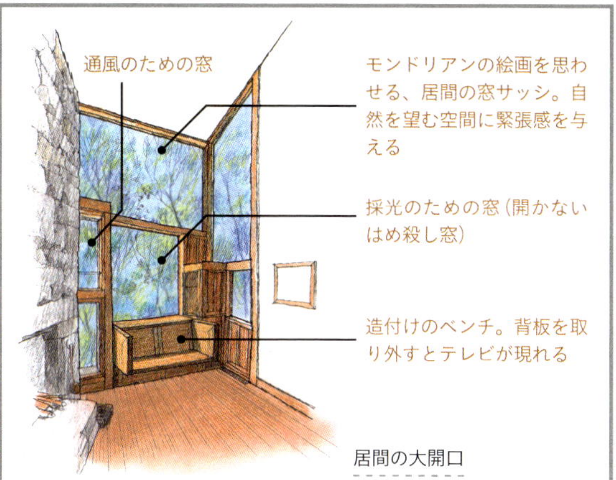
通風のための窓
モンドリアンの絵画を思わせる、居間の窓サッシ。自然を望む空間に緊張感を与える
採光のための窓（開かないはめ殺し窓）
造付けのベンチ。背板を取り外すとテレビが現れる

居間の大開口

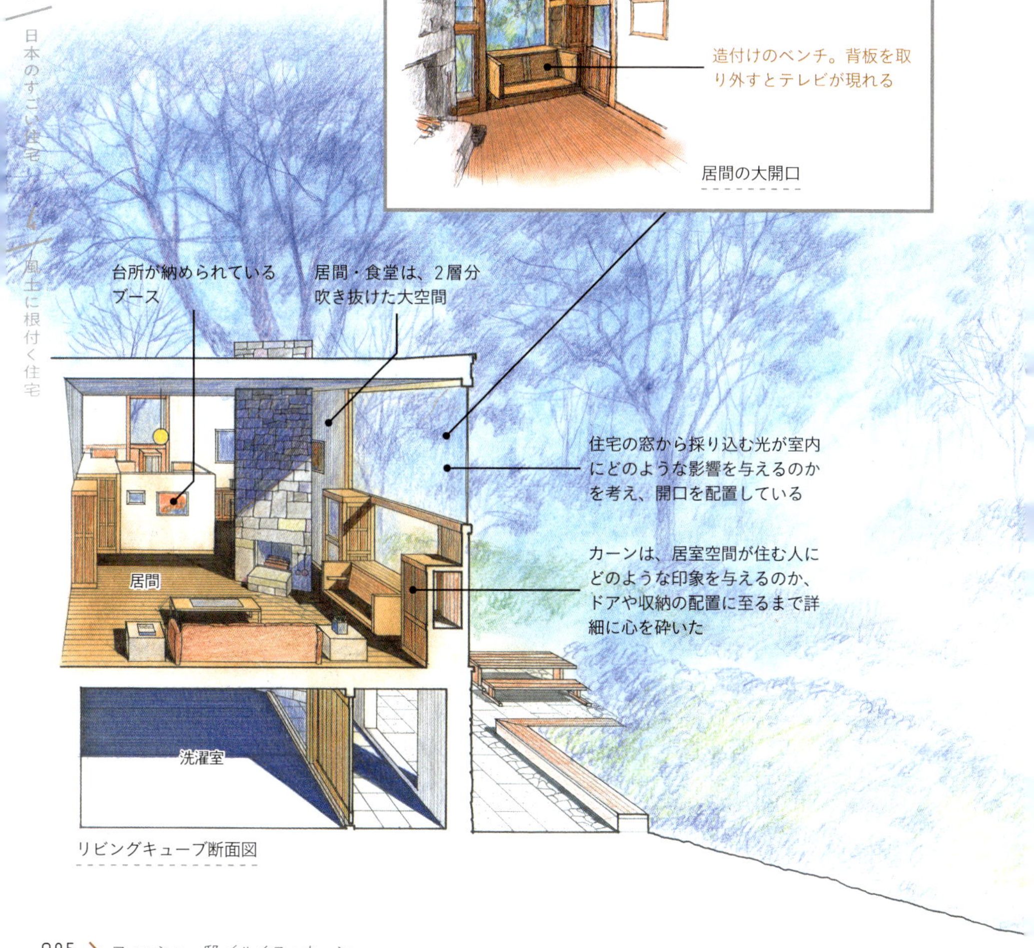
台所が納められているブース
居間・食堂は、2層分吹き抜けた大空間
住宅の窓から採り込む光が室内にどのような影響を与えるのかを考え、開口を配置している
カーンは、居室空間が住む人にどのような印象を与えるのか、ドアや収納の配置に至るまで詳細に心を砕いた
居間
洗濯室

リビングキューブ断面図

2つの箱からなる平面

平面図からも、カーンがプライベートとパブリックを明快に分ける空間構成を重視したことが読み取れる。

寝室
スリーピングキューブ
居間
キューブとは微妙に異なる角度で配された半円形の暖炉が、居間の広がりを豊かにする
食堂
リビングキューブ

1階平面図

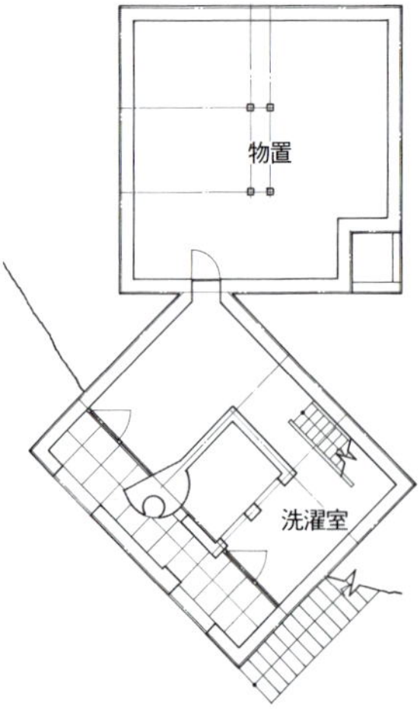

物置
洗濯室

地階平面図　S＝1／80

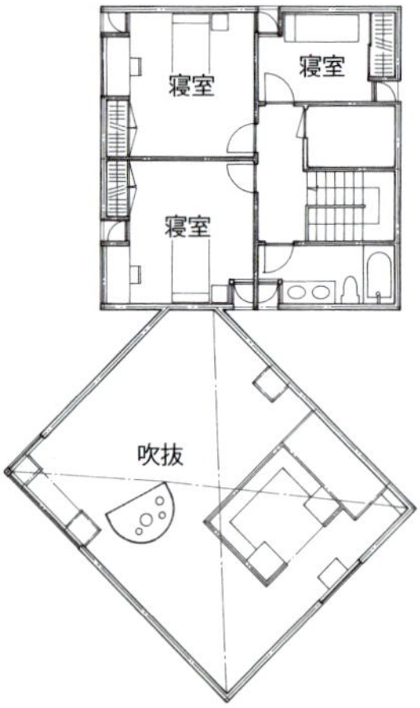

寝室
寝室
寝室
吹抜

2階平面図　S＝1／80

MEMO

「どんな建物も、家なのです」という金言を残したカーン。どんなに多くのプロジェクトに追われていようと、住宅の依頼を断らなかった。ただ、完璧を追求するあまり、変更点が生じると一から描き直そうとし、工期もコストも間に合わないことが多かったようだ。

ルイス・カーン

Louis Kahn (1901-1974)

人も建築もみな平等。愛し愛される建築家

カーンの作品は、意匠・構造・設備・素材が融合し、無駄がない。それゆえに文句なしに万人の心をとらえてしまう。とはいえ理想を追い求めるあまり、予算や期限にはルーズな面があったとも。クライアント側からすれば、大変迷惑な話である。それを理由に大きなプロジェクトの機会を何度も逃している。しかし、カーンの感性に共感してくれるクライアントが現れると、良好な関係は生涯続いたという。フィッシャー邸（92頁参照）のオーナー、ノーマン＆ドリス・フィッシャー夫妻もそうであった。夫妻が好ましくない部分を指摘すると、カーンはそこだけを直すのではなく、まったく新しい案を出した。そのやりとりはクライアント側が止めるまで永遠に続くため、気長かつ理解あるクライアントでないと、完成まで至らないというわけだ。このようなクライアントの要望にしっかりと耳を傾け、満足がいくまでとことん向き合おうとする姿勢は、カーンの魅力の1つである。

またカーンは「詩人」ともいわれ、難解な言葉を発する一方で人懐っこい性格だった。それゆえ人柄でも人々を引きつけた。そして、どんなに大きなプロジェクトを抱えている最中でも、もうからない住宅設計の依頼も決して断らなかった。都市計画でも住宅でも、彼の設計に対する信念は変わらなかったのだ。

人にも建築にも常に平等であった彼の魅力は、建築物が朽ちるときがきても永遠に色あせないだろう。

ムーア自邸

アメリカ・カリフォルニア
チャールズ・ムーア

柱だけで隔てたワンルームの住まい

この小さな家は1960年、アメリカ・カリフォルニア州の急峻な斜面地に建てられた。建築家チャールズ・ムーアの家であり、後年建てられた彼の傑作シーランチ・コンドミニアム（118頁参照）をほうふつとさせる住宅でもある。

この小さな家には、住居史上の観点から大きな意義がある。それは、この地域にある農家などに使われていた普通の材料や、納屋で使われていた吊り引戸、二束三文で手に入れたというトスカナ風の古い柱を再利用するなど、ありきたりの素材と土着的な様式を巧みに再構成することで、まったく新しい概念の生活空間を提案したことである。

約7m四方の建物のなかに、壁で仕切られた個室は見当たらない。特筆すべきは、前述したトスカナ風の古柱を、大小2つの空間をつくるように8本立てることで生まれた、浴室と居間の領域だ。それぞれ個室化されてはいないが、柱の存在によって領域が規定された空間になっている。

このようにファジー［※］で精神性の高い空間では、多様なライフスタイルが可能である。

※：はっきりとした規定のない。

土着の様式を受け継ぐ新建築

建築年	1960年
構造規模	木造　地上1階
敷地面積	約4,047㎡
延べ面積	50㎡

この建物には、新奇な材料や造形が一切見当たらない。新しいのは、ワンルームのなかに浴室や居間などがそっと置かれている空間構成と、そこで織りなされるライフスタイルである。

屋根の棟にはトップライトが納められている
木片で葺いた屋根
カリフォルニアの農家に見られる納屋の引戸

建物を南東側から見る

柱が啓示する
ワンルーム内の小空間

4本の柱で領域分けされた2つの空間は、上部にトップライトが設けられている。そこから入る光が空間をさらに際立たせる。

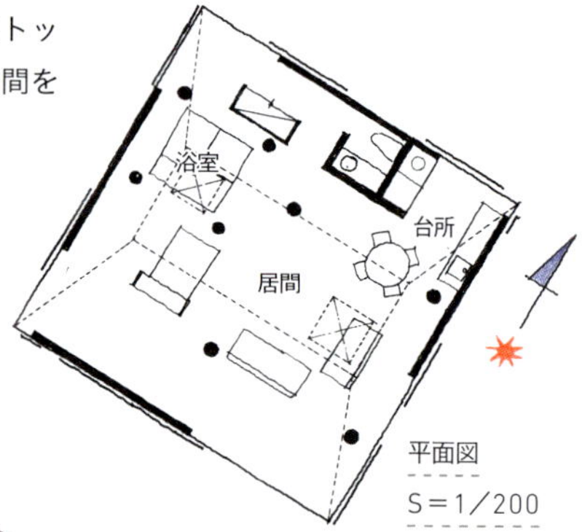
浴室
台所
居間

平面図
S＝1／200

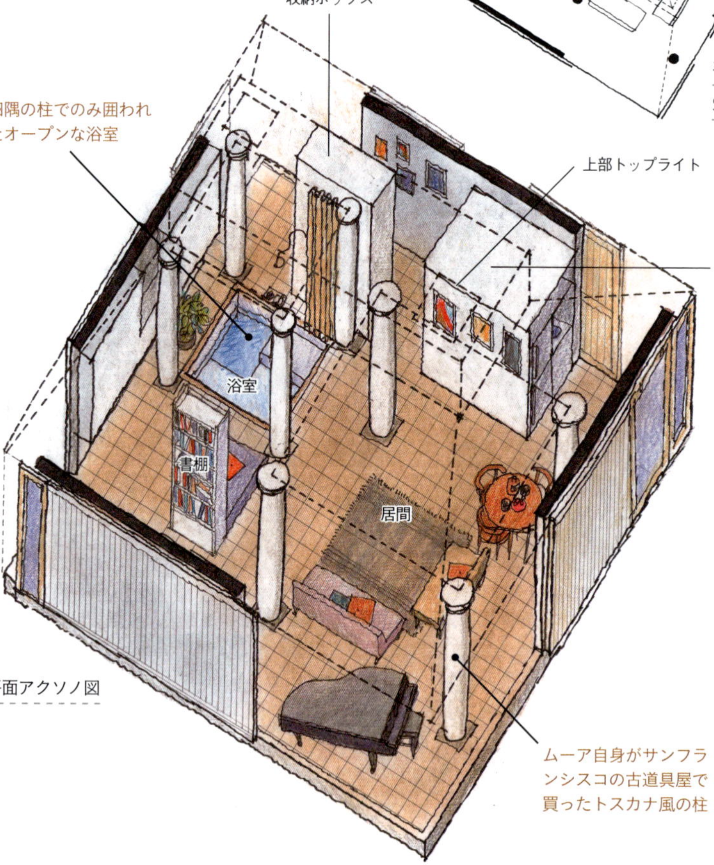
収納ボックス
四隅の柱でのみ囲われたオープンな浴室
上部トップライト
台所とトイレのブース
浴室
書棚
居間
ムーア自身がサンフランシスコの古道具屋で買ったトスカナ風の柱

平面アクソノ図

小空間を際立たせる光のシャワー

居間と浴室は、それぞれ4本の柱で囲まれた空間。上部のトップライトから降りそそぐ光が、おのおのの領域を明確にしている。

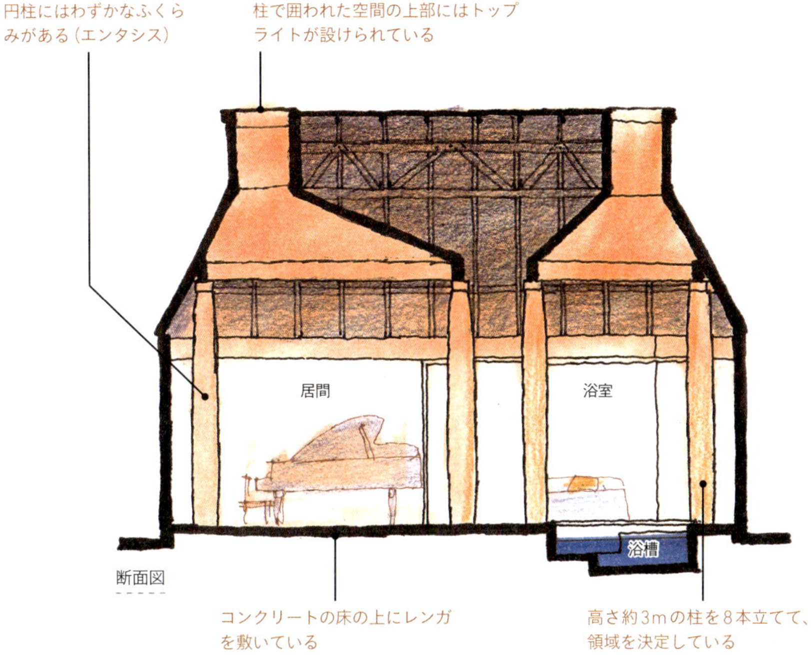
円柱にはわずかなふくらみがある（エンタシス）
柱で囲われた空間の上部にはトップライトが設けられている
居間
浴室
浴槽
コンクリートの床の上にレンガを敷いている
高さ約3mの柱を8本立てて、領域を決定している

断面図

MEMO

この住宅は一見セカンドハウスのように見えるが、ムーア自身の住まいである。敷地は1エーカーの広さがあり、将来、プールや部屋の増築も考えられていた。

チャールズ・ムーア

Charles Moore (1925-1993)

納屋のような素朴さがいい

1960年初め、ムーア自邸（98頁参照）が建築雑誌の誌面を飾った。その時の衝撃は今も忘れられない。すでに半世紀以上も前にムーアの自邸には4本の柱に囲われただけのオープンな浴室が実在していたのだ。外壁は西海岸によく見られるスギ板の縦羽目張り、納屋などに使う大きな吊りスライド戸の住宅への使用は新鮮な驚きであった。

納屋や馬小屋に使う安価な材料を使い、住宅に新しい価値を付加したのである。そうしたムーアのファーム建築を評価したのが、サンフランシスコの北の西海岸にシーランチを開発しようとしていたデベロッパーのアルフレッド・ポークであった。

ポークは大規模な開発を好まず、環境が破壊される開発を最も嫌った。1年の環境調査の上、ムーアのデザインにより地域の環境に溶け込んだ美しいコンドミニアムが完成した。それがシーランチ・コンドミニアム（118頁参照）である。

04

スタール邸

アメリカ・カリフォルニア
ピエール・コーニッグ

美しい景色が引き立てる経済的な豪邸

敷地が狭すぎて地盤が安定せず、建設が困難――そんな理由から、ロサンゼルスの街を一望できる高台のこの土地は、一等地とはされていなかった。それなりの庭さえつくることのできない狭小地だったが、施主となるスタール夫妻は、いわばこの土地の眺望を買った。建築家ピエール・コーニッグに要求したのは、この景色を270°楽しむことのできる開放的な家。そしてコーニッグの出した答えは、鉄骨を崖から張り出させ、あたかもこの景色の上に浮かんでいるかのようなガラス張りの住宅だった。

眼下に広がるきらびやかな街並みを取り込むようなスタール邸。一見、やたらと立派な豪邸にも見える。だが実際には、経済的なスパンで鉄骨材を使用し、しかも既製の標準品を用いている。床に使うデッキプレートも効率よくかけるなど、経済性への細やかな配慮がなされた住宅なのだ。

部材ひとつまで手作業で磨き上げたそれまでの「名作住宅」とは違い、ありふれた工業製品を駆使して見ごたえある建築に昇華させた「一般住宅の名作」である。

1 世界の住宅1
2 世界の住宅2
3 日本のすごい住宅
4 風土に根付く住宅

居間の端に立つと、この美しい景色の上にあたかも浮かんでいるかのように感じる

食堂からガラス越しに街を見下ろす

スチールの細い柱とガラスが生む、開放感のある居間。躯体と切り離された台所と暖炉のみが設置されている

崖から跳ね出している居間。270°のパノラマを楽しめる

シンプル間取りで シンプルに景色を堪能

建築年	1960年
構造規模	鉄骨造　地上1階
延べ面積	213.7㎡

270°景色を楽しめる場所には居間や食堂を、道路側には寝室とユーティリティを配置。明快なゾーニングで土地の条件を見事に生かしている。

ロサンゼルスの強い日差しを遮り、水平性を強調する庇
台所の両サイドに通路スペースがあり、回遊できる。裏にはユーティリティスペースがあるなど、家事動線に配慮されている
ガラスの大開口。開口枠は一般的なスチール部品のみを用いてつくられた
台所
テラス
プール
カーポートからは、プレキャストコンクリートの橋でプールを越え、玄関へとアクセスする
すべての部屋に面するプール

テラスから居間・食堂を見る

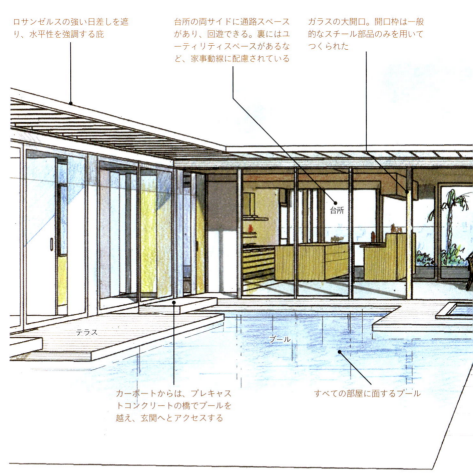

経済性を考えた
標準モジュールの住まい

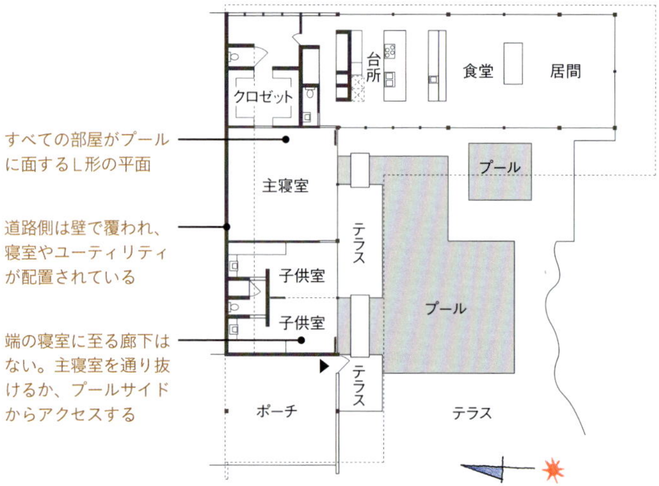
すべての部屋がプールに面するL形の平面
道路側は壁で覆われ、寝室やユーティリティが配置されている
端の寝室に至る廊下はない。主寝室を通り抜けるか、プールサイドからアクセスする
台所
食堂
居間
クロゼット
プール
主寝室
テラス
子供室
子供室
プール
ポーチ
テラス
テラス

平面図　S＝1／400

MEMO

スタール邸は、ケース・スタディ・ハウス #22ともいう。ケース・スタディ・ハウスとは、カリフォルニアの雑誌「アーツ・アンド・アーキテクチャー」が1940年代〜'60年代に企画した、西海岸の若い建築家に雑誌発表のチャンスを与えるという試み。#8はイームズ夫妻によるイームズ邸（62頁参照）。

05

エシェリック邸

アメリカ・ペンシルバニア
ルイス・カーン

仕える空間と仕えられる空間

エシェリック邸は独身女性の住まいとして閑静な住宅地の一角に建てられた。この住宅の特徴は、カーンの建築のコンセプトを明快に表す、長方形の箱が4つ並んだようなシンプルな平面構成にある。

カーンは空間を「仕えられる空間（サーブド・スペース）」と「仕える空間（サーバント・スペース）」に分けて考えた。簡単にいえば、前者はその建物にとってメインの部屋で、後者はそれを支える機能が入った空間（台所、便所、廊下、階段、機械室など）を指す。サーバント・スペースがきちんとそれにふさわしい場所に配置され、サーブド・スペースを邪魔することなくサポートする関係を考えたのである。

エシェリック邸の4つの長方形の箱には、サーブド・スペースとサーバント・スペースがそれぞれ2個ずつ、交互に配された。サーブド・スペースである居間と食堂はほぼ同じ平面形をしているが、居間のほうは2層分吹き抜けている。シンプルな平面構成でありながら、窓や外壁の細やかな設計によって、それぞれの部屋に特徴がある豊かな空間をもった住宅である。

カーンのコンセプトを体現する住宅

建築年	1961年
構造規模	CB＋RC＋木造 地上2階
延べ面積	230㎡

直方体の箱は鉄筋コンクリート造。そこに木材を組み、生活の場をつくり出した。

南側は全面ガラスで開放的だが、木製の扉で閉じることもできる。女性の独居であった施主への配慮だろう
寝室
食堂
居間
ヴェンチューリの母の家（114頁参照）から約200mほどしか離れていない同じ地域に立地している

長手方向断面パース

MEMO

カーンはこの家の施主である、マーガレット・エシェリックの叔父のウォートン・エシェリックのスタジオも設計している。

それぞれの空間に役割をもたせる

1階にはパブリックな性格をもつ居間や食堂が配置され、プライベートな性質をもつ寝室は2階にある。

台所の内装は施主の叔父であり、著名な彫刻家のウォートン・エシェリックがデザインした

長方形の箱の両側に暖炉の煙突が突き出しているようなかたち

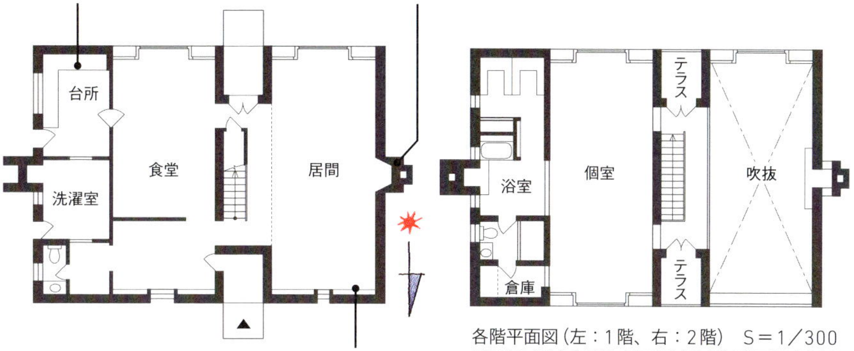

各階平面図（左：1階、右：2階）　S＝1／300

読書が趣味だった施主のために、居間の1面の壁はすべて本棚になっている

カーンのほかの建築と同様、この住宅でも「窓」は重要な要素。光を採り入れる大きな窓は枠の細いはめ殺し式。開閉できる窓は雨が吹き込まないように、外壁から引っ込んだ位置に付けられている

外壁は落ち着いた色合いのスタッコ仕上げ

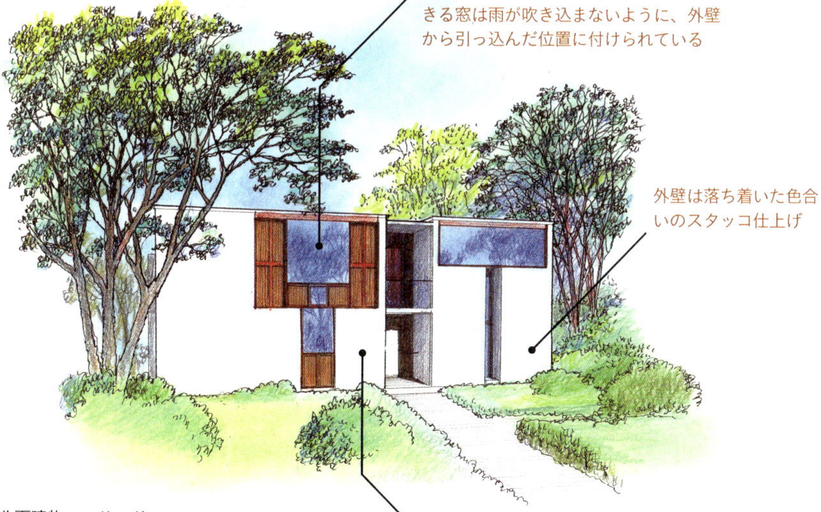

北面建物ファサード

開放的な南側立面とは対照的に、道路側の立面には開口が少なく、閉じた印象

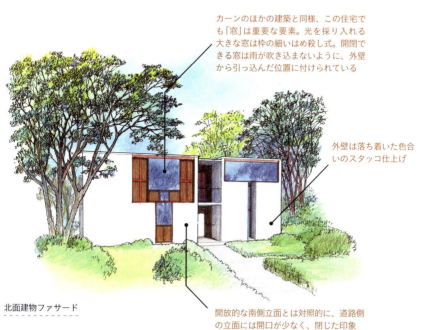

マイラム邸

アメリカ・フロリダ
ポール・ルドルフ

顔と中身は違っていい

「建築家が最もやるべきことは、視覚的に人を楽しませることである」。
　マイラム邸は若き日のポール・ルドルフが、自らの進む方向を宣言した住宅だ。ルドルフはこれまでも、フロリダを中心に多くの住宅を手がけていたが、構造や新しい素材への関心が強かったため、それらは常に厳格なグリッド・システムに則《のっと》っており、寸法的な規則正しさが平面のみならず住宅の外観をも支配していた。
　マイラム邸を特徴付ける東側立面は、「ファサードは建物内部の構成を反映するべき」というそれまでのルドルフの考え方を、180°方向転換したもの。2層の住宅には大きすぎるような彫りの深い顔《ファサード》が、構造的にもほぼ独立して建っているのである。さまざまな大きさの四角を組み合せたこのファサードは、その背後の部屋の配置とは無関係。ただし強い日差しから室内を守る機能は果たしている。
　プランからファサードを解放したことが、この住宅を刺激的で堂々たるものにした。この発見はその後、ルドルフの代表作［※］に引き継がれることになる。

※：イエール大学建築学部棟（1963年）など。

住宅らしからぬ
スケール感をもつ顔

建築年　1961年
構造規模　CB造　地上2階

大西洋を見下ろす砂丘の敷地に建つマイラム邸。彫りの深いファサードが建物を実際のサイズより大きく見せている。

フロリダの強い日射を遮るブリーズ・ソレイユ(日除け)
屋内は全館冷房となっている

建物東面ファサード

MEMO

ルドルフはイェール大学で建築学部の学部長を務め、ノーマン・フォスターやリチャード・ロジャースなどを教えた。

用途に合わせて寸法を決める

ルドルフはこの住宅でグリッドシステムを放棄した。
コンクリートブロック(8×8×16インチ)の寸法のみが、
規則的な寸法の要素になっている 。

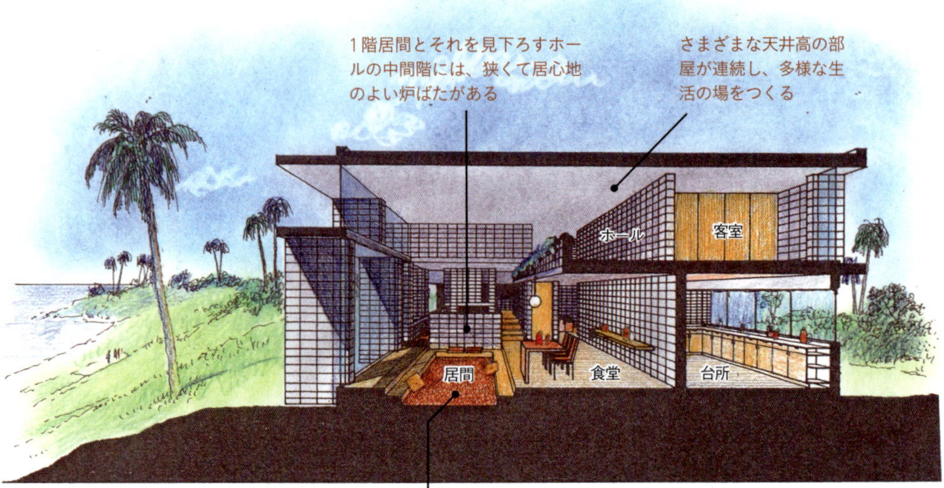

1階居間とそれを見下ろすホールの中間階には、狭くて居心地のよい炉ばたがある
さまざまな天井高の部屋が連続し、多様な生活の場をつくる
ホール
客室
居間
食堂
台所
居間には団らんスペースとしてピット(凹み)が設けられている

短手方向断面パース

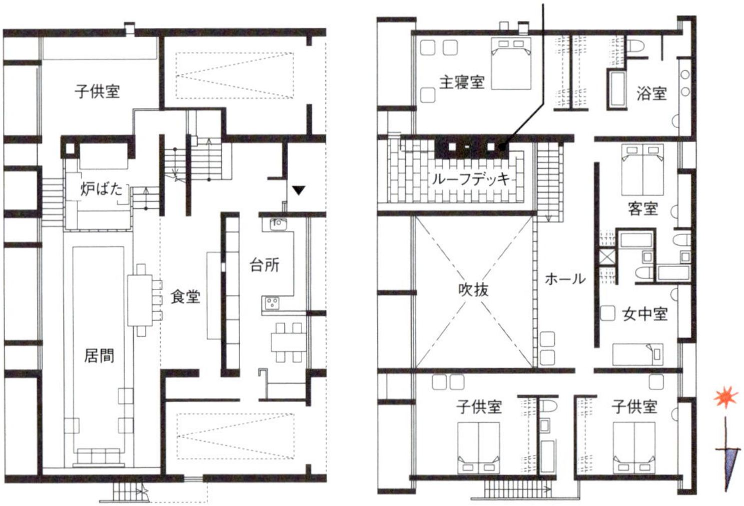

東側ファサードに対して非対称に配置された暖炉と煙突
子供室
炉ばた
台所
食堂
居間
主寝室
浴室
ルーフデッキ
客室
ホール
吹抜
女中室
子供室
子供室

各階平面図(左:1階、右:2階) S=1/300

ポール・ルドルフ

Paul Rudolph (1918-1997)

再評価が望まれる建築家

今、ポール・ルドルフという建築家を知っている人はどれだけいるだろうか。

1950年代の後半くらいからルドルフは確かに建築界の若きスターだった。20代の後半から実務を始めて次々と住宅を手がけた後、まだ30代後半に設計したウェルズリー大学のアート・センター（アメリカ）で一躍時代の寵児となった。40歳のときにはイェール大学の建築学部長に就任。そのとき学生であったノーマン・フォスターにも強い影響を与えた。

ルドルフに若き建築家たちが憧れたのは、彼がつくり出す建築だけではなかった。彼の描く断面パースは建築と同じように端正で格好よく、建築学生がこぞってまねをした。しかし、その形態形成の器用さが落日のきっかけとなる。

1972年に出版され、建築界に強烈なインパクトを与えたロバート・ヴェンチューリ（114頁参照）らの著作『ラスベガス』において、ルドルフの作品が「堂々として独創的」あるように見せていても実はひとつの大きな装飾と化していると痛烈に批判されたのだ。60年代後半から陰りを見せていた人気が凋落し、北米での仕事が激減した。しかし、急成長中の東南アジアでは彼の建築のわかりやすい格好よさを歓迎したため、ルドルフは活躍の場をアジアに移した。

作品の形態にばかり注目が集まるが、実はコンクリートや合板など素材の可能性を探る先進性も持っており、今後再評価が望まれる建築家である。

07

母の家

アメリカ・ペンシルバニア
ロバート・ヴェンチューリ

母の家につめ込んだ建築の記号

　閑静な広い住宅地のなかに建つ、単純なかたちをしたこの住宅。実はくせ者である。よく見ると、こちらの思い込みがすべて裏切られるからだ。プロトタイプ的な切妻《きりづま》屋根は、真ん中に切れ込みが入っている。家の正面は左右対称かと思いきや、左側は子どもが描く絵のような正方形の窓、右側にはモダニズムの象徴、コルビュジエ（28頁参照）の窓を連想させる水平横長窓があいている。驚きは室内に入っても続く。階段が暖炉に食い込んでいたり、外から大きな煙突のように見えていたものが、実は2階の部屋の壁だったり。極め付けは、2階のどこへも行けない行き止まり階段！　そう、この家は過去の建築から「引用」したパーツを、複雑に対立させながら全体を構成した「記号の家」なのだ。

　建物全体に一貫した合理性を追求したモダニズム運動に、大きな疑問を投げかけた小さな家［※］。そればかりが有名だが、実は、70歳近い母のために暖炉を中心にアンティーク家具を並べ、1階で生活が完結するようにできている、住み心地にも配慮された家だということはあまり知られていない。

※：モダニズム運動の旗手であるミース（66頁参照）の「less is more（少ないことはより豊かなこと）」に対し、ヴェンチューリが「less is a bore（少ないことは退屈）」と批判したことは有名。

子どもが描いたような家らしい家

建築年　1963年
構造規模　CB造（一部鉄骨造、木造）
地上2階、地下1階
延べ面積　275㎡

母の家はヴェンチューリが最初に設計した住宅。設計には時間がかかり、6通りの案を考えたという。彼はデニース・スコット・ブラウンと結婚するまで、この家の2階にある部屋で暮らした。

古典的な切妻屋根の中央には切り込みが入っている
南面建物ファサード
台所の窓は近代建築を思い起こさせる水平窓
実際の住宅の大きさより大きく見せるファサード。建物の外見が内部を反映しなくてはならないことへの問題提起
玄関扉は住宅正面の中央にあるように見せかけて、実は側壁に付いている

あちこちに記号が隠されている

この家は通常の住宅の要素を意図的に操作している。たとえば、暖炉はアメリカの普通の家にあるものだが、この家では暖炉も煙突も誇張された大きさになっている。

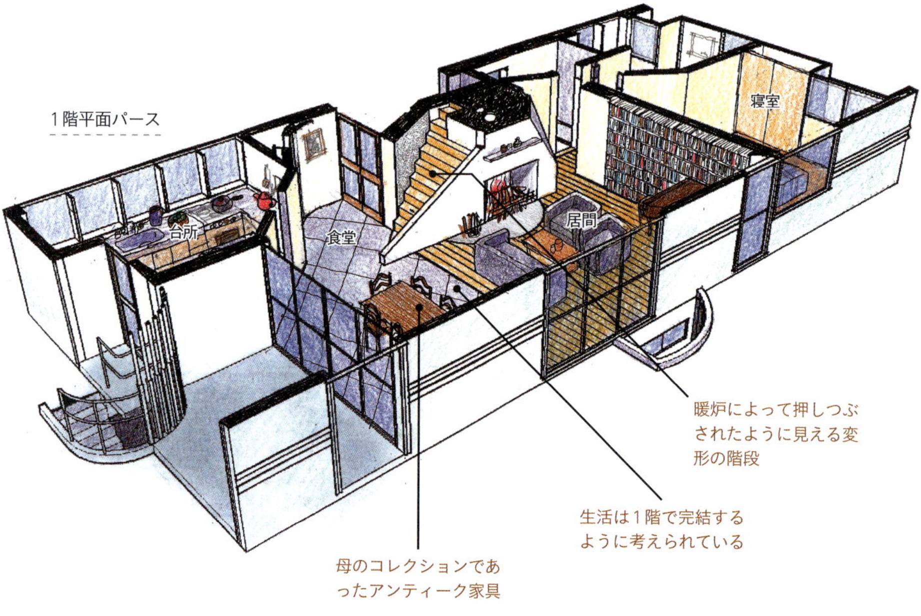
台所
食堂
居間
寝室
暖炉によって押しつぶされたように見える変形の階段
生活は1階で完結するように考えられている
母のコレクションであったアンティーク家具

1階平面パース

生活は1階で完結

各階平面図（下：1階、上：2階） S＝1／300

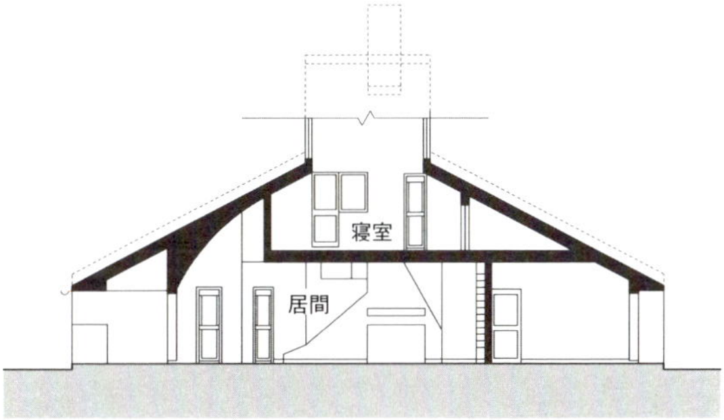

長手方向断面図
S＝1／300

MEMO

ヴェンチューリの師匠はルイス・カーン（92・107頁参照）。2人は良好な関係だったが、母の家を訪れたカーンは、感想1つ述べず無言で帰る。建築界に衝撃を与えたこの住宅は、カーンの目指す建築とはかけ離れたものだった。

シーランチ・コンドミニアム

アメリカ・カリフォルニア
MLTW

太平洋を望む崖の上のコンドミニアム

シーランチ・コンドミニアムはサンフランシスコから約160㎞、海沿いの断崖にある。いわゆる「別荘地」とは異なる厳しく荒れた地の生態系を、ランドスケープ・アーキテクトのローレンス・ハルプリンが約1年かけて調査。その結果をもとに、チャールズ・ムーアとその仲間たち（MLTW［※］）は、自然と融合する建物をつくった。昔からこの地にあった納屋に着想して生まれた、厳しい潮風に逆らわない、軒や樋を省いたシンプルな斜め屋根。10戸のユニットで中庭を囲むことで生まれる、周囲から守られた安らかさ。材料は地場のレッドウッドを使うなどして、環境に負担をかけない建築を目指した。

内部には、ジャイアントファニチャーで構成されるダイナミックな空間が広がる。立体的に構成された水廻りや、テントに囲まれたベッドルームなど、愉快で居心地のよいアイデアが満載だ。すべてのユニットにベイウインドウがあり、海景の移り変わりも眺められる。飾り気のない快適さは、厳しい環境に対して真正面から向き合い、大地と一体化したからこそ生まれたのだ。

※：MLTW／ムーア、リンドン、ターンブル＆ウィテカー

断崖と一体となった建築

建築年　1964年
構造規模　木造　地上2階
延べ面積　約95㎡（ユニット9）

太平洋に向かって傾斜する断崖は自然のまま保たれ、建物は崖になじむ形態をしている。

シーランチ・コンドミニアムは周囲の自然環境に溶けこんでいる
海からの湿った北西風が絶え間なく吹き付ける
建物が建つのは、太平洋を望む海沿いの荒涼としたエリア

南東側より建物を見る

中庭から海方向の建物を見る

MEMO

当時のムーアは、仲間たちと事務所を立ち上げたばかりの若手建築家だったが、後に合衆国建築顧問に就任するなど輝かしいキャリアを重ねることになる。彼の作品にはどれも遊び心があり、それが魅力となっている。

デザインのお手本は納屋

シーランチ・コンドミニアムは、周囲に点在する既存の納屋を意識して、デザインされた。コンドミニアムは10ユニットからなる。

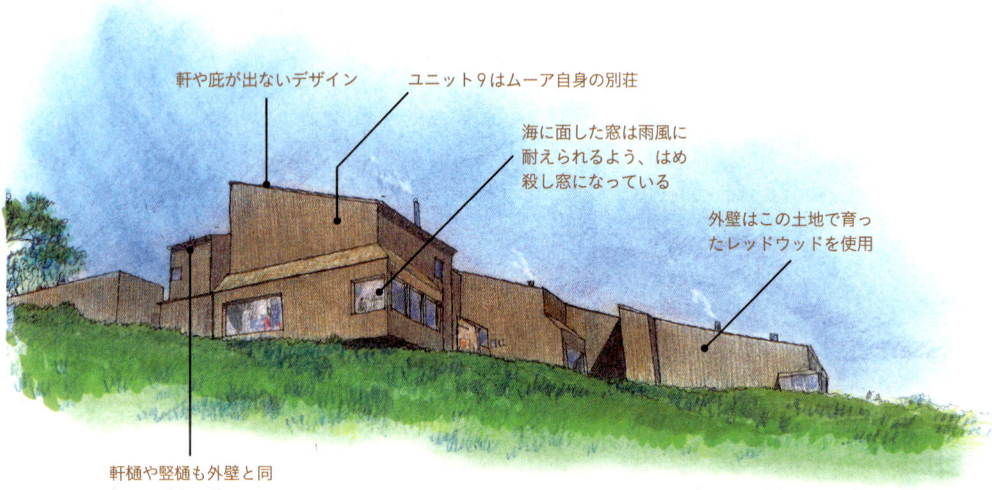
軒や庇が出ないデザイン
ユニット9はムーア自身の別荘
海に面した窓は雨風に耐えられるよう、はめ殺し窓になっている
外壁はこの土地で育ったレッドウッドを使用
軒樋や竪樋も外壁と同じレッドウッド

崖下から建物を見上げる

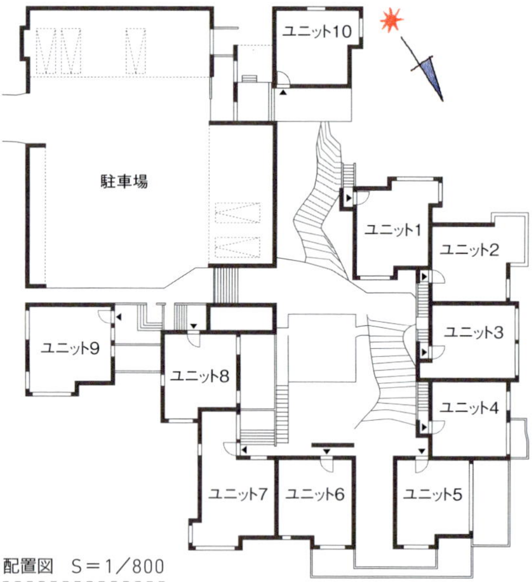
ユニット10
駐車場
ユニット1
ユニット2
ユニット3
ユニット4
ユニット9
ユニット8
ユニット7
ユニット6
ユニット5

配置図　S＝1／800

建物に守られた居心地のよい中庭

強く冷たい風を避けるため、建物と高い塀に囲まれた中庭。日光浴のできる憩いの場となる。

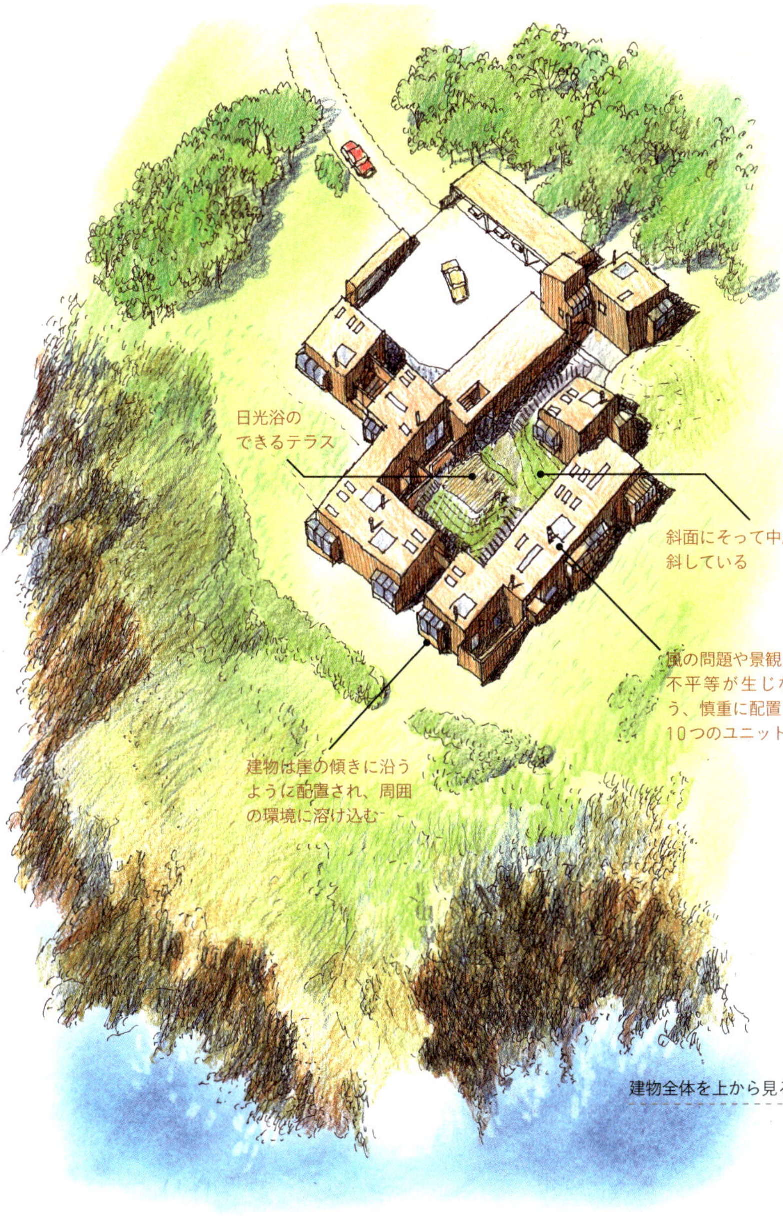
日光浴のできるテラス
斜面にそって中庭も傾斜している
風の問題や景観などで不平等が生じないよう、慎重に配置された10つのユニット
建物は崖の傾きに沿うように配置され、周囲の環境に溶け込む

建物全体を上から見る

遊び心あふれる立体空間

中庭が建物に囲われていたように、建物内部にもさまざまなかたちで「囲われた空間」が見られる。大きな箱のなかに小さな箱を積み重ねたような構造をもつ。

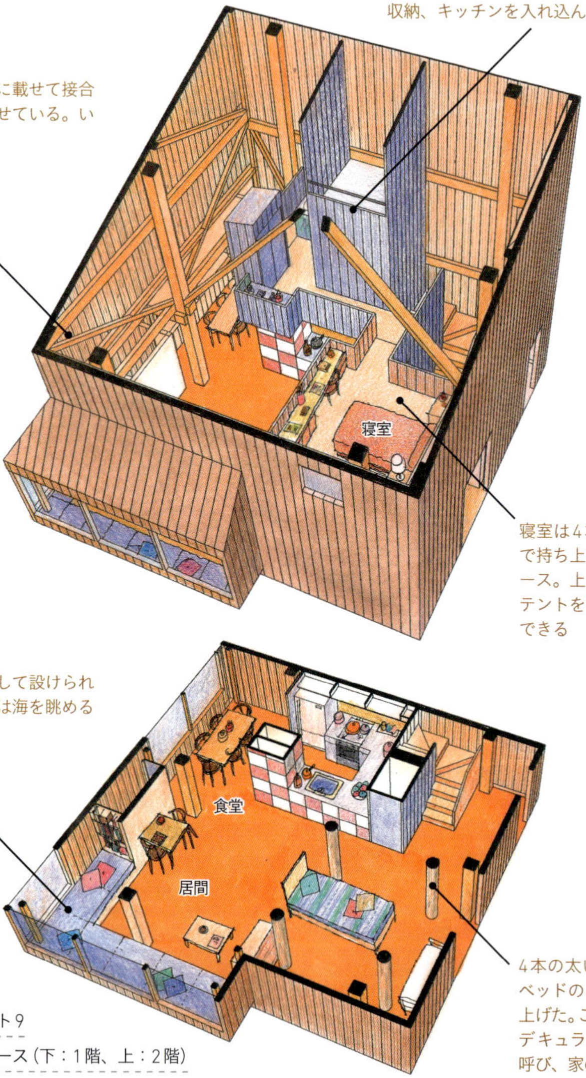

納屋のようなシンプルなつくりの空間に大きな家具（ジャイアントファニチャー）をすっぽり入れたような構造。この大きな家具のなかに、ベッドや洗面所、浴室、収納、キッチンを入れ込んだ
梁は柱の上に単純に載せて接合し、金物も露出させている。いさぎよい納まり
寝室
寝室は4本の太い丸柱で持ち上げられたスペース。上部に可動式のテントを掛けることができる
各ユニットに共通して設けられたベイウインドウは海を眺める特等席
食堂
居間
4本の太い丸柱によりベッドのある場を持ち上げた。この空間を「エデキュラ（小神殿）」と呼び、家の中心とした

ユニット9

平面パース（下：1階、上：2階）

09

グワスミー邸兼アトリエ

アメリカ・ニューヨーク
チャールズ・グワスミー

1
世界の住宅1
2
世界の住宅2
3
日本のすごい住宅
4
風土に根付く住宅

若き建築家の美しい家

大金を扱い、責任も重い建築家には、経験が重視される。40歳代でも若手と呼ばれることが珍しくない。しかし、チャールズ・グワスミーがこの小さな住宅の設計で世界の建築界を驚嘆させた時、彼はまだ大学院を出て数年しか経っていない20歳代の若者だった。

芸術家であった両親に住宅の設計を依頼された際、グワスミーは勤めていた設計事務所を辞め、彼にとって2件目となるこの住宅の設計に、すべてのエネルギーを傾けた。彼はまず、広いが特に何の特徴もない平坦な敷地に建つことになる住宅を、彫刻のようなオブジェとして扱った。立方体という純粋なかたちを削ったり足したりすることで、どの角度から見ても特徴のある住宅になった。遠くの海の景色を取り入れるため、通常1階にあるリビングを2階に配置し、吹抜けを介して3階の主寝室や小スタジオとつなげた。

グワスミーはその後、ロバート・シーゲルと共に設計事務所を開設し、多くの建築を手がけたが、複雑な空間の関係をコンパクトにまとめたこの住宅のインパクトを超える作品は少ない。

オブジェのような美しいかたち

この住宅が竣工した1年後に、同じ敷地にスタジオと客室の入った離れが建てられた。

建築年	1966年
構造規模	木造　地上3階
延べ面積	約120㎡
敷地面積	約4,047㎡

もともとはコンクリート造にしたかったが、予算の関係で断念。木造スギ板縦張り。予算は3万5千ドルだった

建物ファサード

2層分吹き抜けている居間の大窓から海が見える

窓枠の一部は、赤・黄・黒などの色で塗装されている

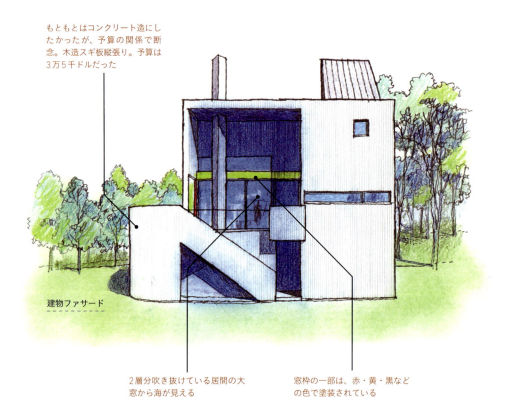

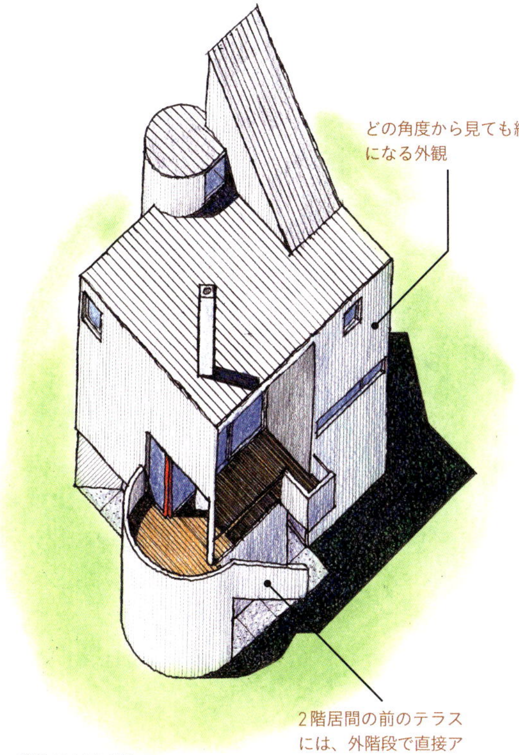
どの角度から見ても絵になる外観
2階居間の前のテラスには、外階段で直接アクセスできる

建物アクソノ図

吹抜
寝室
吹抜
食室
居間
テラス
寝室
寝室
アトリエ
母のためのアトリエ
1階には客用の寝室などが配置されている

各階平面図（下：1階、中：2階、上：3階）
S＝1／250

MEMO

グワスミーは「ニューヨーク・ファイブ」と呼ばれる、1970年代初頭の新進気鋭の建築家の1人。ほかの4人はリチャード・マイヤー、マイケル・グレイブス、ジョン・ヘイダック、ピーター・アイゼンマン。

芸術家夫妻のための家

施主となった父は画家で、母は写真家であった。
両親の死後、グワスミー自身が移り住んだ。

上階には吹抜けに面して寝室がある
スギ板に真っ白なペンキを塗り、ふき取って仕上げている
居間の脇は食堂

2階居間からららせん階段方向を見る

チャールズ・グワスミー

Charles Gwathmey (1938-2009)

シンプルなディテール、美しいデザイン

ずいぶんと昔の話、グワスミーという建築家があまり知られていなかったときに、とある出版社から「グワスミーの詳細図集を出版するので、その詳細図をインキングトレースしてほしい」という依頼があった。すべて木造住宅で、若い所員の勉強になると思い引き受けたが、その詳細図の量の多さ、密度の濃さに驚かされた。Ａ０判用紙に縮尺¼で住宅の手摺、窓枠、笠木などが、びっしり描かれていた。もちろん、まだ当時はＣＡＤなんて普及しておらず、鉛筆手書きの図面(筆者に渡されたのは第二原図)である。

グワスミーは共同主宰のシーゲルとともにアメリカで活動し活躍していたため、当然木造躯体は２×４工法。住宅の外装の多くは、スギ板縦羽目張りの上、オイルペイント仕上げの光に満ちた住宅であった。彼の作品を写真でしか触れる機会のない我々は、図面を見る以前は何とすっきりしたデザインだろうと感心していたが、これら詳細図を見て納得がいった。

納まりのシンプルさは外観の美しさに通じる。たとえば、グワスミーだと外壁の縦羽目板の下端部の納まりが水切りもなく切りっぱなし。こうしたディテールは雨の多いわが国では許されないが、１階と比較して、湿気の少ない２階部分でこの納まりをまねさせてもらったことがある。

とはいえ部分的なまねでは、彼の作品のようにすっきりした外観にならなかったのは仕方ないことだろう。

リヴァサン・ヴィターレの住宅

スイス・リヴァサン・ヴィターレ
マリオ・ボッタ

自然と対峙する人工的な塔

アルプスの壮大な山々を望むリヴァサン・ヴィターレの住宅は、ボッタの建築家としての精神や原理を強く印象づける住宅である。

この住宅の特徴は何といっても、急勾配の傾斜地に差し込まれるように配置されたコンクリートの箱が、周囲の自然のなかで画然と存在していることだ。住宅というよりもむしろ、幾何学的（ジオメトリック）なオブジェのようですらある。特に、住宅内へと至る赤い鉄橋は、周辺の自然やコンクリートの鈍い色彩と対比され際立って映る。また、直線や円などの純粋なかたちが一つひとつ丁寧に吟味されて、1つの住宅作品として完成されている。垂直方向の空間構成の緻密《ちみつ》さは、各階の平面の多様性と吹抜けに見出すことができる。

石や岩が散在するスイスの自然に、コンクリートの箱は不思議と調和する。ボッタは、「そこに建築をつくること」がどのような意味をもつのかを熟考した。結果として、自然と建築との均衡を重んじたデザインがなされたのである。

アルプスを背にして建つオブジェ

建築年	1971〜1973年
構造規模	RC造 地上4階、地下1階
延べ面積	220㎡

コンクリートの塔のようなこの住宅は、ルガーノ湖のほとりに位置し、サン・ジョルジョ山麓を背景に建つ。雄大な自然のなかに出現した人工物だが、不思議と調和している。

アプローチとなる橋側から見た建物

長さ18mの鉄骨製の橋
は住宅へのアプローチ
居間や食堂は、山と湖を見渡す
ことができるテラスへと連続し
ている

建物を南西側上方から見る

多様な表情をもつ内部空間

10×10mの小さな正方形を5層積み上げたようなシンプルな構成だが、平面は一様でなく、各階ごとに吹抜けの構成が異なる。ボッタは鉛直方向への空間構成に積極的で、この住宅以降の作品にも同様の手法が受け継がれる。

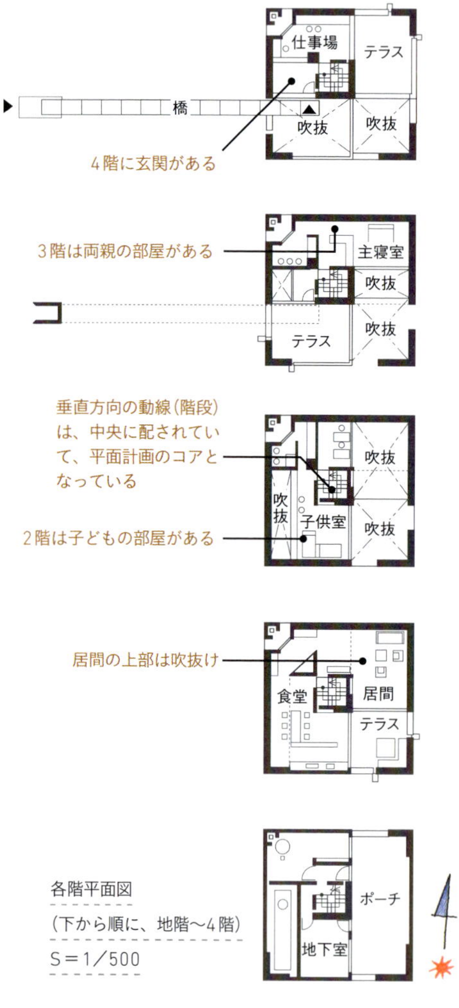

各階平面図
(下から順に、地階〜4階)
S＝1/500

MEMO

マリオ・ボッタはスイス出身の建築家。ヴェネツィア建築大学を出て、カルロ・スカルパ（イタリア）を師に仰ぐ。

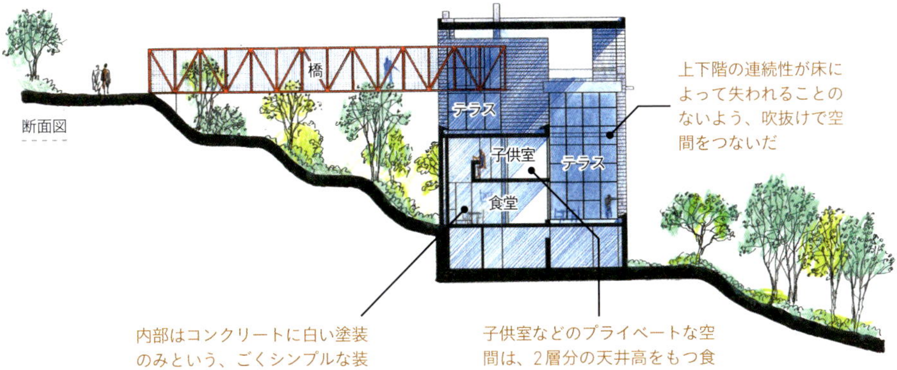

断面図

上下階の連続性が床によって失われることのないよう、吹抜けで空間をつないだ

内部はコンクリートに白い塗装のみという、ごくシンプルな装飾しかされていない

子供室などのプライベートな空間は、2層分の天井高をもつ食堂を見下ろせるよう、一部が吹抜けに面している

住宅へのアクセスは、道路と同じ高さの最上階から。エントランスが一番上、中層部に寝室や書斎、そして下層部に居間や食堂が配置されている

建物の屋根を取り除き、
南東側上方から見る

レーゲンスブルクの住宅

ドイツ・レーゲンスブルク
トーマス・ヘルツォーク

時代を先駆けた70年代のエコハウス

太陽熱を利用するパッシブ・ソーラー［※］の原理は、今でこそ住宅にも広く普及したが、１９７０年代にはまだ新しい考えであった。温室そのものは存在していたが、住宅に取ってつけた簡易なものばかりで、建築的な表現に至らないでいた。

そんななか、パッシブ・ソーラーの原理を利用しそれを最大限に生かすようつくられたのが、このレーゲンスブルクの住宅だ。南に向って傾斜する、三角形断面の空間をもつ建物のかたちは、太陽熱によって生じる空気の動きを促すよう考えられたものだ。冬は、建物南側の温室スペースで日中蓄えた熱が生活スペースへと移動し、夜間の室温低下を防ぐ。夏は、温室の熱気が屋根の傾斜に沿って最頂部まで抜け、さらには上昇気流によって室内の自然換気を促す。もちろん、平面的に入り込んだ大きな樹木によっても日射を抑制している。

建物を断面から発想し、太陽熱による空気の流れによって住宅の機能を構成し、各部屋を配置する。この明快な設計手法は、現代の私たちに特に必要とされる、エコロジカルな発想といえる。

※：機械的な装置に頼らずに、自然の熱の原理にのっとって建物の配置や形態の計画を行うなど、快適な室環境を保つために太陽エネルギーを利用すること。

建物全体でつくる快適な熱環境

建築年	1977〜79年
構造規模	鉄骨造　地上2階
延べ面積	約330㎡

屋内外の「中間領域」となる廊下で、室内の気候を調整する。そのほか温室をつくったり、建物に影を落とす樹木を配置したりするなど、さまざまな要素で建物の熱環境に配慮している。

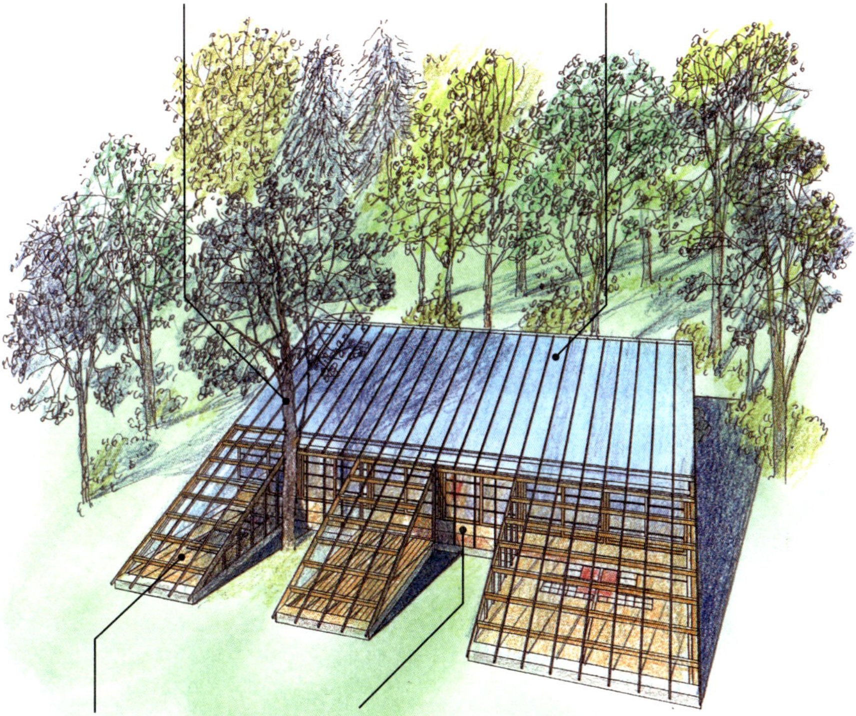
既存のブナを生かし、建物を切り取るようにして外部空間を挿入した
北側にまとめられたサービス機能のある部屋によって、居室エリアの断熱性を高めている
南側はガラス張りの温室。屋外的なエリア。砂利敷きになっていて、蓄熱できる
居室エリアと温室とを分ける廊下。屋内外の緩衝帯である中間領域でもある

建物を南側上方から見る

熱環境とデザインを両立

高度な断熱処理がなされた屋根や、断熱効果の高い窓などを使用することはもちろん、熱環境を考えてつくられた建物のかたち。内部に入れば、上部が吹抜けとなる開放的なリビングなど気持ちのよい空間が広がる。

居室に太陽熱が届けられるよう階高が調整されている
チタン亜鉛合金を被覆した屋根
南側一帯の温室部分は屋根にペアガラスを使用
ギャラリー
居間・食堂
空気の流れを促す、三角形断面

短手方向断面図

MEMO

ドイツの建築家、ヘルツォークは大学で教鞭を取る研究者でもある。「再生可能なエネルギーの利用」「サスティナビリティ」をテーマに、建築部材を開発しながら建物をつくり、デザインと技術、自然との統合を目指している。

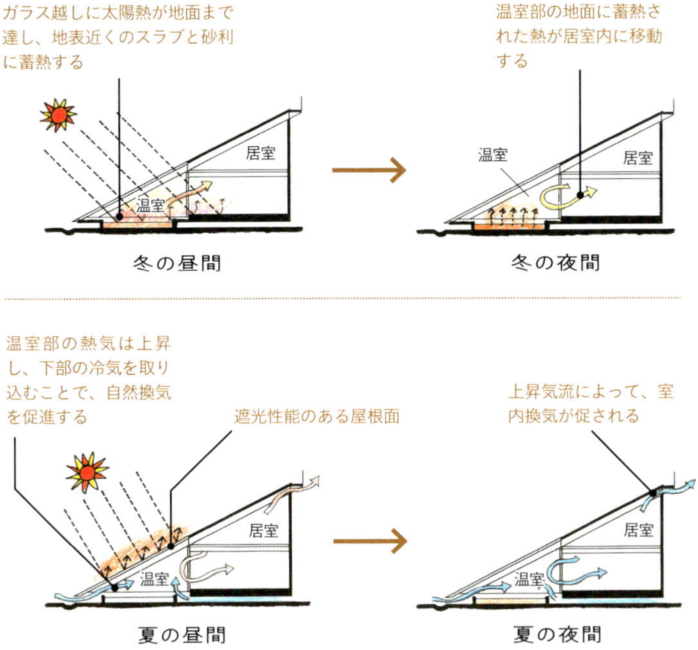

パッシブソーラーの考え方（上：冬季、下：夏季）

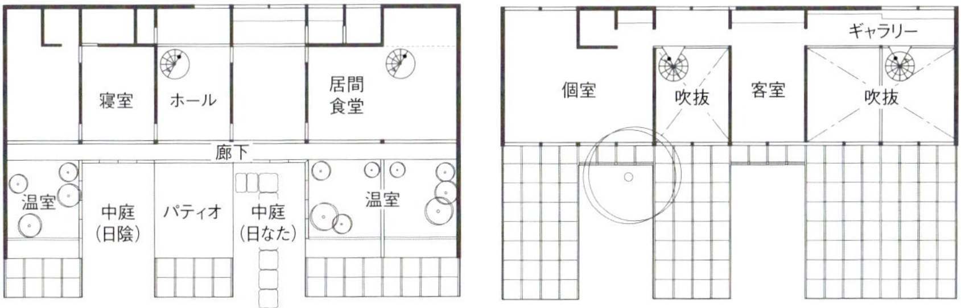

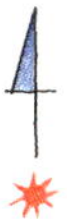

各階平面図（左：1階、右：2階） S＝1／400

マグニー邸

オーストラリア・ニューサウスウェールズ
グレン・マーカット

建築のかたちは自然が教えてくれる

　都市から離れた場所に家をつくるには、構造・施工・資材の運搬方法などを慎重に選択しなくてはならない。オーストラリアの広大で厳しい自然のなかで、ぽつんと建つこの住宅。マーカットが外装材に波形鉄板［※］を用いたのも、軽量なうえ単位重量当たりの剛性が高く、運搬・施工性に優れていたからだ。

　波板鉄板は、オーストラリアの郊外住宅の屋根に用いられる、安価でありふれた材料だ。ところがひとたび彼の手にかかれば、優れた機能のみならず景観をもつくり出す素材へと生まれ変わる。美しい曲線を描く波板鉄板屋根が開口部のある北側に大きく張り出し、非常に厳しい夏の気候に対応。南側外壁の下部にもこの材料を用いて、光を遮っている。もちろん居間や寝室などすべての居室は快適な北側に配置されている。

　周囲にあるのは自然だけ、そんなマグニー邸では、建物そのものが自然環境により決定付けられた。だからこそこの住宅からは、ほかの建物に見られない力強さを感じることができるのだろう。

※：一般的に波形鉄板は、工場や物置用の安価な外装材とみなされている。

柔らかな屋根が厳しい日差しを遮る

建築年	1982〜1984年
構造規模	鉄骨造　地上1階
延べ面積	225㎡

強い直射日光を遮るのは、美しい曲線を描く屋根。穏やかな光があふれる屋内からは、大空と湖を望むことができる。

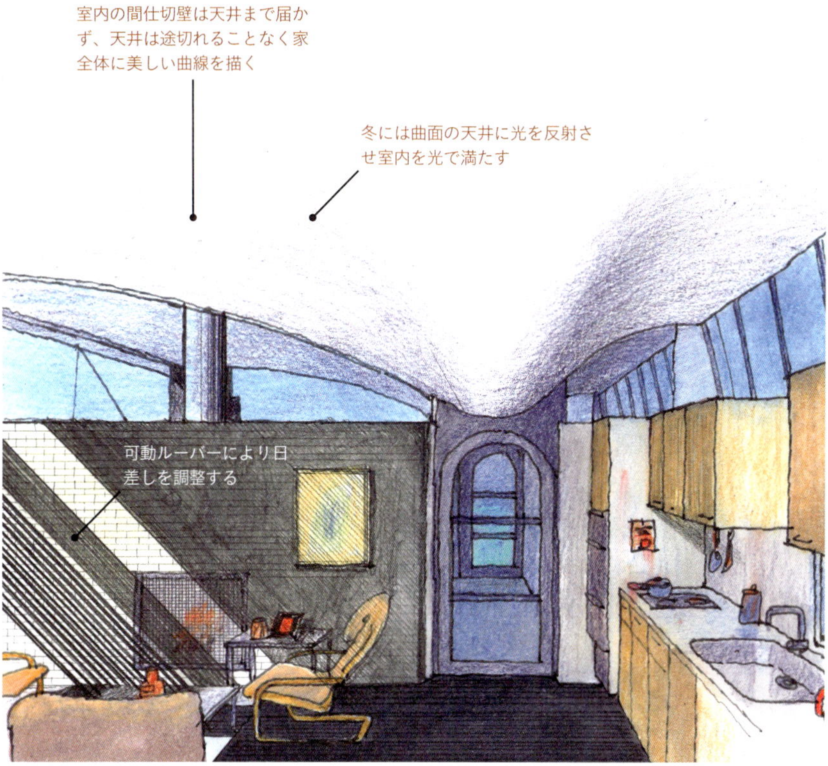
室内の間仕切壁は天井まで届かず、天井は途切れることなく家全体に美しい曲線を描く
冬には曲面の天井に光を反射させ室内を光で満たす
可動ルーバーにより日差しを調整する

食堂から暖炉方向を見る

景色を楽しむための
ミニマル・プラン

平面図　S＝1／250

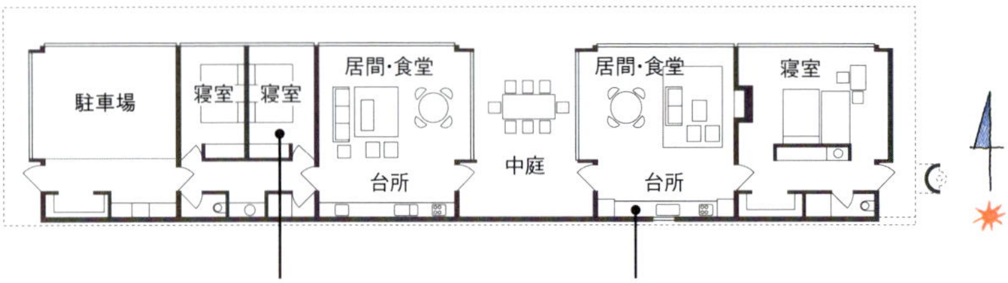

居間や寝室を北側に配置することで日差しを調整。湖を見下ろす素晴らしい景色も楽しめる

台所や収納を壁面に整然と並べた、シンプルな平面

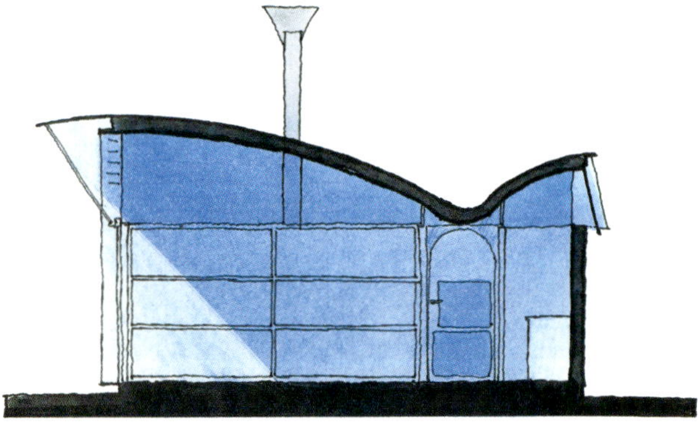

断面図

MEMO

オーストラリアを中心に活動するマーカット。スタッフを持たず1人で設計を続けているが、多くの名誉ある賞を与えられた偉大な建築家だ。寡作なことでも知られるが、「私は普通のことを並外れた熱意でやっている」ことがその理由だそうである。

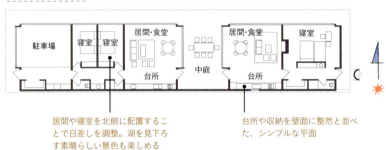

テントのようなシンプルな家

北には湖、東には海、西には山。クライアントが求めたのは、自然と美しい景色を堪能できる、キャンプのような暮らしだった。

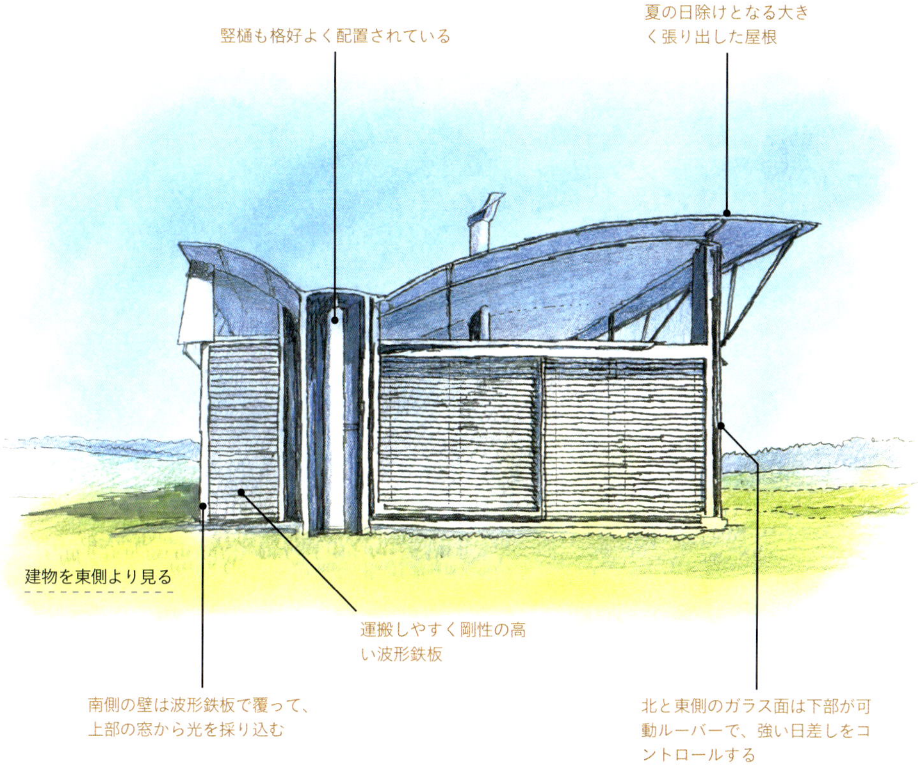
竪樋も格好よく配置されている
夏の日除けとなる大きく張り出した屋根
建物を東側より見る
運搬しやすく剛性の高い波形鉄板
南側の壁は波形鉄板で覆って、上部の窓から光を採り込む
北と東側のガラス面は下部が可動ルーバーで、強い日差しをコントロールする

13

スーパーアドビ

イラン、イラクなどの紛争地域等
ネダール・ハリーリ

今ここにある材料で住まいをつくる

世界各地の紛争地帯には、住まいを保証されていない人々がたくさんいる。草もまばらな乾燥地帯では、材料らしい材料もない。おまけに、材料を手に入れるためのお金もない。

そんな状況を打破しようと考案されたのが、スーパーアドビ［※］という新しい住宅のつくり方だ。材料は現地の土。必要なのは細長い土嚢《どのう》と、戦場のあちこちに転がっている有刺鉄線。土を掘り、土嚢をとぐろ状に積み上げるだけ。大人6人が集まって6日間あれば、十分に施工可能だ。土嚢の滑り止めのため、隙間には有刺鉄線を入れる。最初は頼りないような気もするが、ドームのような形状になると構造的にがっしりと安定し、大人が10人載ってもつぶれない。まさにシェルターとしての住宅が完成する。

考案者のハリーリは、住まいとは、人々の安全や安心を保障するものである一方で、それが環境を破壊する原因になってはならないと考えた。スーパーアドビは、これからの社会が求める「住まいのあるべき姿」を示そうとしている。

※：スーパーアドビとはエコドーム、ルーミードームの総称で、1つのドームを核に構成されるユニット（単位）のこと。単体で建っているのではなく、いくつかが寄り集まって建っている。

6人集まれば つくれるシェルター

建築年　1996年〜
構造規模　セラミックシェル造
地上1階

土を細長い袋に詰める。土嚢をとぐろ状に巻き上げていく。滑り落ちないように、土嚢の間に有刺鉄線を挟む。これを繰り返して、ドーム状のかたちをつくっていく。

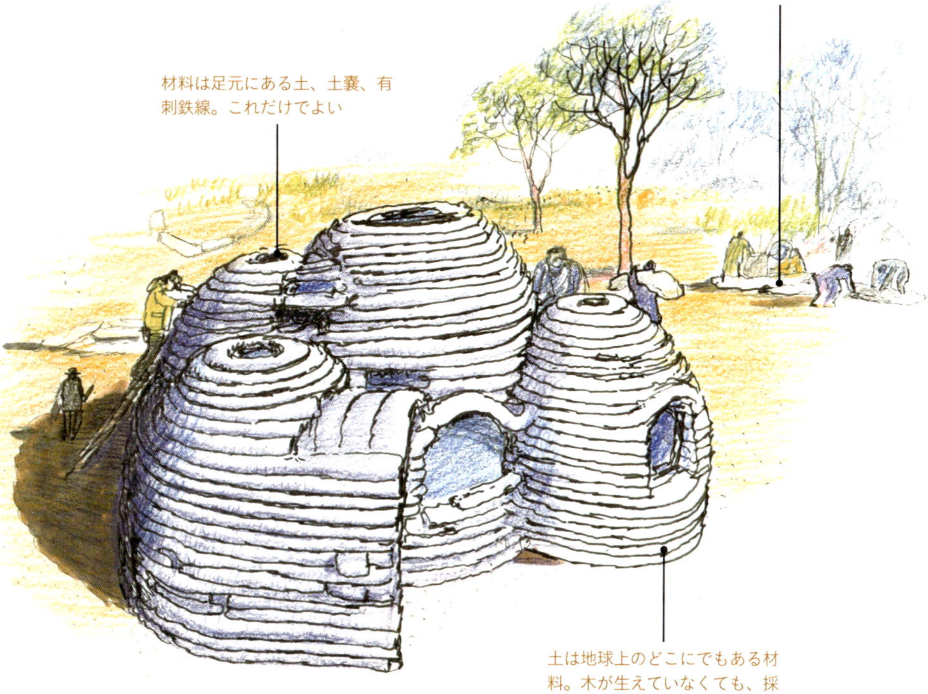
森林伐採や岩石採掘など、自然を破壊しながらの旧来の家づくりとは異なる
材料は足元にある土、土嚢、有刺鉄線。これだけでよい
土は地球上のどこにでもある材料。木が生えていなくても、採石できなくても手に入れることができる

建物を斜め上方から見る

人間も環境も守れる家をつくる

誰にでも安価につくれること。環境を壊さないこと。
スーパーアドビはこれらを両立できる。

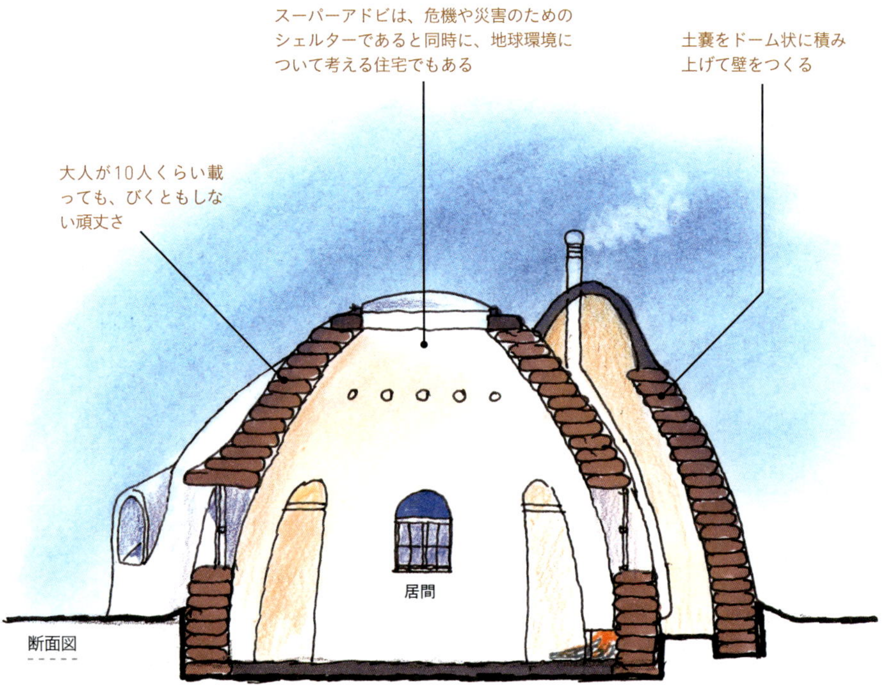
スーパーアドビは、危機や災害のためのシェルターであると同時に、地球環境について考える住宅でもある
土嚢をドーム状に積み上げて壁をつくる
大人が10人くらい載っても、びくともしない頑丈さ
居間

断面図

MEMO

イスラム系アメリカ人のネダール・ハリーリは、建築家であると同時に人道主義者でもあった。 人の心を突き動かし、変化を引き起こすために、「あなたが実現したいことへの鍵は、飽くなき探究心なのだ」と語った。

災害や経済社会的な外敵から身を守ることのできるシェルター

建物ファサード

必要最低限のものを、コンパクトに合理的につくる。現代版「最小限」住宅の可能性を示唆する

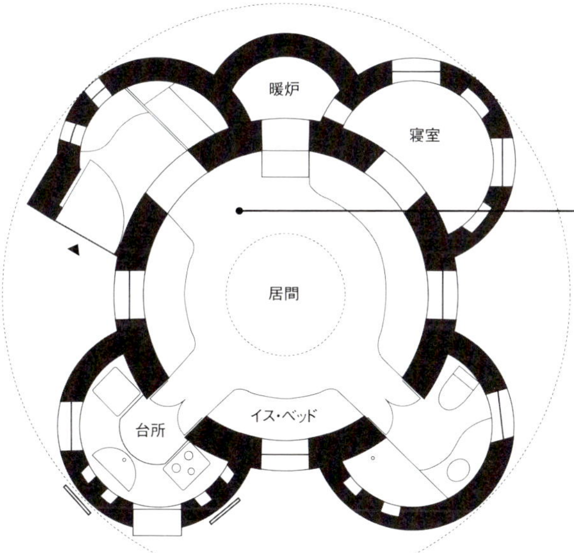

平面図　S＝1／90

14

パレク邸

インド・アフマダーバード
チャールズ・コレア

夏の部屋、冬の部屋

温暖化によって、年々、寒暖の差が激しく感じられるようになっているが、省エネの面からエアコンにばかり頼ってもいられない。そんな昨今の問題を解決するヒントが、この住宅にあるかもしれない。

　パレク邸の建つインド有数の大都市、アフマダーバードの夏の平均最高気温は40℃を超えるが、朝晩は27℃程度まで下がる。乾いた空気と照り付ける日射をコントロールして快適な住空間をつくることが重要課題なのだ。

　コレアがパレク邸で提示した答えは明快だ。人が移動すればよいのである。日中の暑い時間帯は、熱を避ける「夏の部屋」に。朝夕は涼しさを満喫できる開放的な「冬の部屋」に。冷たい空気は下に下がる。「夏の部屋」は最下階にあり、天井も低く、日射から守られている。庭から涼気を取り入れ、上部の煙突のような空間から暑気を放出する、自然な空気循環が図られている。朝夕を過ごす「冬の部屋」は日差しを遮るルーバーがかかった屋上にある。シンプルな構成とレンガという安価な素材でも、美しく合理的な住まいは成立するのだ。

風土が住宅に影響する

建築年　1968年
構造規模　レンガ造　地上3階

コレアはル・コルビュジエに傾倒していたが、次第にパレク邸のような風土性の強い建築をつくるようになった。

住宅は南北に伸びているため、特に東西面の熱負荷を抑えることが大きな課題であった
屋根のルーバーが日差しを遮る
この地域でよく使われるレンガ造

建物を東側から見る

MEMO

チャールズ・コレアはアメリカで教育を受け、バックミンスター・フラーやルイス・カーンに師事したが、アメリカから帰国する際、パリでル・コルビュジエのジャウル邸（77頁参照）を見て、倒れるほどの衝撃を受けたという。

立体的に考えられた「夏・冬の部屋」

自然換気で熱を逃がす「夏の部屋」と涼を楽しむ「冬の部屋」を立体的に構成した。半屋外の「冬の部屋」（テラス・庭）が建物を覆うよう、断面計画がなされている。

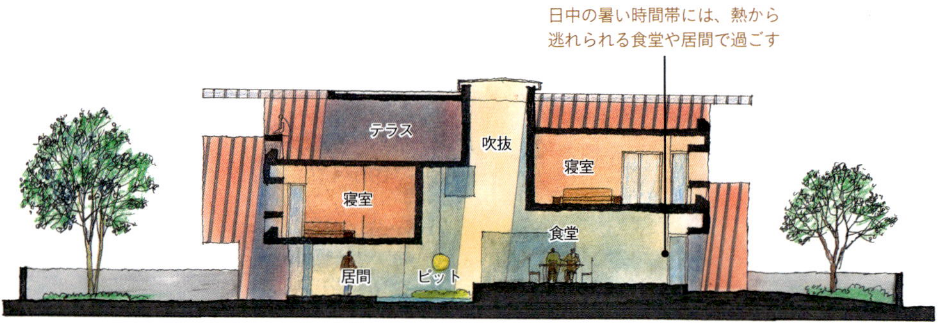
日中の暑い時間帯には、熱から逃れられる食堂や居間で過ごす
テラス
吹抜
寝室
寝室
食堂
居間
ピット

「夏の部屋」断面図

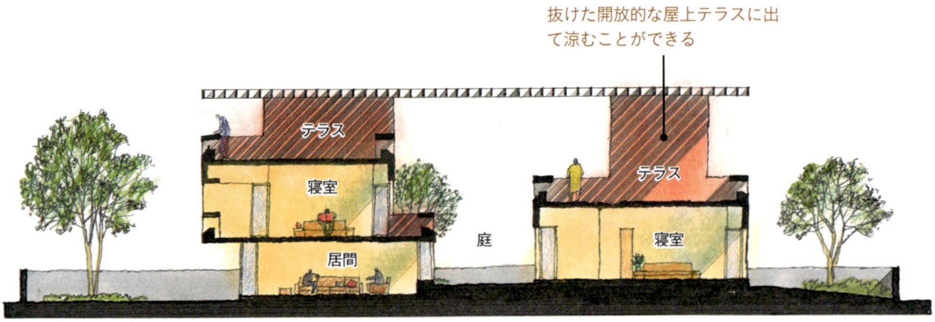
早朝や夕方は寝室などから空に抜けた開放的な屋上テラスに出て涼むことができる
テラス
寝室
居間
庭
テラス
寝室

「冬の部屋」断面図

夏と冬の部屋が入り組む

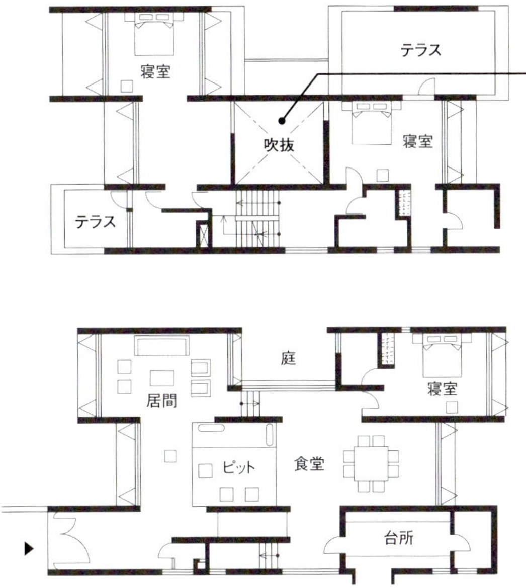

住宅の中央に吹抜けがあり、夏の部屋（居間・食堂）の熱を抜いている

各階平面図（下：1階、下：2階）　S＝1／500

Yハウス

アメリカ・ニューヨーク
スティーブン・ホール

家のなかにも丘がある住宅

建築物と敷地の調和をどう図るか。建物形状に敷地の状況を反映させる方法もあれば、形状とは別に空間の構成で敷地の特徴を強調するという考え方もある。

自然豊かな丘の上に建つ、派手な赤茶色をしたYハウスの外観からは、一見、敷地との関係性は伝わってこない。しかし天井の低い玄関ポーチを抜けると、天井の傾斜した空間が現れ、その奥で上方に広がる家の内部へと、階段が軽やかに人を導く。丘を登るように、傾斜がだんだんと緩やかに変わっていく階段を上ると、空間は枝分かれしており、それぞれ南・西へ向いた大開口から遠く開けた景色が広がる。名前どおりY字形の平面をしているこの住宅は、まるで景観のなかに入り込むように敷地を体験できる装置なのだ。

この住宅は2棟の家が1つに融合しているようにも読める。住宅を2つのゾーンに分ける場合、パブリック（居間など）とプライベート（寝室など）で区分するのが定石。しかしこの住宅では、2棟それぞれにパブリックとプライベートな要素が上下階で入り混じっており、これが居心地のよさをつくり出している。

2つの顔をもつ家

建築年	1999年
構造規模	木造
	地上2階、地下1階
敷地面積	4.5ha
延べ面積	約350㎡

図はバルコニー側から見た建物。玄関側のほうから見るとそのかたちは一変し、まるで納屋のよう。これは、敷地周辺の地域の伝統的木造建築の影響を受けたものだ。

外装はスギ板張り
南西方向に張り出したバルコニー部分だけは軽く細い表現のため、外観と同色に塗られた鉄骨でつくられている

建物を南側から見る

Yのかたちをした平面

設計者のホールは、この敷地を最初に訪れた際にYハウスのアイデアを思いついたという。実際、建物は最初のスケッチの構成のとおりに出来上がった。

煙突に巻き付くように階段が伸びる

主寝室と子供用寝室は、別々の棟に設けるだけでなく、一方を1階に、もう一方を2階に配置することで、プライバシーを確保している

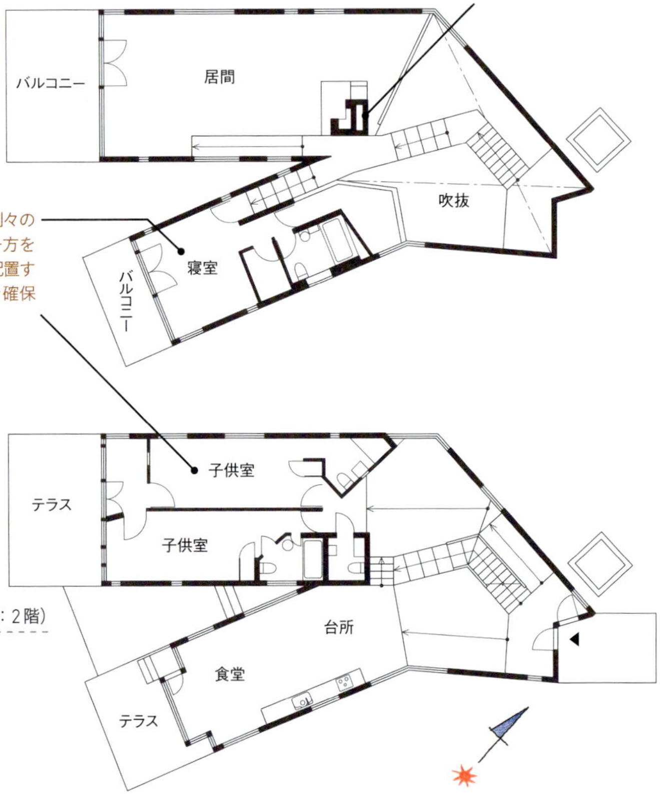

各階平面図(下：1階、上：2階)
S＝1/400

MEMO

スティーブン・ホールは画家としての顔ももち、美しい水彩画のスケッチを描くことでも知られている。この住宅の構成や内観パースのスケッチも、水彩で描かれたものがある。

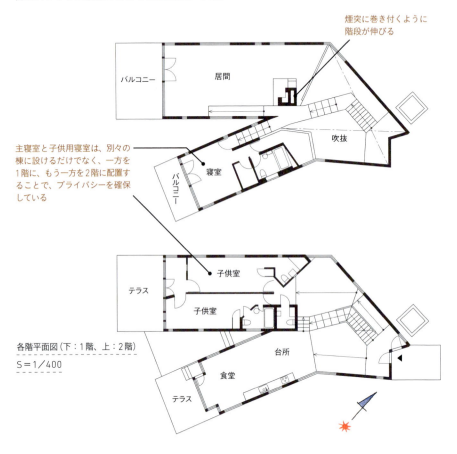

流れるような動線が次の空間へと導く

枝分かれする廊下によって、パブリックの空間とプライベートの空間が引き離される

施主は美術のコレクターでもあり、絵画を飾る壁を多く求めた。このYハウスのかたちは、その要望にも応えている
天井も床と同じように板張り
バルコニーは手摺のみで壁がなく、開放感がある
2階主寝室へと続く階段
スロープを上って2階の居間へアプローチする

2棟に分かれる部分の内観
（廊下からバルコニー方向を見る）

ヴィラ・ヴァルス

スイス・ヴァルス
SeARCH、クリスティアン・ミュラー・アーキテクツ

穴から見上げる絶景を楽しむ

スイス中央部、アルプスの山々の谷あいに、建築家ピーター・ズントーによる温泉施設［※］で一躍有名になった、ヴァルスという小さな村がある。スイスは景観に関する意識が高い国で、地域ごとに細かい規制を設けるほどだが、このヴァルスでも同様であった。

ここで取り上げた住宅「ヴィラ・ヴァルス」の計画に際しても、雄大な自然に完全に融和させ、温泉施設からの景観を邪魔しない建物としつつ、住宅内部からも美しい景観を楽しめるようにするにはどうすればよいかが最大のテーマとなった。

建築家が提案したのは、緩やかに傾斜した土地に建物をすっぽりと埋め、その建物は円形に掘り開けた中庭を囲むようにしてつくる、というもの。中庭空間を設けることで、景観を損なわずに建物に大きな窓が開けられ、また、絵画のように切り取られたスイスの美しい自然を、地中にいながら味わえる。

この住宅は、地面のなかに建物を埋めるという、自然との究極的な融合により、ほかにはない格別の景色を手に入れたのである。

※：スイス生まれの建築家ピーター・ズントーが手がけた温泉施設「テルメ・ヴァルス」のこと。ズントーは、世界的に顕著な功績を残した建築家に贈られるプリツカー賞を2009年に受賞している。

山に囲まれた村に出現した穴

建築年　2009年
構造規模　RC造　地中3層
延べ面積　約300㎡

穴の正体は、景観を邪魔しないように地中に埋められた住宅の中庭。住宅に必須である採光・通風・換気などの機能をこの中庭が果たしている。

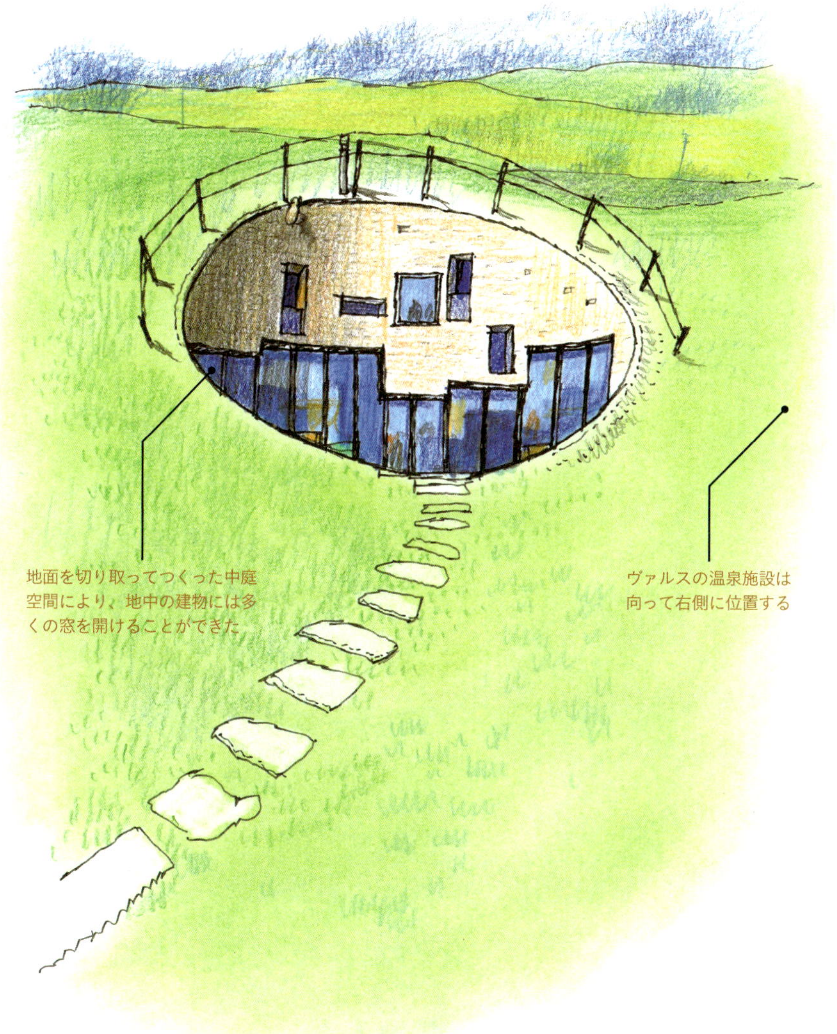
地面を切り取ってつくった中庭空間により、地中の建物には多くの窓を開けることができた
ヴァルスの温泉施設は向って右側に位置する

中庭上部から地中の建物を見下ろす

ここからしか見られない景色

ただ自然を眺めるだけではない。格別な景色を、建築はつくり出すことができる。この景色、この視界はこの建物からしか目にできないのだ。

円形に切り取られた景色は、ほかでは得られない眺望
中庭
中庭から外部を見る
傾斜した地面と中庭の床面との間のスペースを利用し、薪を置く
中庭を設けることによって、プライバシーを確保しつつ、雄大な自然を望むことができる

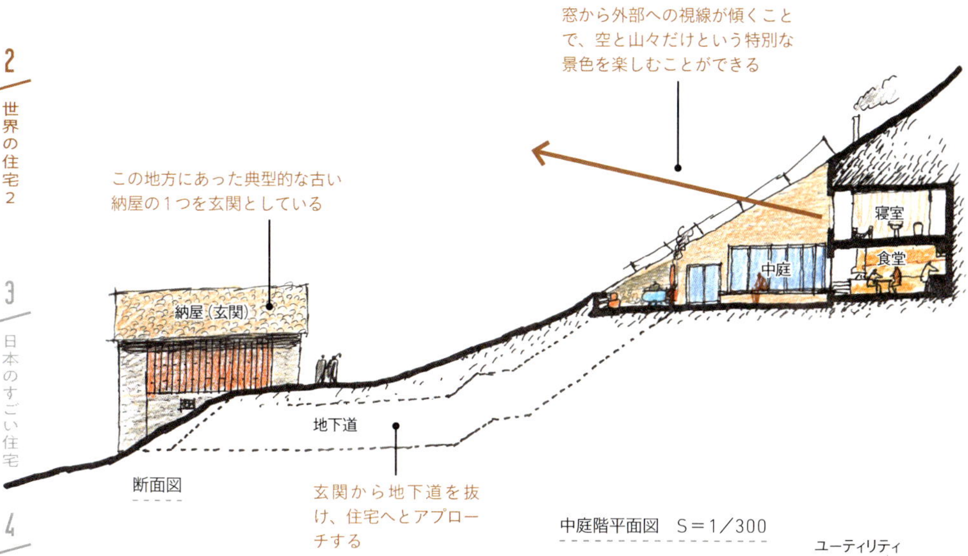
窓から外部への視線が傾くことで、空と山々だけという特別な景色を楽しむことができる
この地方にあった典型的な古い納屋の1つを玄関としている
納屋(玄関)
寝室
食堂
中庭
地下道
断面図
玄関から地下道を抜け、住宅へとアプローチする

中庭階平面図　S＝1／300

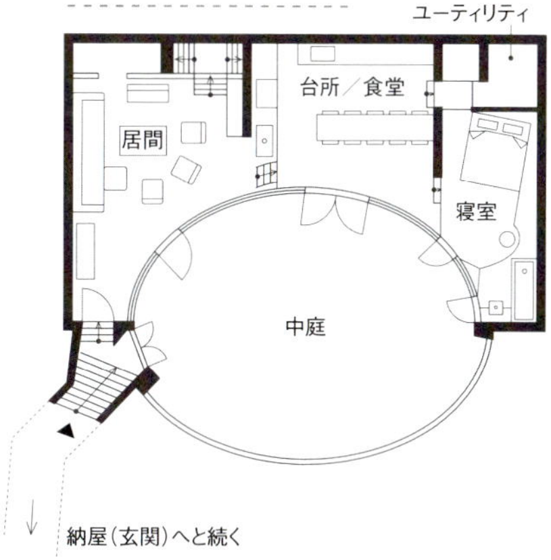
ユーティリティ
台所／食堂
居間
寝室
中庭
納屋(玄関)へと続く

MEMO

スイスでは、建築計画法規の認可が下りた物件であっても、地域コミュニティによる審査によっては異議を申し立てることができる。しかし、この住宅は景観に対しての考えが明快だったため、その審査は省略された。

ネダール・ハリーリ

Nader Khalili (1936-2008)

道徳を実現する建築家の「みんなの家」

ハリーリはイラン出身の建築家。貧しさや紛争に苦しむ人々に、技術者として住宅を提供するのではなく、誰でも住宅をつくれるようにするための仕組みづくりに心血を注いできた。

一般的に、建築はその形態の美しさや、技術力の高さ、空間構成のありように注目が集まりがちだ。しかし、ハリーリが目指したのは、特別な技術を示すことではなく、どんな場所でも手に入れられる素材と、誰にでも扱える道具と、そこに工夫を加えることで、安心できる住まいをつくれるようにすることだった。

生前は人道支援の活動にも力を入れていたハリーリ。世界で初めてともいわれる「道徳を実現する建築家」は、戦禍で荒れ果てた大地にも住まいをつくり続けた。その精神は、彼の娘・息子や生前に設立した組織にも受け継がれている。

現在ではCal-Earth［※］という団体が140頁で紹介しているスーパーアドビのつくり方を含めたハリーリ理念、すなわち「住まいをつくる実践」を、世界各地の人々に伝授している。

※：California Institute of Earth Architectureの略。

CHAPTER 03

日本のすごい住宅

明治維新後、日本人の住まいは西洋文化の影響を受け、徐々に発展していきます。欧米と同じようにモダニズム建築がもたらされましたが、日本独自のものへと発展していきました。

01

新島《にいじま》旧邸

京都・上京
設計者不明

日本とアメリカ、2つの祖国をもった家

明治維新からわずか10年後、寺社がひしめく古都にそれまで見たこともないような住宅が現れた。約10年間のアメリカ生活から帰国した新島襄《にいじまじょう》［※1］の邸宅である。

外観はコロニアル様式を取り入れた洋館であるが、実は日本の伝統的な真壁《しんかべ》工法［※2］でつくられ、日本の気候に合わせて庇が深くなっている。このように、西欧と日本の文化を折衷《せっちゅう》した住宅なのだ。20世紀初頭には和洋折衷住宅が各地で建設されるようになるが、新島邸はその先駆けであり、その特徴の多くが新島のアメリカ生活から発想されたアイデアに基づいている。

内部はイス式の生活に合わせてほとんどがフローリングで、暖炉によるセントラル・ヒーティングシステムなど、快適に過ごすための合理的な設備が整っている。同時に、襖《ふすま》や障子、欄間、箱階段など、日本住宅の工夫も随所に見られる。

近代化の進んだアメリカ文化に慣れ親しんだ生活から一転、開国したとはいえまだ旧来の生活や社会が続いていた日本に、懸命に根付こうとした新島自身を体現したような住宅である。

※1：幕末に脱藩して、アメリカに渡った。宣教師として帰国し、同志社英学校を創設。
※2：柱の間に壁を立てた日本の伝統的工法。壁に柱が現れる。

外観は
バンガロー形式の洋館

建築年　1878年
構造規模　木造　地上2階
延べ面積　217.4㎡

実は京都の大工が建てた、伝統的な真壁工法の家であることは驚きである。

窓の上部に設けた、障子付きのハイサイドライト。柔らかい光が部屋の奥まで入る
1階・2階とも、住宅の周囲3面にバルコニーが設けられている
ガラス戸の外側には雨戸ではなく西洋風の鎧戸（よろいど）が付けられている
床を少し高くして、床下に風を通す。夏を過ごしやすくする工夫

建物南面ファサード

日本的な田の字形プラン

田の字形に部屋を並べ廊下でつないでいる。本来の田の字形プランは廊下のない続き間で構成される。

腰掛式トイレが採用されている。日本では極めて早い時期のものである

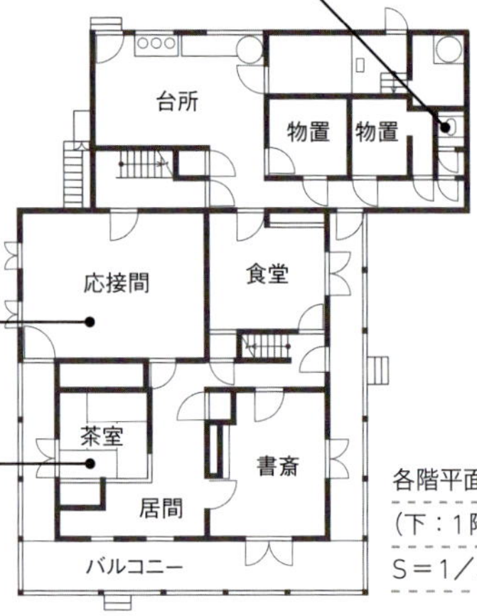

学生や教員などの来客が多かった新島邸の応接間は、各部屋のなかで一番大きく18畳ほど

竣工当時はすべて板間（フローリング）であったが、新島の死後、妻の八重が1階の洋間を改造して茶室をつくった

各階平面図
（下：1階、上：2階）
S＝1／300

MEMO

内部の調度・家具も含めて京都市の有形文化財に指定されている。

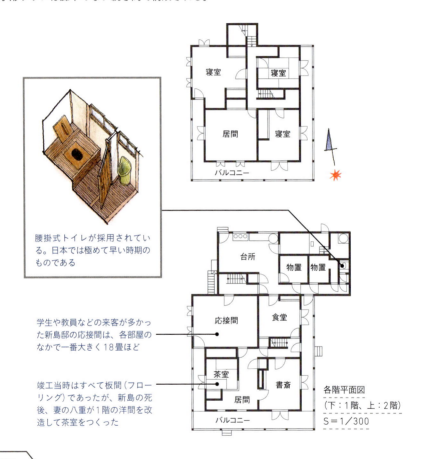

近代的な工夫がいっぱい

日本人夫妻のイス式のライフスタイルに合わせて、和洋折衷のさまざまなアイデアが取り入れられた

1階台所
平面パース

1階に設置された暖炉。余熱で1・2階を温められるよう、部屋の隅に吹出し口が付いている

当時の台所は通常土間にあったが、この住宅では板敷きの部屋のなかにあり、井戸も室内に設置されている

1階書斎から廊下・
階段方向を見る

東南にある新島の書斎の壁にはびっしりと書棚が並んでいる

吉島《よしじま》家住宅

岐阜・高山
西田伊三郎、内山新造

飛騨・町家建築の名作

吉島家住宅は明治38（1905）年に大火によって焼けたのち、同40（1907）年に再建された。明治の末の建設だが、江戸時代の町家の様子を色濃く残している建物である。

飛騨高山の吉島家は江戸期から、繭・生糸の売買、酒造、金融で財をなした商家である。建物正面を見ると、竪格子窓、与力《よりき》窓《まど》、目の粗い組み格子、千本出格子《でごうし》など、さまざまな窓や格子が取り付けられている。当時、格子はまだ一般に普及していない。吉島家がいかに大きな財力をもつ豪商であったかが分かる。

内部を見ると、高山では幅1間半（約2.7m）ほどの通り庭［※］が一般的だったのに対し、吉島家ではより広い土間になっているのが特徴的だ。頭上には、美しく仕上げられた大きな梁《はり》と、桁《けた》をダイナミックに組んだ小屋組が見える。上部の明かり窓から入ってくる光が桁や梁を美しく照らす。

吉島家住宅をつくったのは2人の名工、西田伊三郎と内山新造である。豪商、豪農たちは贅を尽くした町家や農家を建設することで、技術の継承と優れた職人たちの育成に貢献したのだ。

※：表口から裏口まで通り抜けられる土間。
構造軸組アイソメ図作成：吉島忠男・多田公昌

柱・梁・桁が主役

建築年　1907年（再建）
構造規模　木造　地上2階

梁や桁が複雑に重なる土間空間。現しとなった小屋組が空間の主役である。飛騨の名工が、木材特有のねじれや伸縮を読み取り、匠の技術で組み上げたものだ。

現しとなった梁
ちょうちんを入れる箱
だいどこ
(食事室)
なかおえ
(中座敷)
なかどうじ
(通り土間)
漆塗りの大黒柱

なかどうじ（通り土間）から
なかおえ（中座敷）方向を見る

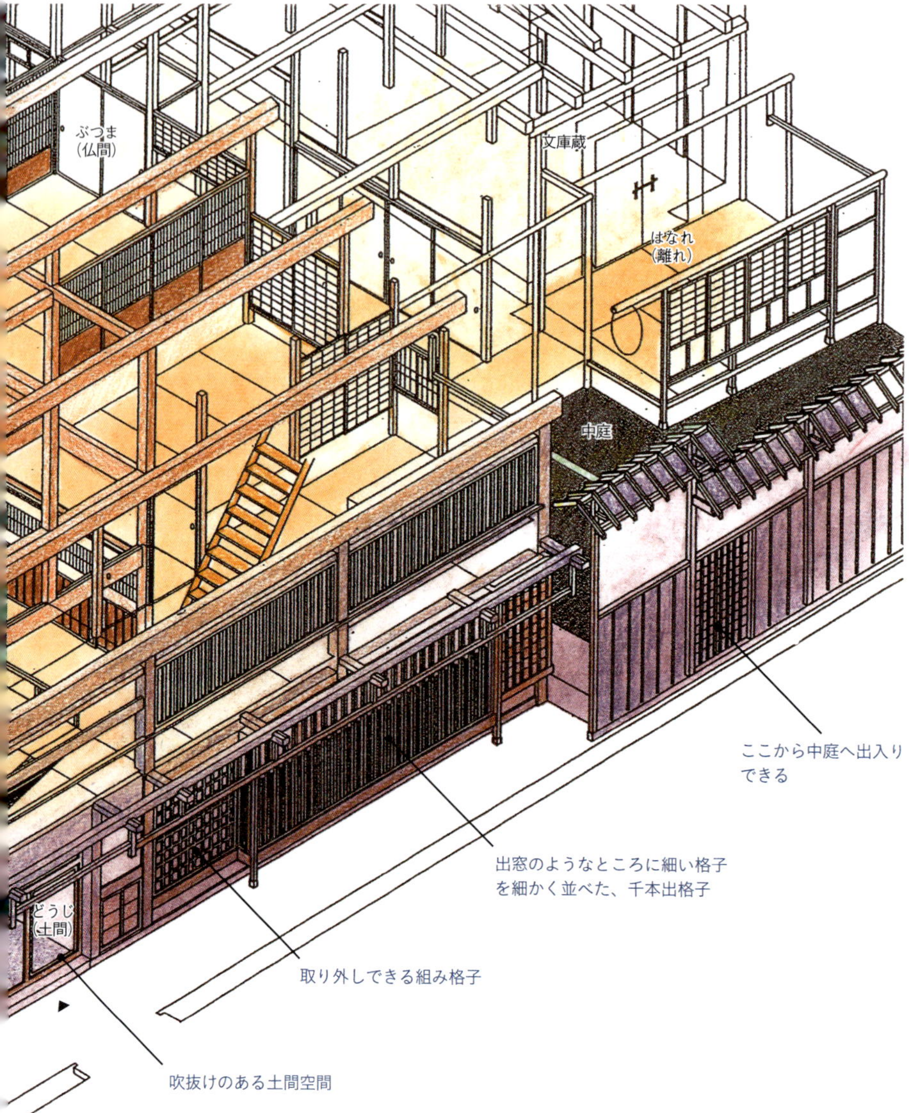
ぶつま
(仏間)
文庫蔵
はなれ
(離れ)
中庭
どうじ
(土間)
ここから中庭へ出入り
できる
出窓のようなところに細い格子
を細かく並べた、千本出格子
取り外しできる組み格子
吹抜けのある土間空間

飛騨の匠の技を結集

小屋組が現しになった土間空間の奥に天井を貼った畳敷きの座敷が続く。

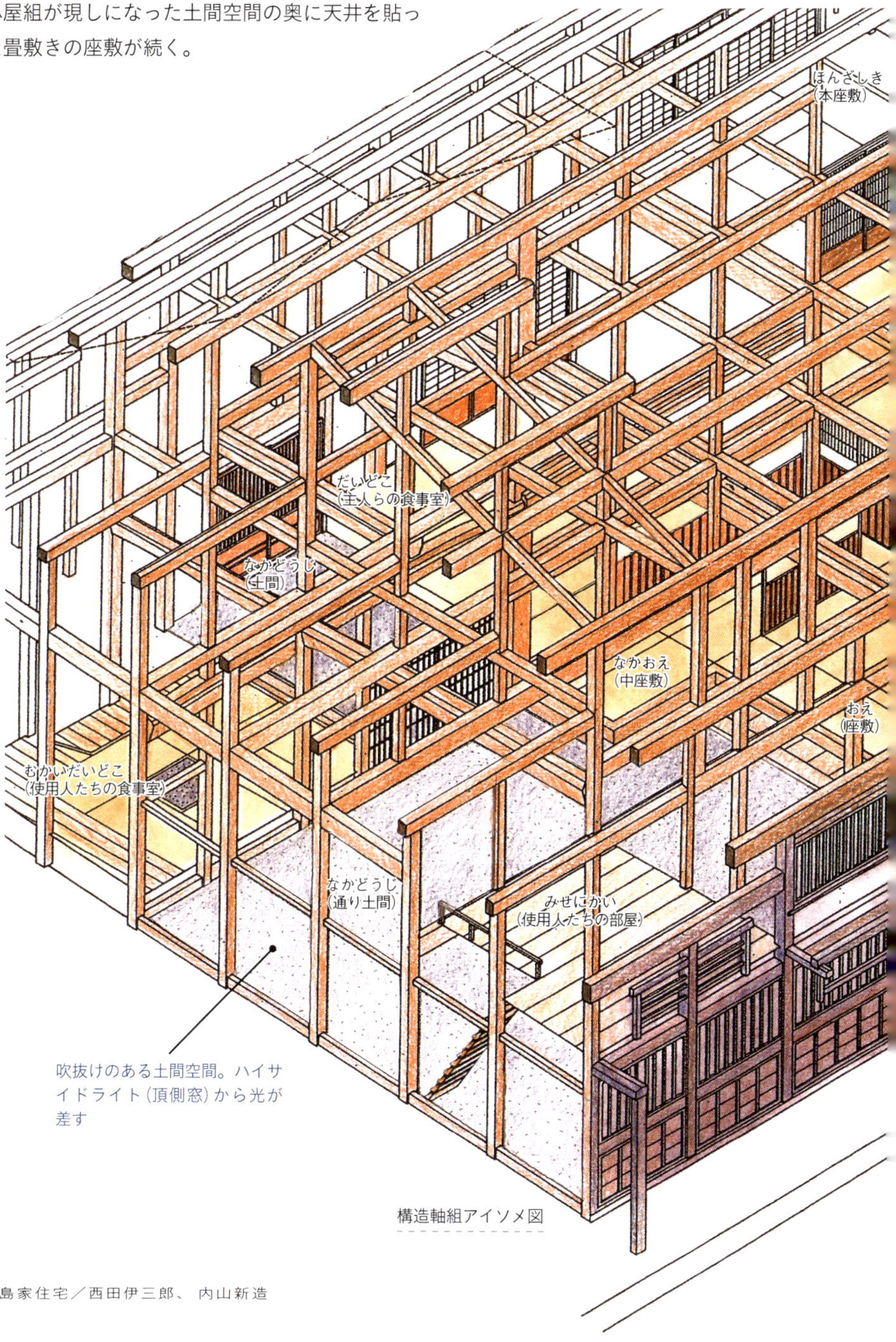

構造軸組アイソメ図

高山の街並をつくる建物

吉島家住宅は主屋と文庫蔵からなる。国指定の重要文化財。

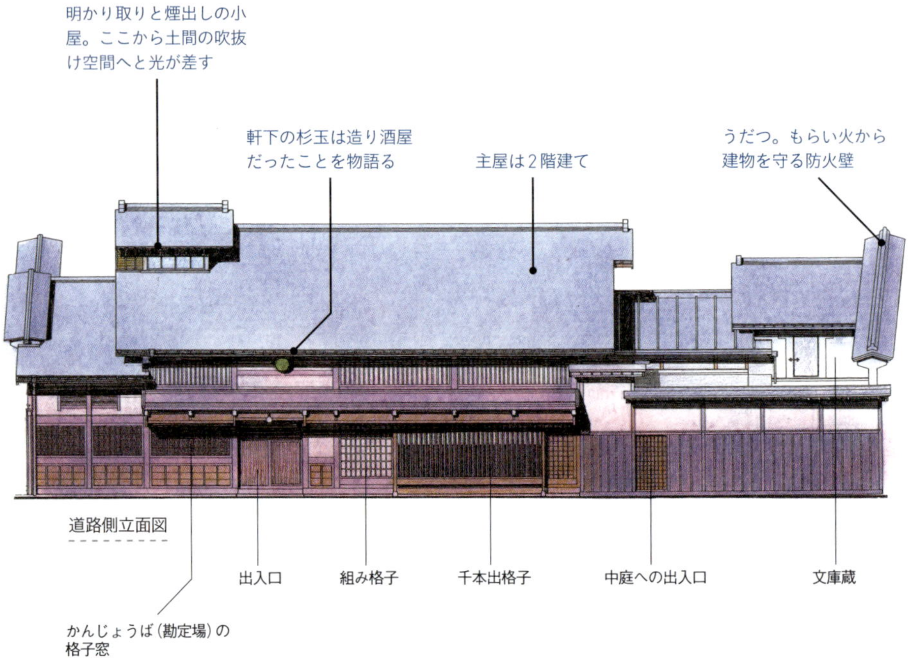
明かり取りと煙出しの小屋。ここから土間の吹抜け空間へと光が差す
軒下の杉玉は造り酒屋だったことを物語る
主屋は2階建て
うだつ。もらい火から建物を守る防火壁
出入口
組み格子
千本出格子
中庭への出入口
文庫蔵
かんじょうば（勘定場）の格子窓

道路側立面図

MEMO

建築写真家・二川幸夫が初めて吉島家住宅を訪れた際、天窓からの光で鈍く輝く柱や梁だけを切り取るように撮ったという。小屋組の魅力を物語る逸話である。

間取りが示す身分制度

壁ではなく、土間をはさんで家族と使用人たちの空間が分けられているのは、封建的な身分制度のなかにも、家族的な意識があったことを思わせる。

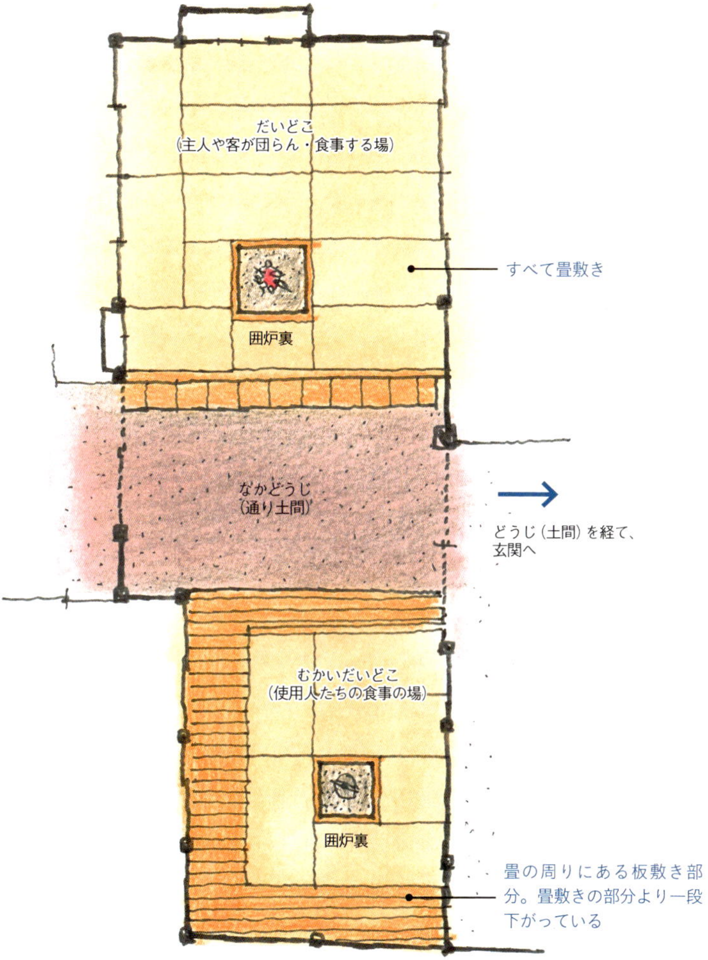
だいどこ
(主人や客が団らん・食事する場)
すべて畳敷き
囲炉裏
なかどうじ
(通り土間)
どうじ(土間)を経て、
玄関へ
むかいだいどこ
(使用人たちの食事の場)
囲炉裏
畳の周りにある板敷き部分。畳敷きの部分より一段下がっている

だいどこ廻り平面図

03

聴竹居《ちょうちくきょ》

京都・大山崎
藤井厚二

職人の手仕事が生み出す芸術と住宅の融合

建築家にとって自邸は多くの場合、自らをモルモットにした実験の場となる。なかでも藤井厚二は、49年という短い人生で5回も自宅を建てた。日本の気候風土と住宅との関係を科学的に追究するため、さまざまな趣向を凝らした自宅で気温などのデータを収集しては、自らの研究に役立てたのである。

聴竹居は藤井の5番目の自宅。各部屋の配置も日射や熱に配慮し、通風などの自然エネルギーを生かした工夫が各所に施されている。同時に、西欧化しつつあった当時の日本人のライフスタイルを、伝統的な日本家屋と統合させる試みでもあった。

たとえば、畳と洋間が隣り合わせに配置されているが、イスに座った人と畳に座った人の目線を合わせるために、畳の床は30㎝高く設定された。同時にその段差は、夏に地中で冷やした空気を室内に取り入れるための導気口という環境的配慮でもあった。

この住宅は、省エネが求められるはるか前から、機械に頼らない快適な住まいを提示した、環境共生住宅の先駆けといえる。

ライフスタイルに合わせた日本家屋

建築年	1928年
構造規模	木造　地上1階
敷地面積	約40,000㎡
延べ面積	173㎡（本屋）

当時の住宅にはイスに座る生活と畳の床に座る生活が混在していたが、それをうまく調和させようとした。

藤井は天井が単調で暗いことが、伝統的な和風住宅の欠点だと感じており、さまざまな素材で幾何学的構成の天井を設計した

食事室は、円弧状の開口がある壁でゆるく仕切られている

造付け家具から敷物や照明に至るまで、生活のあらゆるものをデザインしようとした

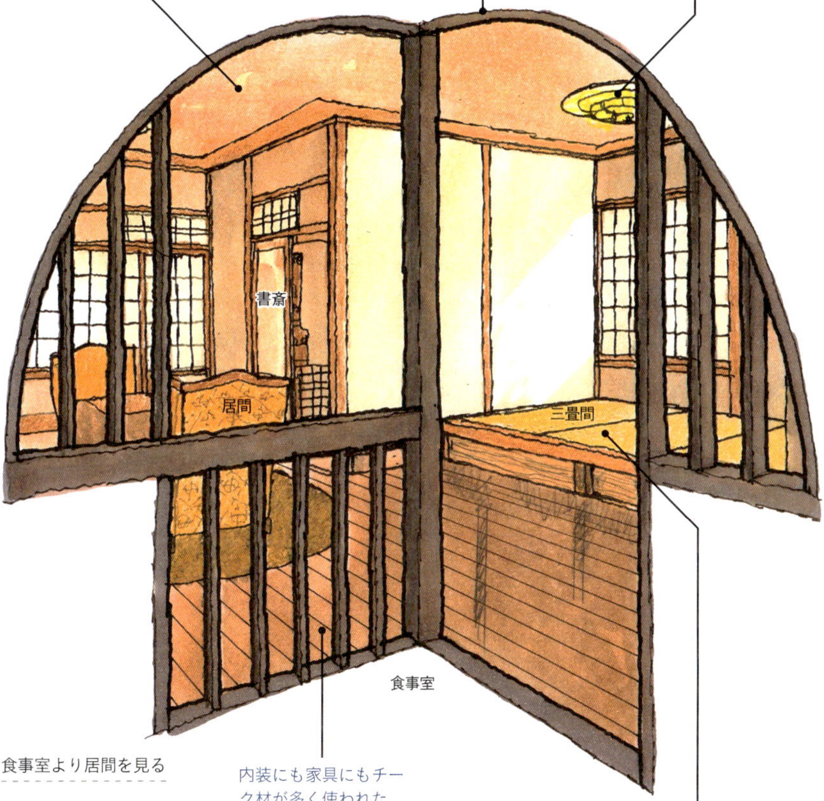

食事室より居間を見る

内装にも家具にもチーク材が多く使われた

板床より30㎝高くした畳床。そのほか、応接室の床の間はイス座に合わせて高く設置されている

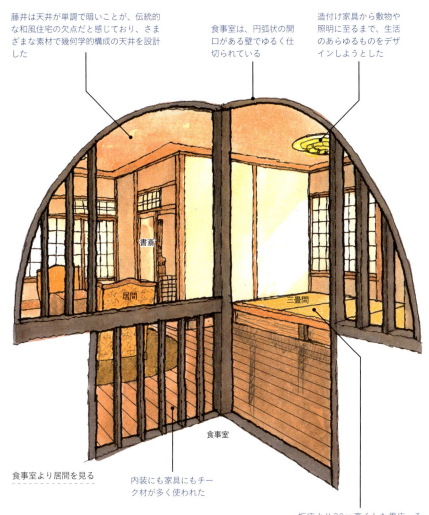

見た目も機能も両立

外壁の仕上げ1つとっても、実験のうえ最適なものを選択した。

建物を南東側から見る

外壁の仕上げはクリーム色の漆喰塗り

外壁はさまざまな素材を使った実験により、断熱性能に優れた土蔵壁を採用

MEMO

聴竹居の名は茶道や華道をたしなんだ藤井自身の雅号で、「竹の音を聴く居」という意味をもつ。同じ敷地内には聴竹居（本屋）のほか、閑室、下閑室がある。

性能住宅の先駆け

採光・通風を重視し、実験と研究に基づいて設計した。

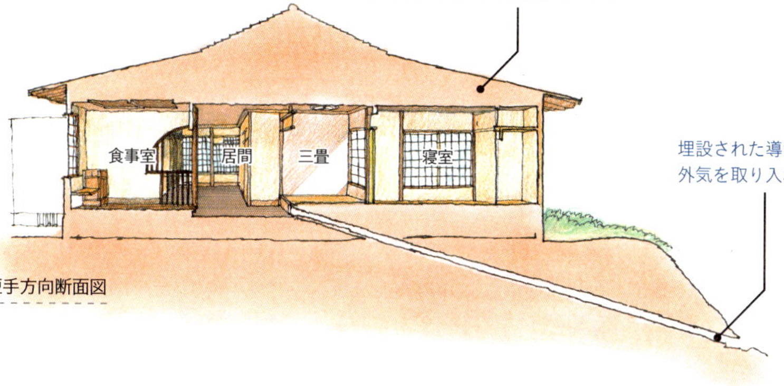
欄間や縁側の天井などに設けた換気口から天井裏へと空気を抜き、妻面の通風窓から排気するなど多くの工夫が施されている
食事室
居間
三畳
寝室
埋設された導気管で、外気を取り入れる

短手方向断面図

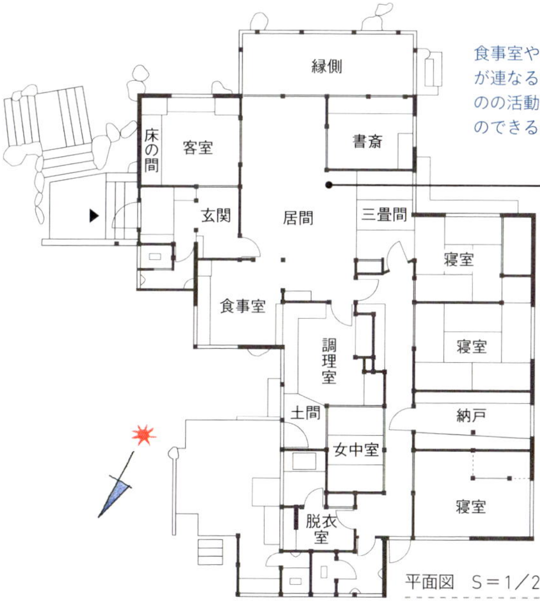
食事室や畳の三畳間、書斎などが連なる居間は、家族がおのおのの活動を行いながら集うことのできる空間
縁側
床の間
客室
書斎
玄関
居間
三畳間
寝室
食事室
寝室
調理室
土間
納戸
女中室
寝室
脱衣室

平面図　S＝1／250

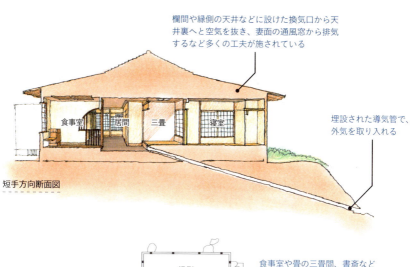

軽井沢夏の家

長野・軽井沢
アントニン・レーモンド

素朴な材料でつくるモダンな住宅

フランク・ロイド・ライト（35・40頁参照）が手がけた帝国ホテル［※］の現場担当者として１９１９年に来日したのが、アントニン・レーモンドだ。彼はそれ以降、合わせると43年余りを日本で過ごしたが、その間に、日本の建築界に多大な影響を与えた。

　近代の建築家でありながらも、近代建築運動の特徴の１つであった「インターナショナル・スタイル」（それぞれの地域性を超えた世界の共通様式）に賛同せず、建物が建てられる地域の特性や工法を常に尊重する姿勢を貫いたことで知られている。

　軽井沢夏の家は、ゆっくり上がるスロープやバタフライ屋根などがコルビュジエの住宅の計画案（１９３０年）に似通っており、盗作疑惑まで浮上した。しかし、レーモンドはこれらの近代建築の要素を、樹皮を剥いだクリやスギの丸太、溶岩石など地元特有の材料を使って力強い質感をもつ建物とし、豊かな自然環境に溶け込むものとした。そうすることで、非常にモダンでありながらも地域性があり、日本固有の材料を使っていながらも「和風」ではない住宅が誕生した。

※：1923年竣工。当時の建物のうち中央玄関部分は博物館明治村（愛知）に移築・保存されている。

コンクリートの擁壁の上に建つ木造住宅

建築年	1933年（1986年移築）
構造規模	木造 地上1階（一部2階）
建築面積	169㎡
延べ面積	197㎡

この住宅はレーモンド自身の別荘兼アトリエである。1986年に移築され、現在はペイネ美術館（長野・軽井沢）として公開されている。

V字形をした屋根。蝶が羽を伸ばした姿に似ているため、バタフライ屋根と呼ばれる
竣工当時には、屋根はトタン板の上に断熱のためカラマツの小枝を束ねたものを載せていた
外壁はスギの下見板張り
現在は平らな土地に移築されたが、オリジナルの敷地には勾配があり、建物は擁壁の上に建っていた
オリジナルの敷地の前には池があった

南面建物ファサード

夏を過ごす住宅兼仕事場

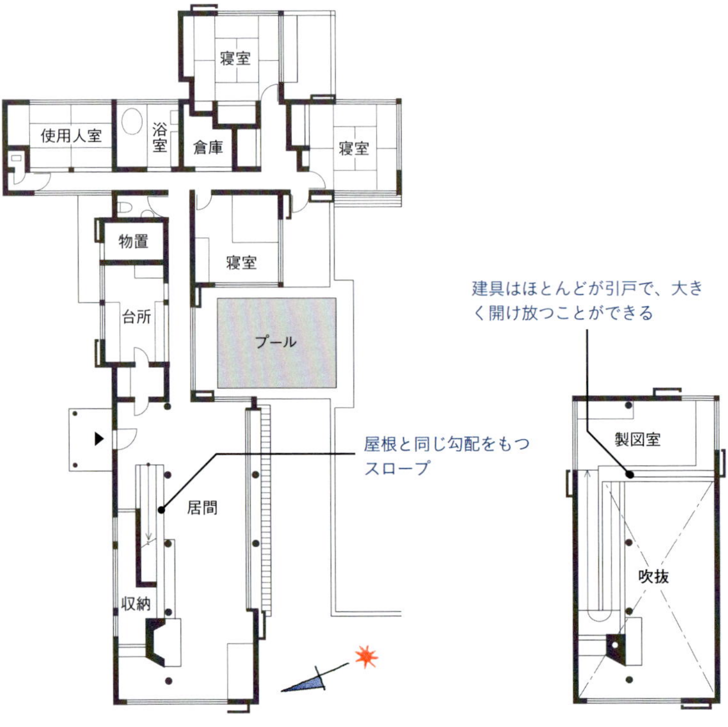

各階平面図（左：1階、右：2階）　S＝1／300

吹抜け空間を楽しめるスロープ

スロープを上りきったところにある製図室では、吉村順三らが働いていた。

吹抜けに面した製図室は建具で仕切ることができる
スギの剥ぎ丸太の梁と垂木が現しとなった天井
製図室
居間
緩い勾配のスロープ

吹抜けのある1階居間から2階製図室を見る

MEMO

アントニン・レーモンドの夫人、ノエミもテキスタイルや家具などのデザイナーであり、自宅の設計に多くの影響を与えた。

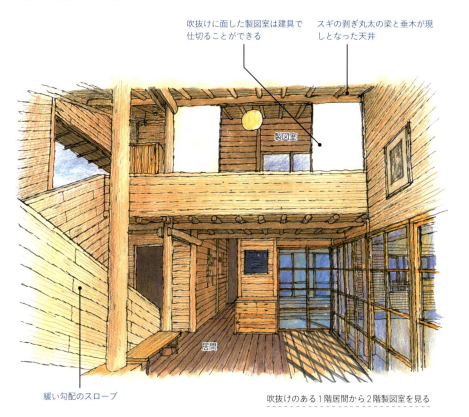

前川自邸

東京・目黒
前川國男

戦時中もぶれないモダニズムの哲学

大学を卒業後、パリのコルビュジエ（28・77頁参照）の下で修業をした前川國男。帰国後に自身の事務所を設立するが、当時は、第二次世界大戦開戦前後の「建築の暗黒時代」だった。前川は自身が信じるモダニズムの哲学を貫いたため、大きな仕事に恵まれなかった。

そんな時代に建てられた前川自邸。外観は瓦を葺いた切妻《きりづま》屋根の木造住宅で、一見すると素朴な和風建築のようだ。しかし、日本のモダニズムの旗手である前川は、モダニズムが創出する空間の可能性を、住宅のなかにも実現してみせた。

よく見ると五角形の立面は、中央の開口部を2倍にした面積とほぼ等しい。これは空間を合理的に使うべく、高すぎず低すぎない屋根の高さを計算したためだ。もちろんロフトや開口など、内部にも前川のこだわりが見て取れる。大きな吹抜けを支える円柱は、廃材同然だった電柱を再利用したものだという。

資材に乏しく、制約が多かった開戦直後の条件下でも、日本社会の行く末を見つめ、自身が信じるモダニズムの思想を投影したことに、この住宅の意義があるのだ。

建築家の理想の自邸

日本のモダニズム黎明期に誕生したのが、前川國男の自邸。材料などからは戦時中という時代背景が色濃く見て取れる。

建築年	1942年（1996年移築）
構造規模	木造 地上1階（一部ロフト）
延べ面積	177㎡

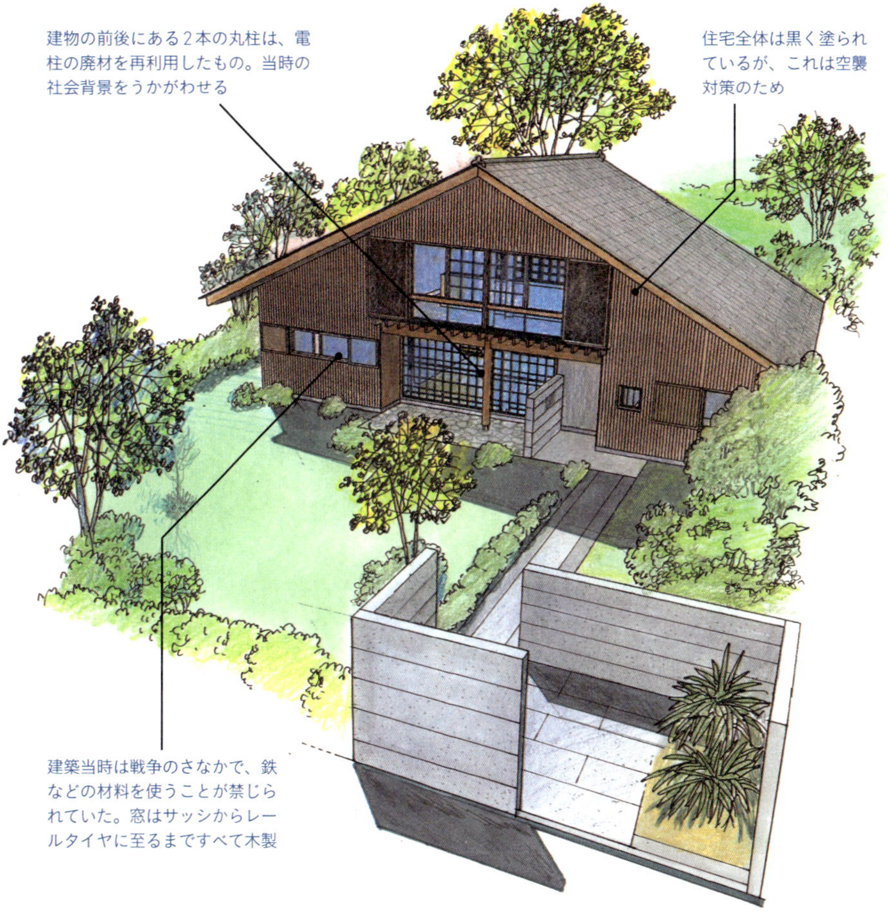
建物の前後にある2本の丸柱は、電柱の廃材を再利用したもの。当時の社会背景をうかがわせる
住宅全体は黒く塗られているが、これは空襲対策のため
建築当時は戦争のさなかで、鉄などの材料を使うことが禁じられていた。窓はサッシからレールタイヤに至るまですべて木製

建物を道路側上方より見る

時代に屈せずモダニズムを表現

切妻屋根に瓦を載せた建物は、一見すると和風建築のように見える。しかし、空間構成はモダニズムの原理(屋上庭園以外の「近代建築の5原則」[28頁参照])を踏襲している。

現在は、江戸東京たてもの園(東京・小金井)に移築・保存されている

五角形のファサードは、空間をいかに合理的に構成するかの検討から導き出された「自由な立面」

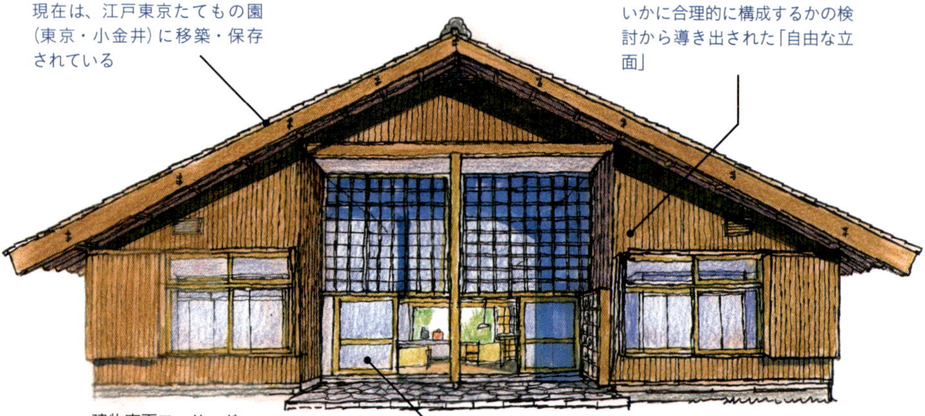

建物南面ファサード

4枚の引分け戸からなる「水平横長窓」

居間は開放的な空間。両側の窓を開放すれば、実は「ピロティ」の空間なのだ

ロフト空間。前川は晴れた気持ちのよい日にはしばしばここで昼寝をしたという

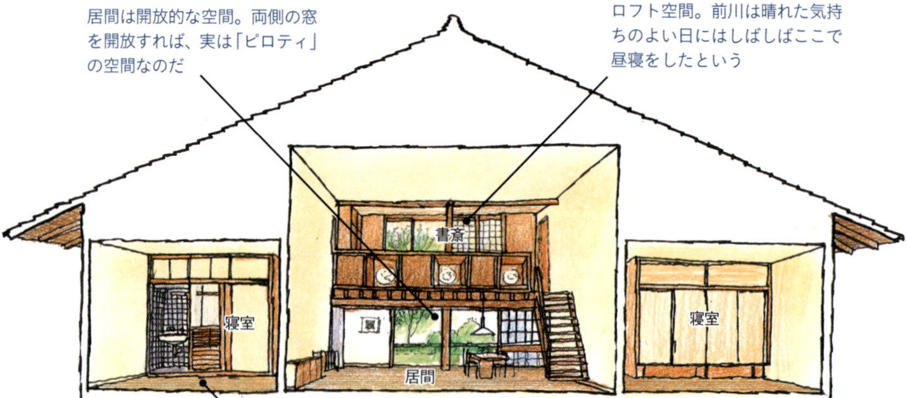

長手方向断面パース

設計事務所として使われていたこともある

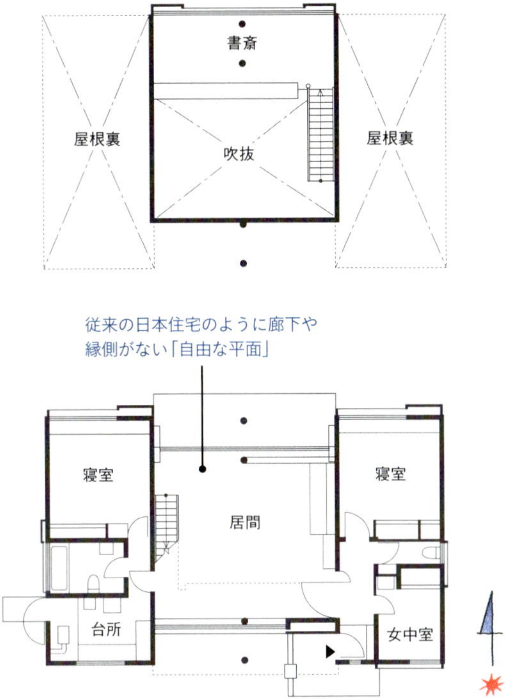
書斎
屋根裏
吹抜
屋根裏
従来の日本住宅のように廊下や
縁側がない「自由な平面」
寝室
居間
寝室
台所
女中室

各階平面図（下：1階、上：ロフト階） S＝1／250

MEMO

前川は、帝国大学（現在の東京大学）を卒業したその日に神戸港へ行き、中国を経由してシベリア鉄道に乗り込み、1週間かけてパリのル・コルビュジエの事務所へたどり着いた。コルビュジエとは、「コル」「クニ」と呼び合う仲だった。

立体最小限住宅 住宅 No.3

東京・新宿
池辺陽《きよし》

戦後混乱期にできていた合理的で豊かな立体空間

「建築は歴史から離されると、形式的にとらえられ、観念的な理解に陥る」、これが池辺陽の持論だった。

この建築がつくられたのは、終戦後の東京。住宅不足と極端な資材不足に陥っていた当時、建築には15坪の面積制限が法的に課せられていた。戦前にＣＩＡＭ（シアム）［※］でも最小限住宅をテーマに掲げていたが、戦後の日本では必須の条件となり、多くの建築家たちの課題となった。

そんななか、池辺は最小限住宅を立体的にすることで、豊かな空間をつくり出した。しかもさまざまな用途に使える多機能パーツ「畳」を使わず、部屋ごとに機能を分かち、収納も上下で使い分けるなど、コンパクトで合理的なつくり。さらに、空間を立体的に区切ることで部屋に独立性をもたせながら、リビングの吹抜けを介してすべての部屋をつなげ、空間の広がりも演出している。

資材不足や法的制限という厳しい条件下においても、良好な住環境を積極的につくり出せたのは、戦後の日本に不屈の精神があったからこそ、ともいえるだろう。

※：CIAM（Congrès International d'Architecture Moderne＝近代建築国際会議）とは、都市・建築の未来について討論を重ねた建築家たちによる国際会議。グロピウス、ミース・ファン・デル・ローエ、ル・コルビュジエらが参加。1928年に始まり、1959年までに各国で11回開催された。

空間を合理的に使う

家族がそれぞれ独立して暮らせるよう、コンパクトながら部屋ごとにきちんと機能をもたせている。

建築年	1950年
構造規模	木造　地上2階
延べ面積	47㎡

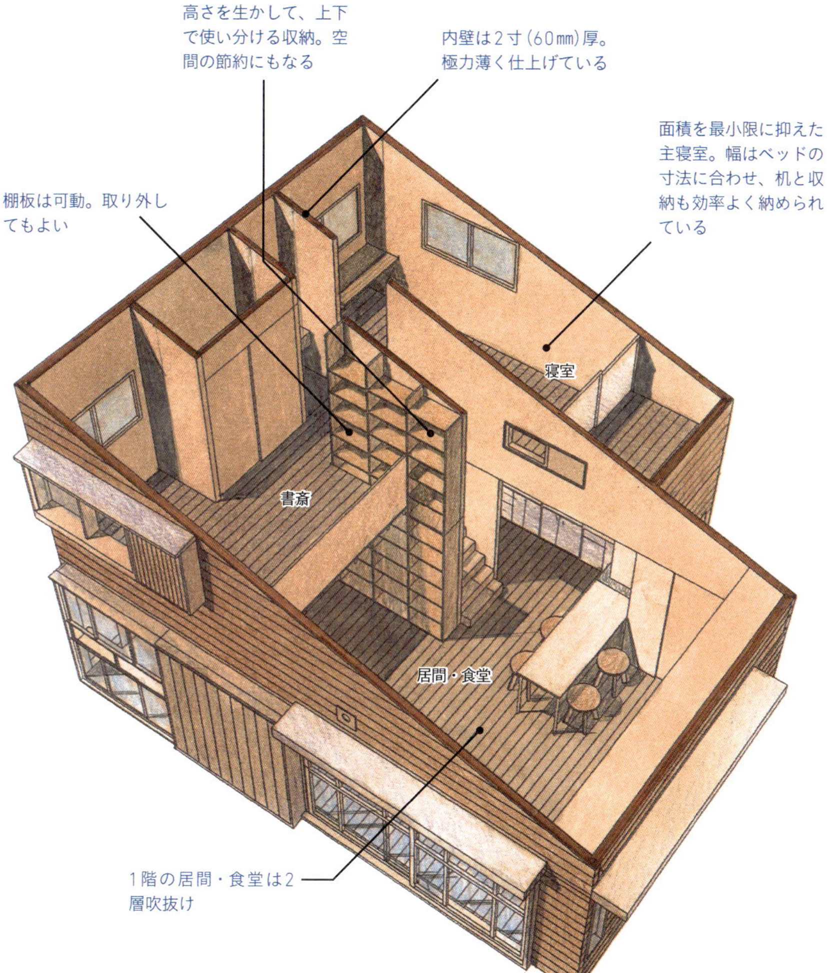
高さを生かして、上下で使い分ける収納。空間の節約にもなる
内壁は2寸（60㎜）厚。極力薄く仕上げている
面積を最小限に抑えた主寝室。幅はベッドの寸法に合わせ、机と収納も効率よく納められている
棚板は可動。取り外してもよい
寝室
書斎
居間・食堂
1階の居間・食堂は2層吹抜け

平面パース

場所に機能をもたせる

多用途に使える畳部屋が一般的だった時代に、独立した機能をもつ複数の部屋で住宅を構成してみせた。

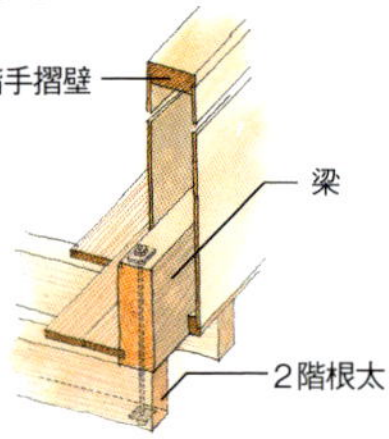
天井高を確保するために、梁を手摺壁のなかに納め、2階根太を吊った納まりとした
2階手摺壁
梁
2階根太
納まり
詳細図

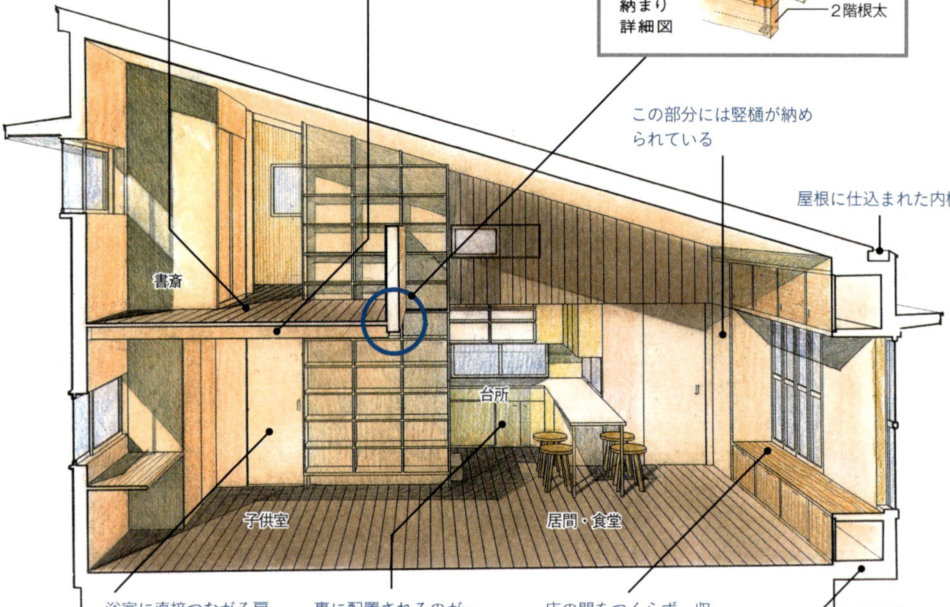
2階の床材は1階の天井材を兼ねている
梁や根太は露出。空間を最大限に確保するための工夫
この部分には竪樋が納められている
屋根に仕込まれた内樋
書斎
台所
子供室
居間・食堂
浴室に直接つながる扉
裏に配置されるのが一般的だったキッチンを、効率よく家事ができるよう表に出した。女性の社会的な自立を促すため、労働負担の軽減を図ったプラン
床の間をつくらず、収納を飾り棚とした。腰かけるにもちょうどよい寸法
キャンチレバーで出が37.5cmある

長手方向断面パース

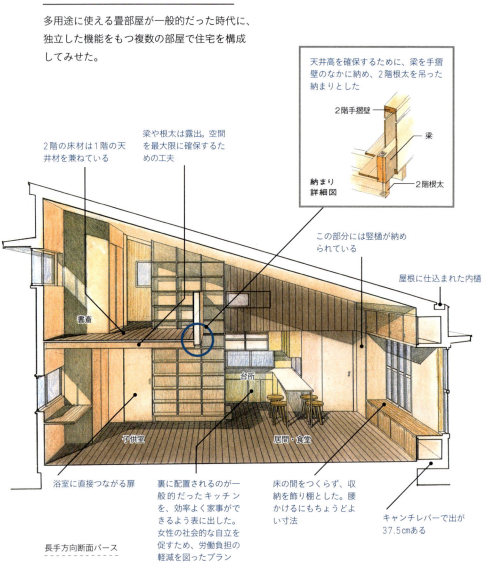

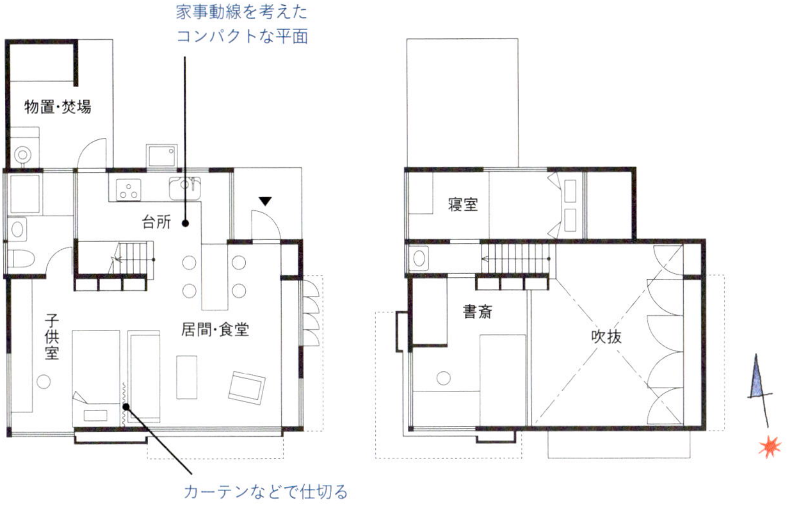
家事動線を考えた
コンパクトな平面
物置・焚場
台所
子供室
居間・食堂
カーテンなどで仕切る
寝室
書斎
吹抜

各階平面図（左：1階、右：2階） S＝1／150

建物を南側上方から見る

MEMO

最小限で合理的な住宅を設計し続けた池辺陽にとって、女性の家事労働負担の軽減も大きなテーマだった。なかでも水廻りは、人体寸法との関係が密接なため寸法の合理化が図りやすく、池辺はキッチンの工業化に意欲を燃やした。

アントニン・レーモンド

Antonin Raymond (1888-1976)

日本の伝統建築をモダンに進化

レーモンドは第二次世界大戦をはさんで戦前18年、戦後26年、合わせて44年という長い歳月を日本で過ごした。その滞在期間中に日本の建築の発展に多大な影響と功績を残している。日本で彼は木造住宅を多く建てたが、それらは一見すると日本的でありながらも、従来の日本建築を超えた形態と住まい方をもたらした。レーモンドは襖や障子といった日本の伝統的建具を使いつつも、それらの材料や寸法体系にはとらわれていなかったし、連続する部屋の仕切りに天井まである折りたたみ戸や布を用いることもあった。

レーモンドの住宅は天井が高く、建具の寸法も日本のものと比べると大ぶりだ。しかし、この理由は彼の施主の多くがアメリカ人で、体格や生活スタイルの違いによる。このように伝統的な日本建築を追究するだけではなく、建具や寸法体系、色使いや仕上げなどで彼の独自性を発揮したため、日本人が潜在的にもつ伝統建築のイメージを壊すことなく、新しいスタイルとして受け入れられた。この「ほどよい関係性」によってレーモンドは日本で成功を収める。そのスタイルは吉村順三をはじめ、日本の建築家にも受け継がれていくことになる。

池辺陽

Kiyoshi Ikebe (1920-1979)

人間は不完全、建築によって矯正せよ

多くの場合、住宅デザインは施主からの依頼を受け、そこからの資金で建設されるのだから、施主が住みやすいように彼らの要求を形にしていくことになる。しかし池辺の思想・プロセスは真逆である。住宅のデザインに合わせて人間が住みこなせるよう住人自身が変化していけばよいという考え方である。

たとえば、小さすぎるキッチンに文句があるなら「そのキッチンでつくれる程度のものをつくればよい」、雨漏りがあれば「人間が直すことができるのだから直せばよい」といった趣旨の発言をするほどだった。池辺にしてみたら、生活自体を研究し、その結果を反映させて住宅とそこでのライフスタイルをデザインしているのだから、住みこなせないのは住人の努力不足だということになるようだ。そうなると施主の対応も気になるところだが、たとえ雨漏りの危険にさらされる形状だったとしても、増築をする場合には池辺のデザインを尊重しながら行うべきと考える人もいたというのだから驚きだ。

つまり池辺のデザインは雨漏りなどの欠陥があってもそこが問題とならず、それを超える魅力的な空間をもっているということになる。人間の生活に対する研究の積み重ねと、その結果への確固たる自信があるからこそ、人の意見に左右されることなく自分のデザインを貫くことができた。そして、それが多くの人を魅了する力強いデザインへとつながっているのだろう。

丹《たん》下《げ》自邸

東京・世田谷
丹下健三

コルビュジエか、高床式か　日本建築界の巨匠の家

この住宅の特徴は何といっても、地面から持ち上げられた「高床式」であること。1階には建物を支える柱・壁と階段があるばかりで、生活の空間はすべて2階にある。

なぜこのような形態にしたのかという問いに対して、丹下は、湿気を避けるためとか、防犯のためだとかいろいろな返答をしたそうだ。とはいえ、やはりピロティをつくりたかったというのが一番の理由だろう。

ピロティとは、複数階をもつ建物の1階の一部（または全部）を、構造に必要な部分を残して外部空間にする形式。ル・コルビュジエ（28頁参照）は、ピロティを歩行者や車両のために開放することを「近代建築の5原則」［※］の1つとして提唱していた。つまり、ピロティは社会に広く開放された空間なのだ。

丹下はピロティを用い、住宅という私的な空間の真下に、社会的な空間を接触させることを試みた。結果として、開放的な庭は近所の子どもたちの遊び場となり、持ち上げられた私的な住空間のプライバシーは、しっかりと守られることとなった。

※：コルビュジエが提唱した「近代建築の5原則」として、「ピロティ」「屋上庭園」「自由な平面」「水平横長窓」「自由な立面」がある。

ピロティでつくる
高床式住居

ピロティの形態は、弥生時代に使われた日本の伝統的な高床式住居にも似ている。

建築年	1953年
構造規模	木造 地上2階
敷地面積	1,200㎡
建築面積	142㎡
延べ面積	140㎡

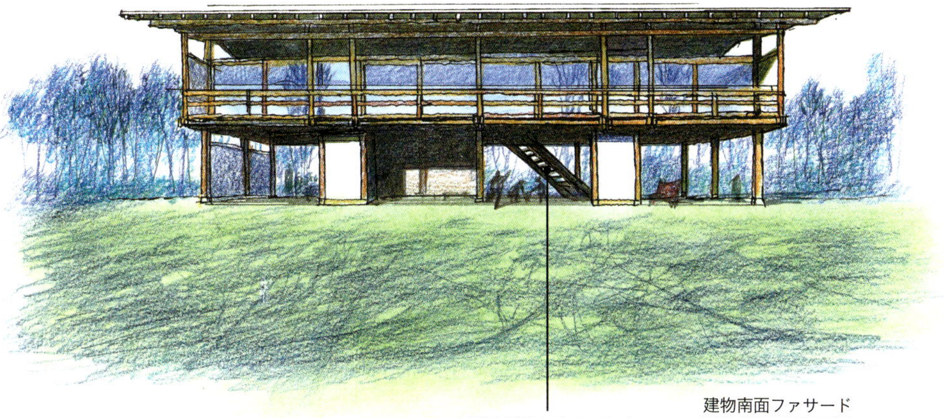

建物南面ファサード

1階は階段も含めてほとんどが外部空間である

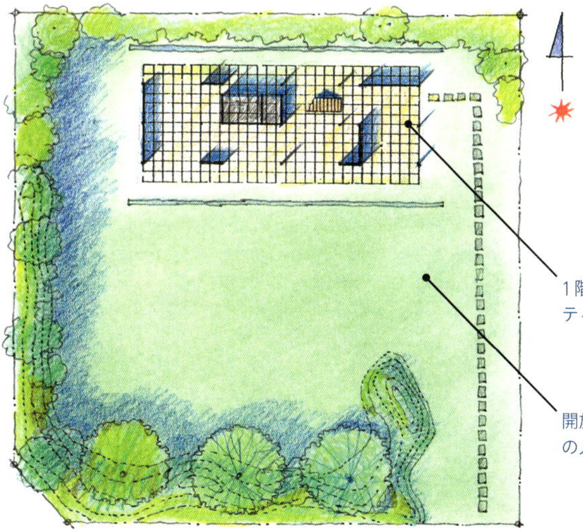

1階のピロティはパーティなどにも使える

開放的な庭には、多くの人が集まった

配置図兼1階平面図　S＝1／700

階上住居は畳敷き

丹下はイスや家具で部屋の用途が限定されることを嫌い、畳という「使える床」を採用。間仕切には取外しが容易な襖を用いた。

襖の上部は欄間。隣の部屋の天井が見通せる

短手方向断面図

襖絵は美術家の篠田桃紅、照明デザインはイサム・ノグチによるもの。2人とも丹下と交流があった

畳の上に座ったり、イスを畳の上に置いて使ったりしていた

長方形の平面の中央に階段や水廻りがまとめられたコアがある構成になっている

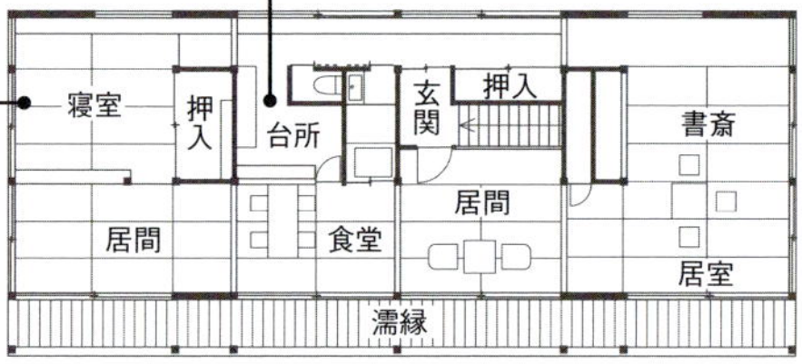

コア以外の部分は、居間や書斎、寝室などの部屋名が付いているものの、用途が限定されない空間

2階平面図　S＝1／250

MEMO

この住宅の開放的なピロティでは、建築家の磯崎新を始め、丹下の弟子たちの結婚式が挙げられたこともあった。

丹下健三

Kenzo Tange (1913-2005)

日本建築界の巨匠のコンペテクニック

丹下は、実は人間くさい戦略に長けているのではないかと、筆者は思う。というのも、コンペの図面や提案のなかに「最先端の技術」や「かたちがカッコイイ」はもちろんのこと、それ以外の審査員がグッとくる要素を、こっそり、それでいて堂々と入れてくるからだ。

たとえば、「東京カテドラル聖マリア大聖堂」のプランが十字架形（上空から見ると建物が十字架のかたちをしている）になっていることで、カトリックの大本山であるバチカンは、丹下の案を落とせなかった、というのは有名な話である。これは地上の行いを見ている「神の目」に背くことはできまいという、あざとい戦略だったのかもしれない。

技術やモダニズムの思想を具現化するだけでなく、コンペの図面を読み取る立場の人の心に（ときには、神の心に「！」）、強く訴えかけるストーリーを忍ばせてしまうところが、戦後の日本の建築界を牽引し続けた巨匠の人間的なすごさといえよう。

ＳＨ－１

神奈川・鎌倉
広瀬鎌《けん》二《じ》

日本で最初につくられた軽量鉄骨の家

　この住宅は、広瀬が展開した一連の鉄骨住宅「ＳＨシリーズ」の第1号だ。高価で技術的にも難しい鉄骨で住宅をつくる試みとしても、日本で最初のものだった。広瀬にとって鉄骨は、「それまでの経験のなかにまったく存在しなかったもの」。「設計の過程のすべてを創造に頼る以外方法がないような環境」を自らに課した挑戦であった。

　鉄骨造の住宅といえば、１９５０年に竣工したファンズワース邸（66頁参照）が有名だが、それが200×200㎜のＨ形鋼であったのに対し、ＳＨ－１では極めて細い65×65㎜のアングル材［※］を使った。鉄骨が構造体でありつつ、大きなガラス窓のサッシ枠や壁の一部としての役割も果たすというシンプルな構成は、この新しい材料の可能性を徹底的に追求した結果であろう。プランもシンプルで、水廻り以外は家具で仕切られたひとつながりのワンルームである。

　設計者の自邸だからこそ実現できた実験的な試みだが、この作品をきっかけに、鉄骨という近代的な素材を住宅に使う道が開かれ、広瀬自身もＳＨシリーズをつくり続けることになった。

※：山形鋼ともいう。L字形の断面をしている鋼材。

軽量鉄骨で住まいをつくる

建築年	1953年
構造規模	軽量鉄骨造　地上1階
敷地面積	189.26㎡
延べ面積	46.93㎡

SHシリーズは住宅のパーツを標準化し、それを組み合わせることで、合理的に速く住宅を供給しようとした試みである。

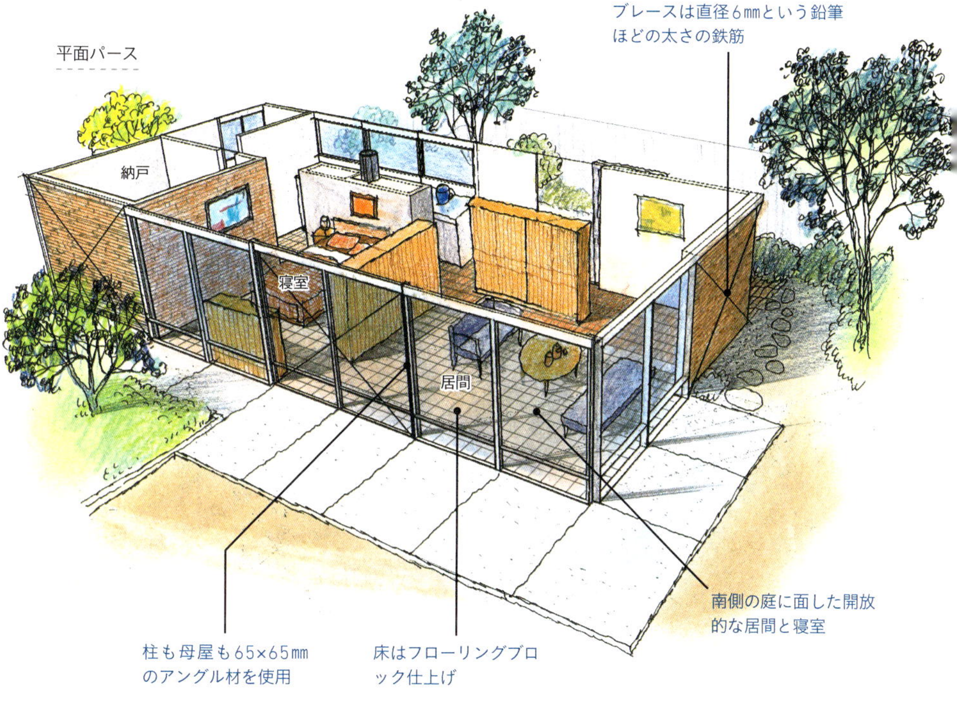
平面パース
納戸
寝室
居間
ブレースは直径6㎜という鉛筆ほどの太さの鉄筋
南側の庭に面した開放的な居間と寝室
柱も母屋も65×65㎜のアングル材を使用
床はフローリングブロック仕上げ

MEMO

広瀬鎌二は教育者でもあり、母校の武蔵野工業大学（現、東京都市大学）で教鞭を執っていた。

建材がそのまま現れる外観

SH－1はセルフビルドでつくられた。サイズや材料そのものも扱いやすいものを選択した。軽量鉄骨を使いこなした広瀬だが、後年は木造の設計に転向した。

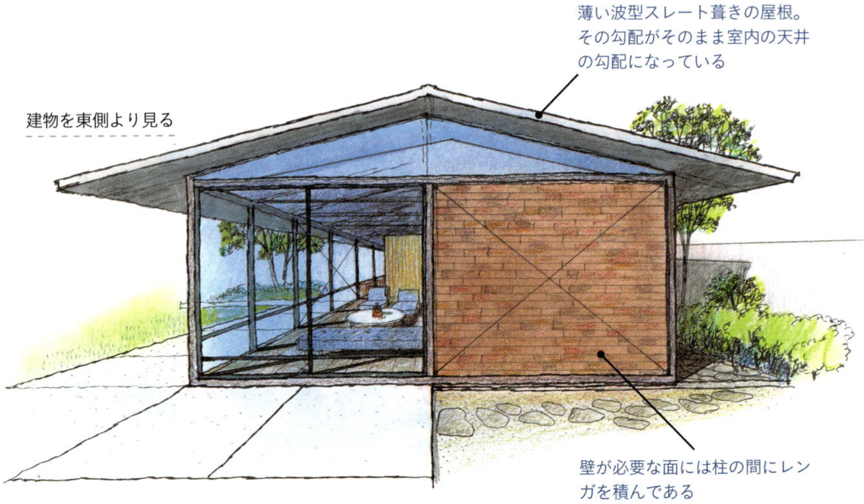
薄い波型スレート葺きの屋根。その勾配がそのまま室内の天井の勾配になっている
壁が必要な面には柱の間にレンガを積んである

建物を東側より見る

納戸
台所
寝室
ペチカ
居間
西日を避けるためか、西面には壁で囲われた納戸や浴室などを配置している

平面図　S＝1／150

広瀬鎌二

Kenji Hirose (1922-2012)

雨漏りはよい建築の証

広瀬はＳＨ（Steel House）シリーズ、すなわち鉄骨構造の住宅をたくさん世に送り出した。鉄骨の高い強度と細いメンバーの特性を生かした繊細で美しい住宅である。それはコンクリート造のように重くてごついものではなく、木造のように複雑な構造ではない、単純かつスレンダーな建築として高く評価されている。しかし、新しいチャレンジには常にさまざまなトラブルやリスクが伴う。

「屋根の軒先を薄く見せたい」あるいは「壁の性能を損なわずに薄く見せたい」などなど、多くの建築家は新しく美しいものをつくるために多少のリスクを恐れずにトライしてきた。そもそもチャレンジする勇気をもつのが未来を開く真の建築家である。広瀬もその１人であった。鉄骨の梁や桁の間で屋根をシンプルにつくるためにきわどい納まりを試みた。

雨の降った翌日には必ず広瀬事務所は朝から電話が鳴った。雨漏りの苦情である。所員はその対応に追われ多忙を極めた。こうしたチャレンジの末の失敗は、負の産物だけでなく、一方で技術や材料の進歩の契機になった。これは巨匠といわれる建築家が歩んできた道である。それを象徴する言葉が、少々乱暴ではあるが「雨漏りはよい建築の証」なのである。

09

私の家

東京・大田
清《せい》家《け》清

トイレも開放的！　究極のワンルーム

この住宅は建てられた時代と密接な関係がある。敗戦から9年、日本の経済はまだ復興の途上で建設資材は不足、一般庶民の住宅は狭小だった。そのような問題への解決策の1つとして、この実験住宅は建てられた。

1階が50㎡（10×5m）、地下が20㎡の合わせて70㎡が、清家夫妻と4人の子どもの住まいである。その狭さを少しでも緩和するための1つの方策がワンルームであった。

つまり、寝室もキッチンもトイレも扉で区切らず、すべてがつながった1室なのだ。それでもスペースが足りないときは、庭を生活の一部として使う。南面の大開口に接する庭はリビングの延長として、リビングと同様に石敷きの床とされている。内外の境界をさらにあいまいにする仕掛けとして「移動畳」まで備えられている。

道路に背を向け、家族のプライバシーを守るようにして建つ「私の家」の内部に、家族間のプライバシーはない。それは、「プライバシー」なる概念が輸入されるはるか昔から、私たちの祖先が生きてきた暮らしの様式なのだ。

家族に仕切りはいらない

トイレにさえ扉がない、ひとつながりの部屋にすることで、空間を有効活用しようとしている。

建築年	1954年
構造規模	RC造 地上1階、地下1階
敷地面積	182㎡
建築面積	50㎡
延べ面積	70㎡

「移動畳」は1,500㎜角で、ゴム製のキャスターが付いており、室内外に移動できるようになっている

東西の壁は構造壁。その上にアングル材と鉄筋を組み合わせたトラスをかけ、屋根スラブを支えている

北側の壁いっぱいの造付け本棚

天井は平らで高さは2,290㎜

1階平面パース

室内外を一体で使おうと、当初は室内も土足で上がるようにしたが、習慣上うまくいかなかった

家具はできるだけ固定せず、部屋の使い方によって移動できるように考えられた

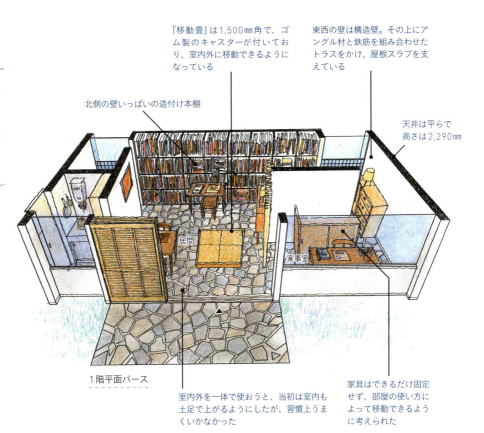

ワンルームの住まい

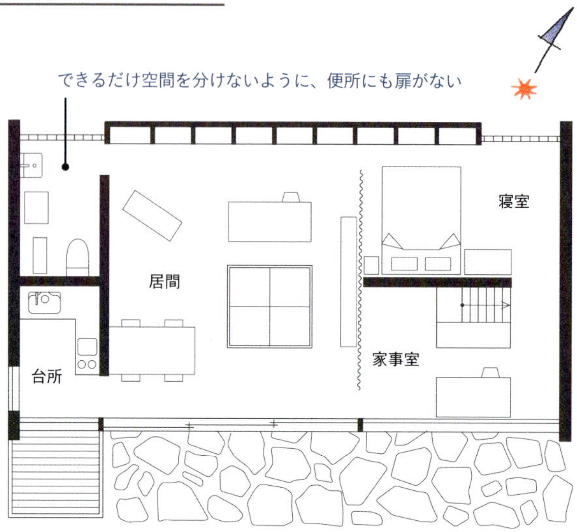
できるだけ空間を分けないように、便所にも扉がない
寝室
居間
家事室
台所

1階平面図　S＝1／120

MEMO

清家清は東京工業大学で長く建築を教えた。共にこの家で暮らしていた息子は後に経済学者で慶應義塾第18代塾長となった清家篤。

そして実験は続く

清家の両親宅の裏庭に建てられた「私の家」。その後、両親の家を取り壊し、跡地に「続・私の家」を建て（1970年）、続いて「倅の家」を建てる（1989年）など、同じ敷地内で住宅を展開していった。

既存の木造家屋は清家の両親の家
「私の家」。書庫などの収納スペースの不足を補うため、1978年に屋根の上に中古のコンテナが載せられた
道路に面した東側の壁に開口はなく、建物自体も道路面より高い位置に配置されており、外部からプライバシーが犯されることはない

私の家と両親の家　配置図（1960年代）

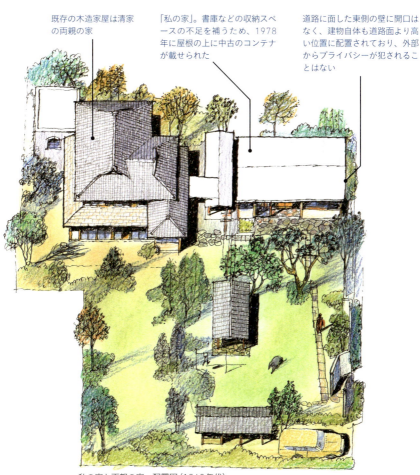

スカイハウス

東京・文京
菊竹清訓《きよのり》

新陳代謝する宙に浮かぶ家

HPシェル［※］の屋根が掛けられた正方形の住宅は、4枚の壁柱で持ち上げられ、見晴らしのよい傾斜地にそそりたっている。廊下に四周を囲まれた「居住空間」に柱や梁はなく、壁柱の存在も感じさせない。生活の中心となる空間は広々としていなければならず、サービス空間はその周囲で生活を支えるものである、という建築家の考えが明快に現れたプランだ。

さらに、耐用年数が躯体に比べて短い設備は交換するものである、という考えから、「ムーブネット」という交換可能なユニットも提案された。このユニットは、ユニットバスやシステムキッチンなどの先駆けといえるものだ。

また、ムーブネットは家族構成や年齢の変化に応じて、部屋の構成自体を自由に変えられる装置としても機能した。子供室などの部屋が必要になったときには、取外し可能なムーブネットを「居住空間」の床から吊り下げることで対応したのだ。

建築家の思想が、これほど明快かつ斬新、衝撃的に表出した建物はほかにないだろう。

※：双曲放物面（HP：Hyperbolic paraboloid）状のシェル構造（薄い曲面状を外殻として用いた構造）。

高台から四方の景色を望む

建築年	1958年
構造規模	RC造　地上2階
延べ面積	174.8㎡

完成当時は見晴らしのよかったこの場所で、360°の眺望を楽しむことのできる開放的な家だった。

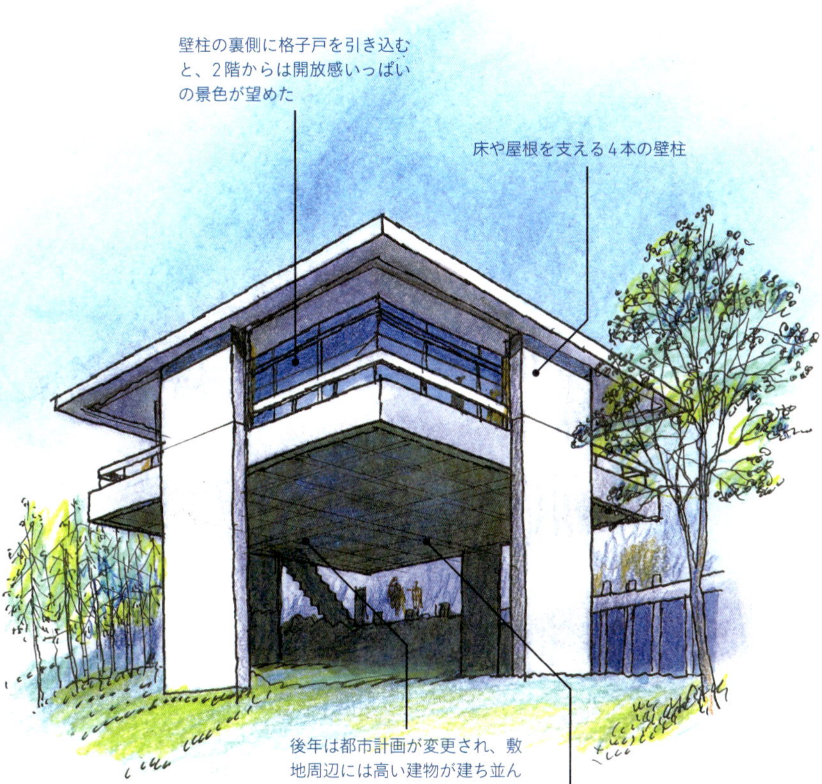
壁柱の裏側に格子戸を引き込むと、2階からは開放感いっぱいの景色が望めた
床や屋根を支える4本の壁柱
後年は都市計画が変更され、敷地周辺には高い建物が建ち並んだ。居住空間は増築した下階へと移っていった
子どもの成長に応じ、子供部屋が吊り下げられたこともあった

建物を南側から見上げる

建築家の思想を
鮮明に表した自邸

設備や付属的な部屋を中心から外すことで、家族のいる空間を強調した。

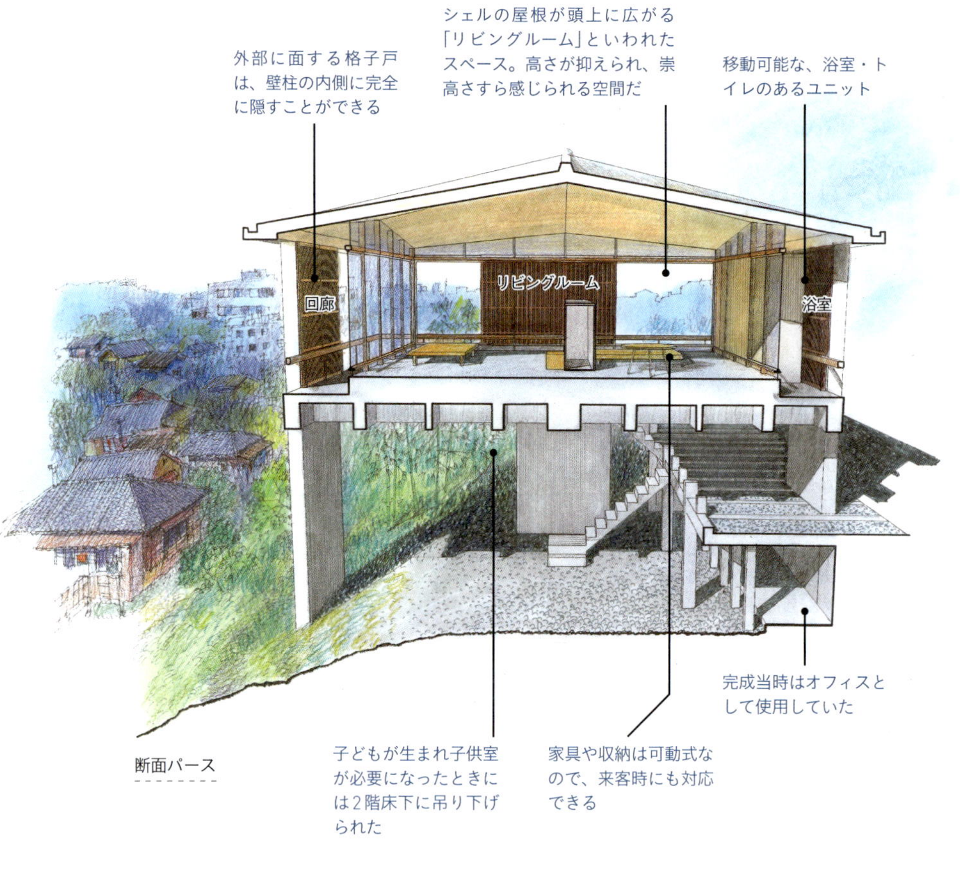
外部に面する格子戸は、壁柱の内側に完全に隠すことができる
シェルの屋根が頭上に広がる「リビングルーム」といわれたスペース。高さが抑えられ、崇高さすら感じられる空間だ
移動可能な、浴室・トイレのあるユニット
回廊
リビングルーム
浴室
完成当時はオフィスとして使用していた
子どもが生まれ子供室が必要になったときには2階床下に吊り下げられた
家具や収納は可動式なので、来客時にも対応できる

断面パース

明快ゾーニングで メンテナンス性も抜群

コア型住宅などでは真ん中に設備をまとめて配置するため、工事費は安くなるものの、メンテナンス面では弱点となる。外側に設備を設け、メンテナンスにも考慮するべきとの考えを示した。

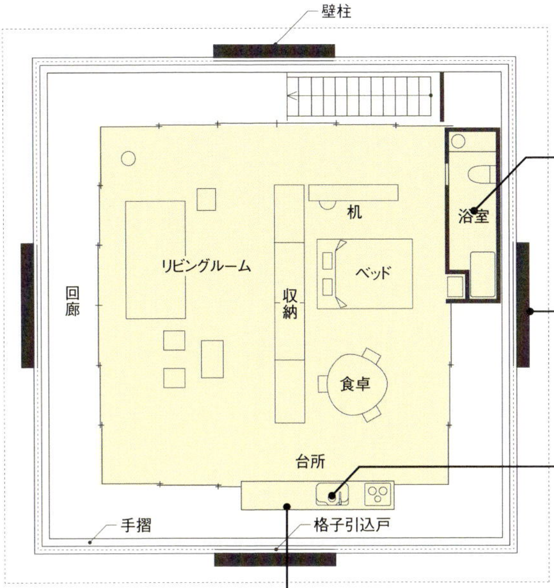

水廻りを交換可能なユニット「ムーブネット」として提案した

菊竹は、社会の変化に対応する「建築の新陳代謝」を主張した、メタボリズムグループの主要メンバーであり、スカイハウスはメタボリズムの思想を体現した家である

台所も外側に設けている

2階平面図　S＝1／150

水やガスなど設備配管が関係する水廻りは、回廊のなかで移動可能

MEMO

家族が増える、景色が変わる、時代によってさまざまに変化する環境に対応し続けた。竣工後、1階ピロティ部分はサンルームや子供室、ファミリーリビングなどを設けたり、中間階を増築したりと、めまぐるしく変化した。

清家清

Kiyoshi Seike (1918-2005)

時代が追い付いた半世紀以上前のアイデア

清家清の一連の小住宅は「大胆なワンルーム」「外部への開放」「下足暮らし」という特徴をもち、当時の建築界に衝撃を与えた。

本来、日本の伝統的な住宅はワンルーム。それを障子や襖で仕切り、必要に応じて仕切り方を変えることでうまく住みこなしてきた。清家はこの「ワンルームかつ可変性」こそ住宅にとって重要なことと考え、個室をつくらない住まいを実践したのだ。

ところが個室をきちんと確保したいわゆる「nLDK」という住戸形式は、部屋数を数値化できるという住宅販売上の利点もあってか、今日まで日本の住宅の主流となっている。とはいえ、家族構成、働き方も多様化した現代の私たちの暮らし方には合わなくなってきた。反対に清家の提案した生活に合わせて変化することのできる、ワンルームかつ可変性のある住戸こそ暮らしやすいのだと認識され始めている。

具体的には建具を開け放す、段差をなくすなどして内部と外部の境界線をなくし、生活を外部まで延長させる手法もその1つ。また、194頁で取り上げている私の家は、庭をはさんで「両親の家」とともに三世代の家族が集落のように外部空間をはさみながら暮らす。外部まで生活を延長させることによりゆるやかに世代が交流する場となっており、これも庭を含めたワンルームの考え方に通じるものだ。

菊竹清訓

Kiyonori Kikutake (1928-2011)

未熟だがビジョンをもった若者を評価した

菊竹清訓は1958年に自邸スカイハウス（198頁参照）で華々しく建築界にデビューした。時は東京オリンピックを控え高度成長期の真っただ中である。同時期に未来の東京を描いた丹下健三の「東京計画」が発表され、間もなく菊竹も東京湾に浮かぶ海上都市の計画を描いた。

私事だが、筆者はこの時期大学で卒業設計のテーマを何にするか悩んでいた。指導教官からは「卒業設計は一生に一度のもの。自由に設計してよい」と指導を受け、丹下、菊竹らと同じく東京湾上に集合住宅群を計画することにした。今考えれば若気の至りであった。

幸いにも、結果的に大学でよい評価をいただき、学会や建築家協会の賞に選ばれる幸運を得た。その時の審査委員長が菊竹氏だった。私の至らぬ卒業設計は菊竹氏から見れば未熟そのものであったに違いない。とはいえ、その評の一節は半世紀以上経った今でも鮮明に残っている。

この案は「未来の都市に対して若者らしい夢とビジョンが感じられる」であった。振り返ってみれば、非現実的な計画だったが、菊竹氏には夢やビジョンのみを評価していただいた。現在であれば、テーマ自体が指導教官に認められないだろうし、現実的でないという一言で抹殺されそうな案である。

かつては、このように非現実的であろうと若者の夢を評価してくれる教師や建築家がいたのである。

白の家

東京・杉並
篠原一男

抽象化された古民家

10m四方の正方形をした平面。東西南北どの面を見ても三角形の方形《ほうぎょう》屋根。篠原一男がつくった白の家は、農家の住宅様式であり、「家」のある種の原型ともいえるかたちをしている。

ところが、玄関を入ると、三和土《たたき》もない平らな床に白い壁、平らな天井。外観から連想されるしっかりとした骨組みも、大黒柱を残してすべて隠され、抽象的な空間が広がる。つまり、家の内部は旧来の日本家屋とはまったく異なるのだ。

平面も極めて単純である。正方形が6対4の比で大小2分割され、大きいほうの居間・食堂や台所に水廻りの下屋が取り付いている。小さいほうは2層の寝室群で、2階の寝室のみ屋根のかたちそのままの急勾配天井になっている。

通常、住まいには日常性や機能性、または居心地のよさ、などが重要視される。住宅の抽象性を突き詰めた「白の家」は、そのような既成概念に疑問を投げかけた。抽象的な空間にこそ、新たな人の住まい方が生まれるのだと、この住宅は示唆しているのである。

その名のとおりの
シンプルな家

建築年	1966年
構造規模	木造　地上2階
延べ面積	141.3㎡

白の家は、夫婦と子どもの5人家族のために設計された住宅。10m四方の平面に、方形屋根を載せた、シンプルなかたち。

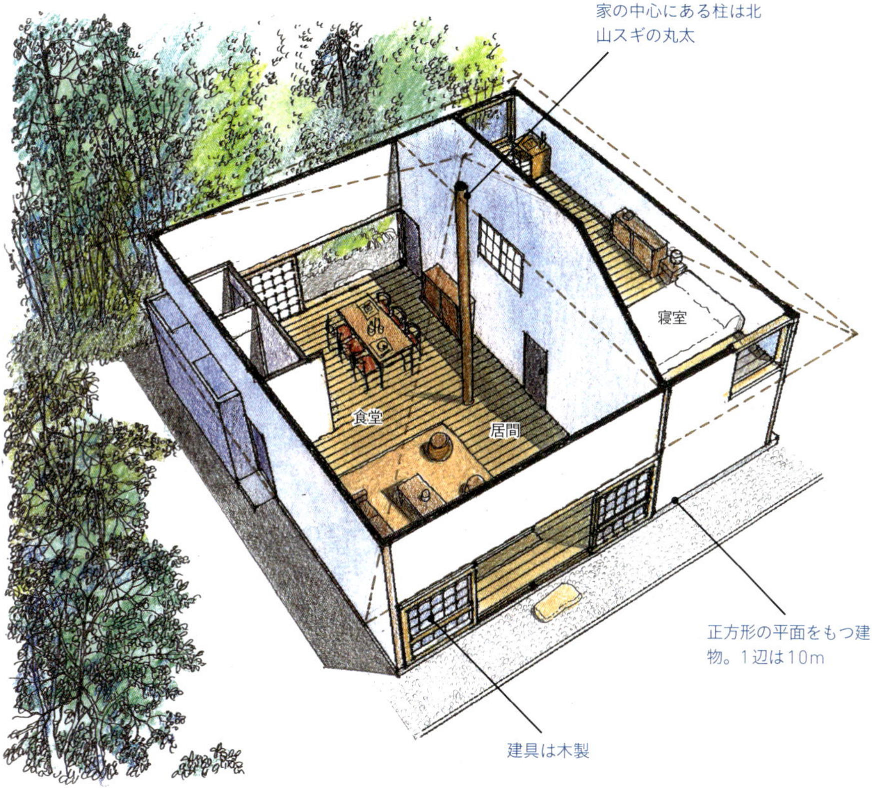
家の中心にある柱は北山スギの丸太
寝室
食堂
居間
正方形の平面をもつ建物。1辺は10m
建具は木製

平面パース

抽象的な内部空間

古民家を単純化した外観からは想像しにくい、抽象的な室内空間。外観とまったく異なる空間を意図的につくった。

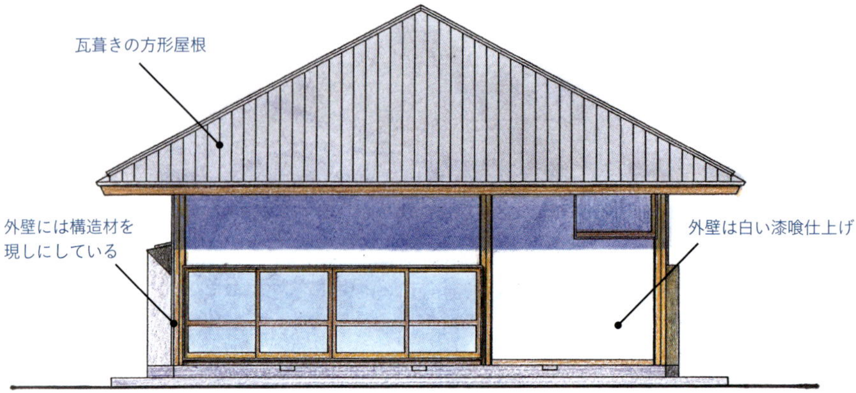
瓦葺きの方形屋根
外壁には構造材を現しにしている
外壁は白い漆喰仕上げ

南側立面図

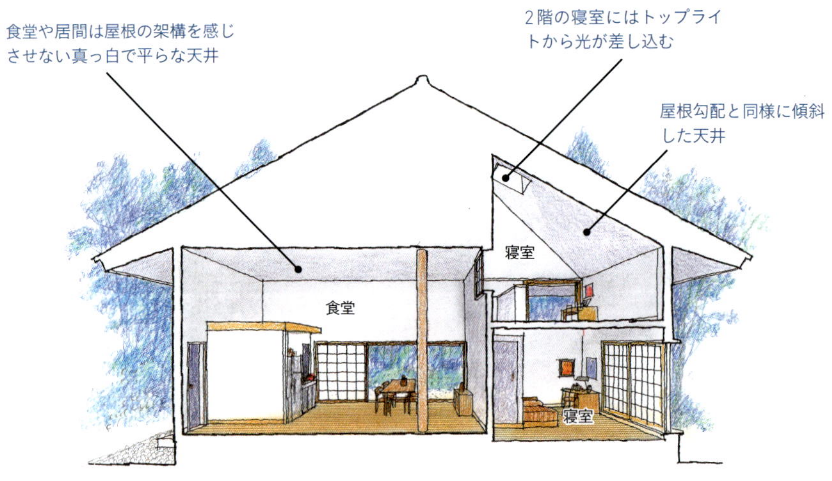
食堂や居間は屋根の架構を感じさせない真っ白で平らな天井
2階の寝室にはトップライトから光が差し込む
屋根勾配と同様に傾斜した天井
寝室
食堂
寝室

断面パース

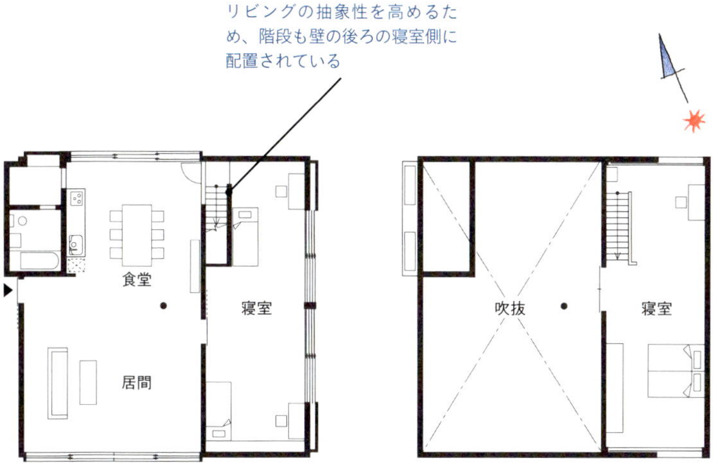
リビングの抽象性を高めるため、階段も壁の後ろの寝室側に配置されている
食堂
居間
寝室
吹抜
寝室

各階平面図（左：1階、右：2階） S＝1／250

MEMO

白の家の敷地は、もともと都市計画道路が予定されていた。計画が動き始めたため、この住宅は2008年に移築された。

12

もうびぃでぃっく

山梨・山中湖
宮脇檀

湖に向かって泳ぐ鯨形《くじらがた》の家

「もうびぃでぃっく（白鯨《はくげい》）」と名付けられたこの山荘は、宮脇の名を世に知らしめた作品だ。この山荘の評価される点は、構造のユニークさであろう。

柱を立てない無柱空間を可能にした、棟木《むなぎ》なしの垂木《たるき》構造［※］。その垂木は直線材ながら、三次曲面の屋根をつくり出す。垂木構造の荷重がテンションバーなくして合理的に地面に伝わるよう、曲面状のコンクリートの壁は垂木の角度に応じて屋内側に傾斜させた。つまり、この山荘は従来とはまったく異質な構造をもつのだ。

大曲面をつくる垂木が現れた内部の大空間は、特異で躍動感に満ちている。鯨《くじら》の背のようにせり上がった曲線は、寝台が乗った「やぐら」を包み込むためにできた形態である。その骨組となる垂木には、角度と長さ、断面が他と同一の材は1本も存在しない。

この山荘は富士五湖の1つ、山中湖畔の北斜面地に建てられた。計画は敷地中央の1本の大きな雑木《ぞうき》を起点に、湖に向かう軸線を決定することから始まった。1千枚以上に及ぶエスキス（下絵）から、この空間が生まれた。

※：屋根面の荷重を垂木によって壁上端に直接伝える構造。

湖を向く建物

一般的に建物の配置は、正面を南側に向けるが、この山荘は正面を北側の湖に向け、眺望を優先した。

建築年	1966年
構造規模	木造 地上2階、地下1階
敷地面積	1,694㎡
建築面積	77.64㎡
延べ面積	121.06㎡

建物の軸線上にあるのが山中湖
株立ちの大きな古木が、建物の方向性の起点となった
テラスは、この地の火山石でつくられている
雑木林に囲まれた山中湖畔の敷地

南側から建物と湖を見る

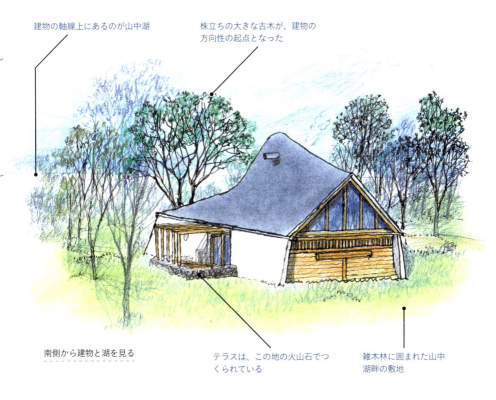

鯨のフォルムをもつ山荘

宮脇は白鯨のかたちをした建物をつくろうとしたわけではない。無数の形態や構造をスタディし、出来上がった山荘。それがたまたま鯨のかたちと似ていたため「もうびぃでぃっく」と名付けたのである。

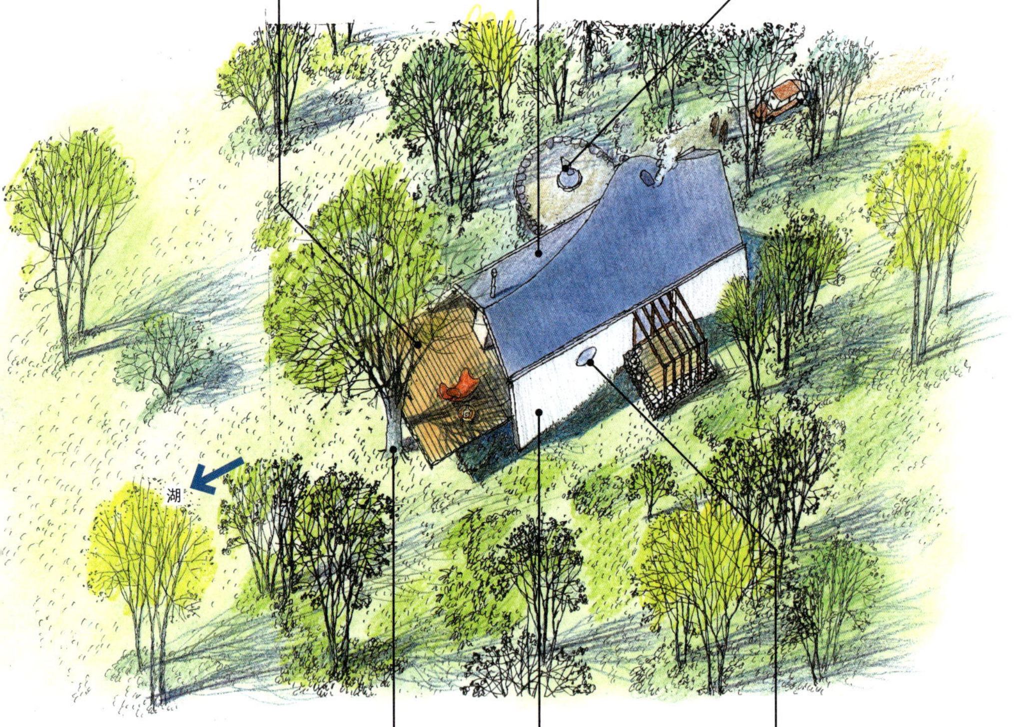
建物からデッキ、シンボルツリーへと続く軸線の先に、湖がある
鯨の背のようにせりあがった屋根。野地板は薄い合板を何枚も重ね、柔軟性のある砂付きルーフィング材で仕上げた
地下に円形のベッドルームがある
湖
シンボルツリー
曲面状の壁
鯨の目のように見える円形のドーム型窓

建物を西北側上方から見る

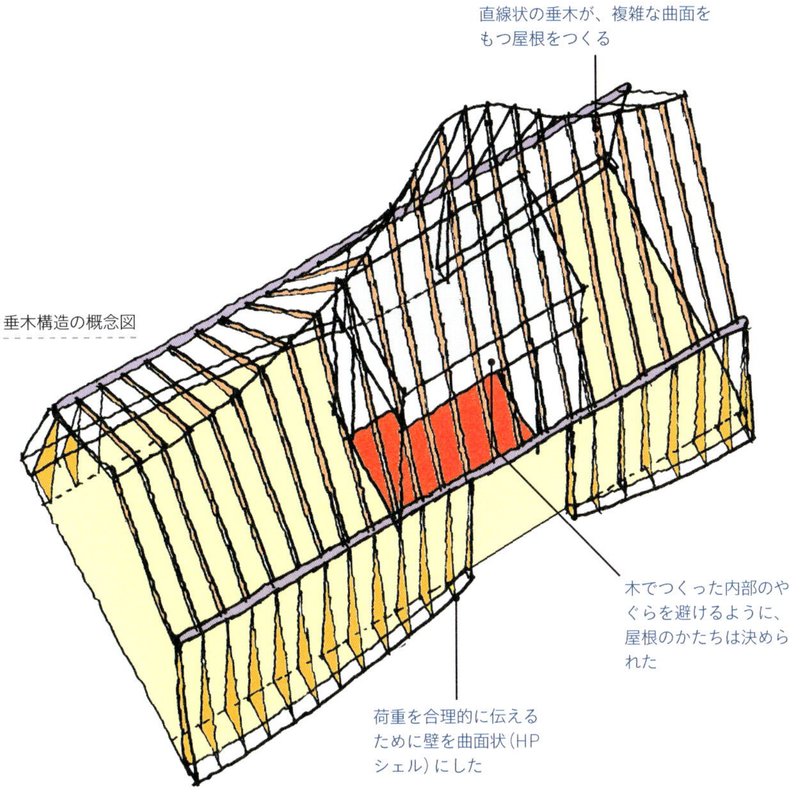
直線状の垂木が、複雑な曲面を
もつ屋根をつくる
垂木構造の概念図
木でつくった内部のやぐらを避けるように、屋根のかたちは決められた
荷重を合理的に伝えるために壁を曲面状（HPシェル）にした

MEMO

設計当時、まだ20歳代後半だった宮脇。「もうびぃでぃっく」は、若い建築家を信頼したクライアント（VAN創業者の石津謙介）、適切なアドバイスをした構造家（高橋敏雄）、そして、難しい施工を設計時から支えた棟梁（田中文男）たちの支えがあって生まれた。

大空間にやぐらを入れた、入れ子構造

地上階はワンルーム的な大空間。そこに構造的にも独立した木製やぐらを設け、2階のベッドスペースをつくり出した。

入れ子構造の仕組み

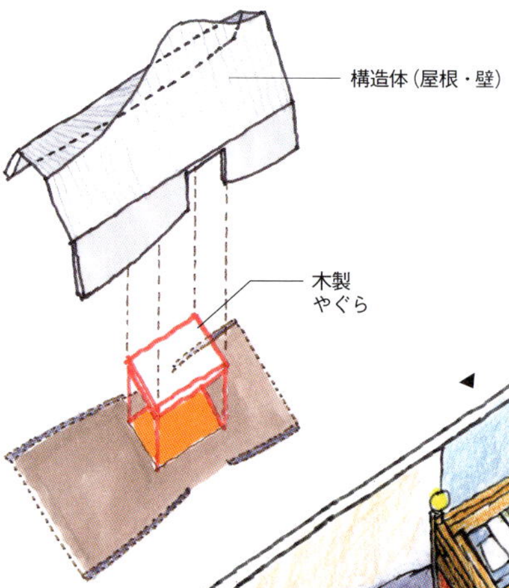

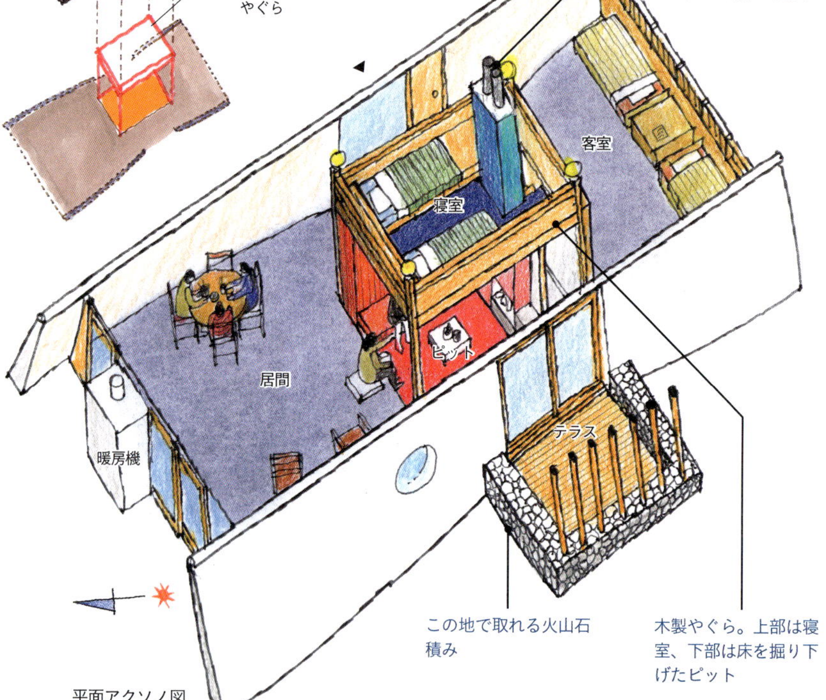

平面アクソノ図

短手方向断面図

外部に取り付けられた照明からの光が、トップライト越しに地下の寝室を照らす
やぐらは屋根の垂木構造とは切り離されている
木製のパーゴラ
寝室
台所
ピット
テラス
寝室
階段室
壁面は火山石積み。床はピンクのシャギー（毛足の長い）カーペット
地下階には、客用の寝室のほか、トイレや浴室といった水廻りが配された
床を一段掘り下げたやぐら下のピットでは、暖炉の温もりを楽しめる

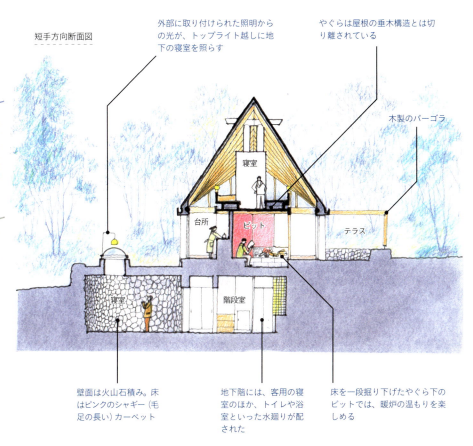

大きな空間のなかの、落ち着いた小さな空間

垂木構造の大空間のなか、小さなやぐらはコージーコーナー（居心地のよい空間）となる。上部はベッドスペース、下部は床を一段掘り下げたピットになっている。

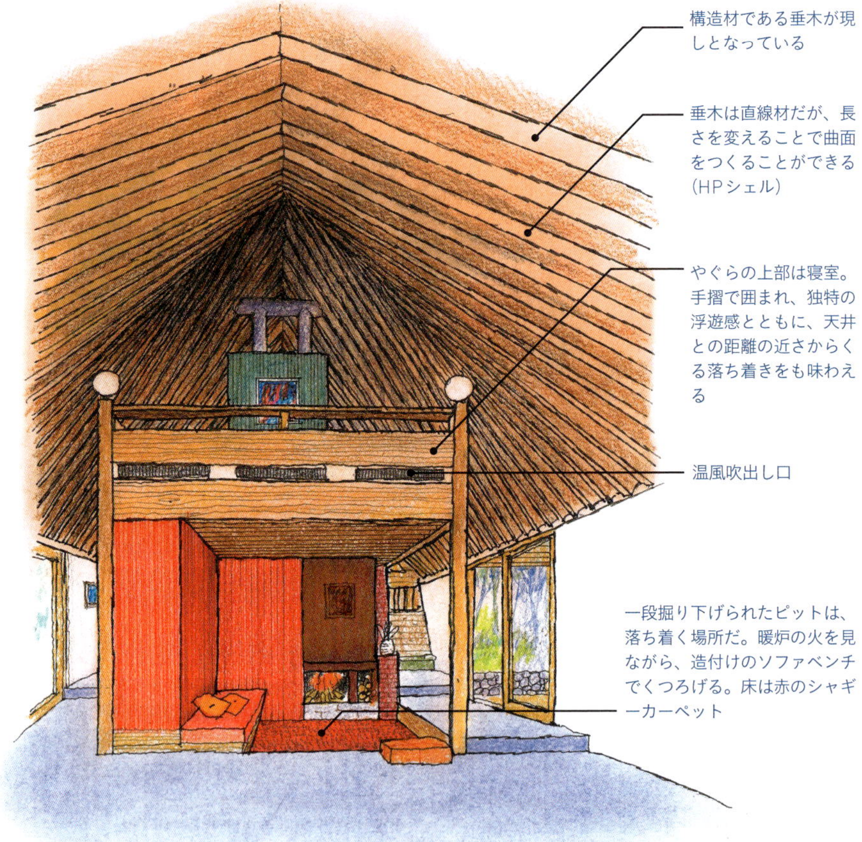
構造材である垂木が現しとなっている
垂木は直線材だが、長さを変えることで曲面をつくることができる（HPシェル）
やぐらの上部は寝室。手摺で囲まれ、独特の浮遊感とともに、天井との距離の近さからくる落ち着きをも味わえる
温風吹出し口
一段掘り下げられたピットは、落ち着く場所だ。暖炉の火を見ながら、造付けのソファベンチでくつろげる。床は赤のシャギーカーペット

居間からやぐら方向を見る

宮脇檀

Mayumi Miyawaki (1936-1998)

建築家の職能を世に知らしめた

宮脇檀はハンサムでダンディな建築家として知られている。１９７０年ごろは建築家という存在はまだ一般の人たちに認知されておらず、建築設計という職能が存在することすらよく知られていなかった。その時期、宮脇は一般誌に住まいについての記事を書き、講演で建築や住まい、設計の話をした。また、ある時期に地方テレビ局の番組ＭＣをつとめることもあった。当然、主婦らの支持は高く、住まいづくりの講演会の会場はいつも盛況だった。

宮脇は建築設計という職能が間取りの図面を２、３枚描くぐらいと思っていた人たちに、建築全体のかたちから収納の棚板の厚さまで決め、図面化し、その期間が１年以上かかることもまれでないこと、住宅一軒分の設計図が１００枚にも及ぶことが少なくないことを知らしめた。

さらに、日本で最初にモダンリビングという言葉を使ったのも、住まいにおける新しいライフスタイルを巧みなスケッチで分かりやすく人々に伝えたのも宮脇の功績である。このような建築家を宮脇のほかに知らない。

13

浦邸

兵庫・西宮
吉阪隆正

住み手とともにつくった生活の器

赤レンガの凹凸が印象的な浦邸は、くの字形をしたコンクリートの柱に持ち上げられ、宙に浮いたような住宅だ。建築家吉阪隆正の友人、浦太郎［※1］の住まいであり、吉阪の設計の理念がよく現れた代表作の1つである。

平面図をよく見ると、くの字のコンクリート柱は、正方形を2つつくるように配されている。その正方形と45度ずれるかたちで、床のスラブが配されている。これは、自由な平面を実現するため、構造的に慎重に検討されたもの。モジュールを用いて柱とスラブを強固につくることで、開口部の配置も自由になったのだ。

施主の要望は3つ。ピロティを用いること、土足での生活ができること、公私の生活が空間的に分けられていること。これらの要望を適切なかたちにしていくために、吉阪は、施主と何度も手紙をやり取りした。お互い納得のいくまで、とことん話し合い［※2］、この住宅が生まれた。

「家は生活の器である」。生活を一つひとつイメージして設計する建築家の姿勢に、施主が共感することの大切さが示されている。

※1：施主の浦太郎は数学者。吉阪とはフランスで出会って以来親交を深めた。
※2：時間をかけて設計する点について、吉阪は「寝かせる時間を大切にしている」としている。設計は、四季の移ろいや、住まい手の人生のなかでの変化に応じてつくられるべきという理念が現れている。

膨大なスタディから生まれた

建築年　1978年
構造規模　RC造　地上2階
延べ面積　143㎡

浦邸は、吉阪自邸（東京・新宿、現存せず）と同時並行で設計が進められていた。設計のパートナー・U研究室の大竹十一とともに検討したエスキースの数は、100を超える。次から次へと描き出されるスケッチの一つひとつを丁寧に精査した。

吉阪自身が実際に手を動かした（スケッチを描いた）数少ない作品の1つ。最初の打ち合わせでは6つのコンセプトに基づいた40パターンものプランが施主に提示された

設計に少なくとも1年をかけ、四季の移ろいとともに住宅を考えることをよしとした

2階平面パース

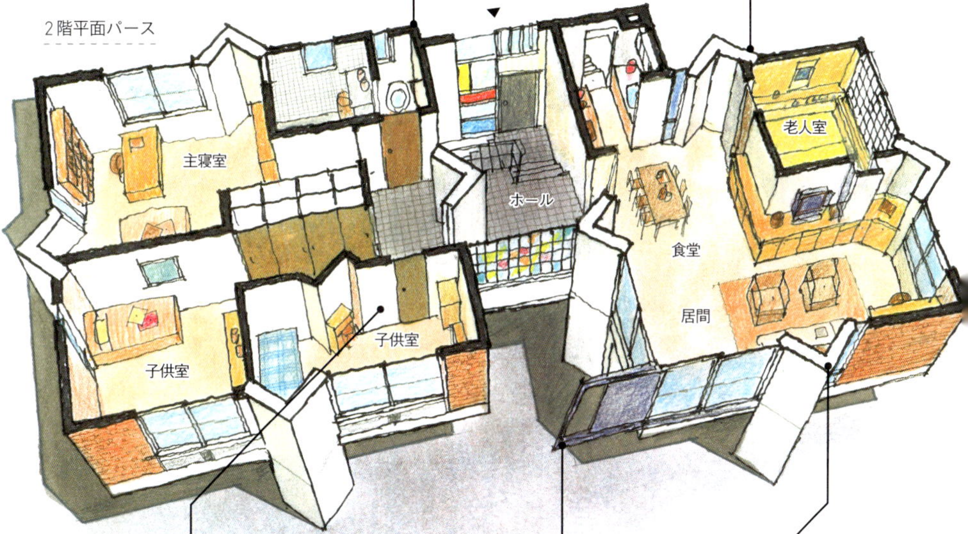

空中に突き出した雨戸の引込み部分

正方形の四つ角にある「くの字形」の柱が、この建物の主な構造体

将来、施主が部屋の用途を変更できるようにと、可動式のパーティションを採用した。浦夫妻は、吉阪の設計への思いを「保存」し、変更することはなかった

周囲にしっくりくる素材感

無機質な鉄筋コンクリート造の建物だが、壁にレンガを張り、周辺の植栽や壁をつたうアイビーとの調和が美しい。

どんな時代の街並にもなじむ外観
壁に張った赤レンガが特徴的
ピロティになっていて、下から室内へと通じるアプローチがある

建物を道路側から見る

「家は生活の器である」を実現した

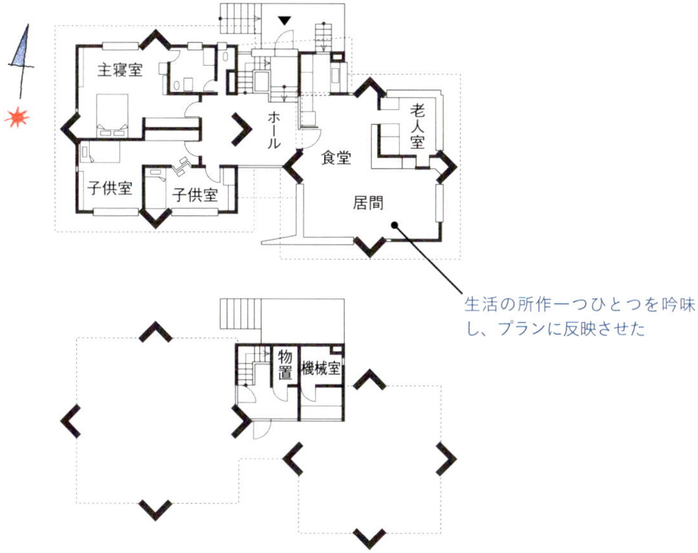
主寝室
ホール
老人室
食堂
子供室
子供室
居間
物置
機械室
生活の所作一つひとつを吟味し、プランに反映させた

各階平面図　S＝1／150（下：1階、上：2階）

MEMO

コルビュジエのアトリエに勤務した吉阪。その後、戦後の日本建築史に刻まれる仕事を残し、早稲田大学でも教鞭を執った。「住宅の設計、特に住み手が決まっている住宅の場合、時代背景のなかに位置付けるように、気候や風景のなかに納める」ことが大切と説き、「住み手と私たちとで1つの作品に仕上げていく」ことを重視して設計した。

14

ギャラリーをもつ家

東京・国分寺
林雅子

アートと暮らす

ル・コルビュジエのラ・ロッシュ＝ジャンヌレ邸やアルヴァ・アアルトのカレ邸（82頁参照）など、名住宅には「ギャラリー」をもつものが少なくない。林雅子の代表作の1つである、「ギャラリーをもつ家」もその系譜に連なる。

絵画を見るとき、一番重要なのが光である。絵画鑑賞に適した光を自在に採り入れるため、コルビュジエやアアルトは、天井が高く広がりのある部屋にギャラリーを設け、住居部分と隣接させた。それらの住宅が敷地も広かったのに比べ、林の「ギャラリーをもつ家」の敷地は狭く、しかも傾斜地なので平面的な広がりを得られない。

そこで、ギャラリーを地階に、生活空間を2階に積み上げて配置した。地下といっても、北側の道路レベルから南側までの高低差を利用したギャラリーの南側は庭に面しており、開放的である。天井はさほど高くないが、中央の吹抜けを介し、絵画を見るのに適した「北側からの光」が1階から差し込む。大理石が敷き詰められた広く何もない1階のホールは、2階の「生活」と地階の「美術」を仲介している。

コンクリートの大屋根が人を招く

打放しコンクリートと、透明なガラスのエントランスホールとのコントラストが印象的である。

建築年	1983年
構造規模	RC造 地上2階、地下1階
敷地面積	269㎡
延べ面積	214㎡

コンクリートの大屋根が特徴的な外観
人を迎え入れるようなカーポートとガラス張りのエントランス
ガラスの奥には、大理石が敷き詰められた「何もない」1階エントランスホール。1階のホールを何もない空間とするべく、靴箱なども見えないところに配置されている

道路側の建物ファサード

MEMO

この住宅の現在の住人が、どのようにこの家を住みこなしているかは『象を飼う』（著：村松伸、晶文社）に詳しい。

隅々にまで光を採り入れる

敷地の南北の高低差を生かした断面計画をし、適所に開口を設けることで、建物の隅々に光を採り入れることを可能にした。

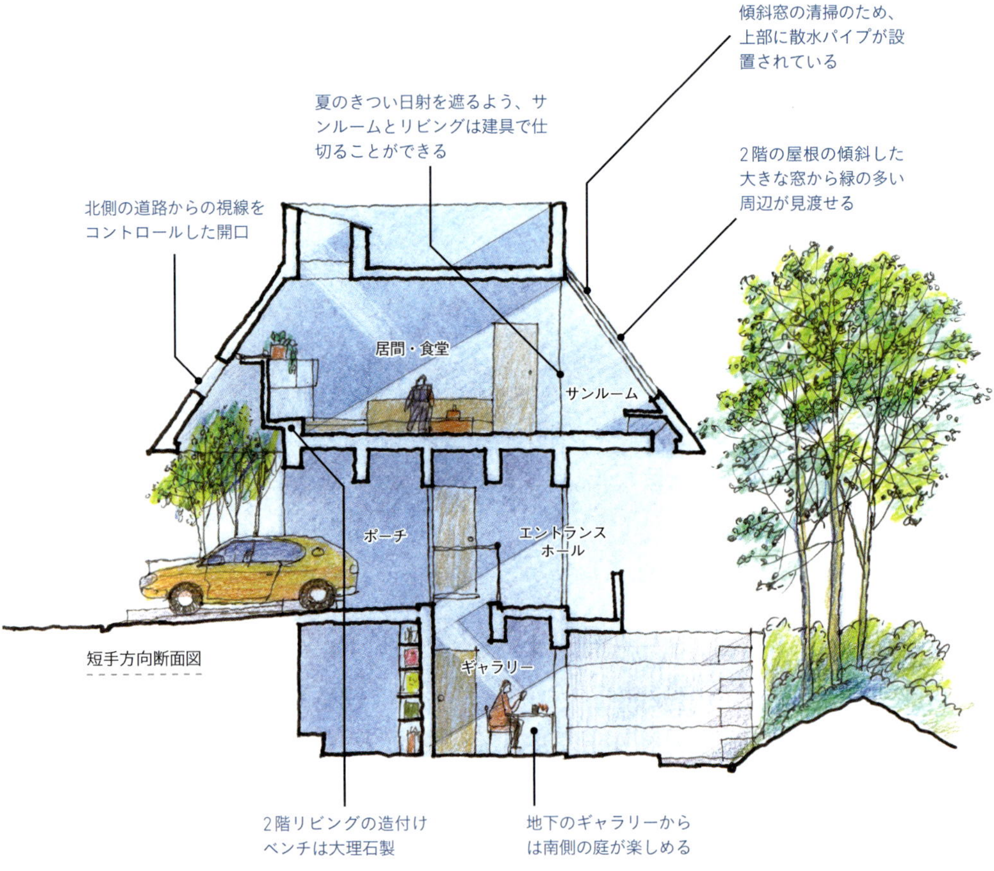
傾斜窓の清掃のため、上部に散水パイプが設置されている
夏のきつい日射を遮るよう、サンルームとリビングは建具で仕切ることができる
2階の屋根の傾斜した大きな窓から緑の多い周辺が見渡せる
北側の道路からの視線をコントロールした開口
居間・食堂
サンルーム
ポーチ
エントランスホール
ギャラリー
2階リビングの造付けベンチは大理石製
地下のギャラリーからは南側の庭が楽しめる

短手方向断面図

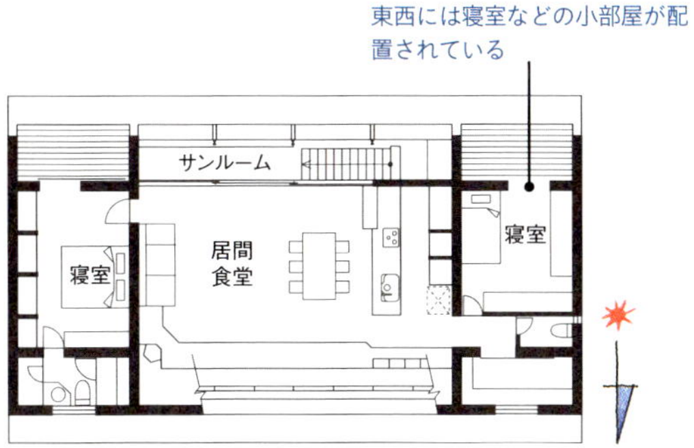
東西には寝室などの小部屋が配置されている
サンルーム
寝室
居間
食堂
寝室

2階平面図　S＝1／300

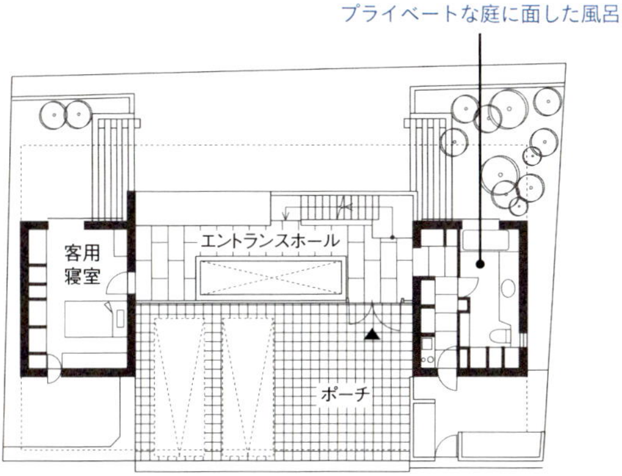
プライベートな庭に面した風呂
エントランスホール
客用
寝室
ポーチ

配置図兼1階平面図　S＝1／300

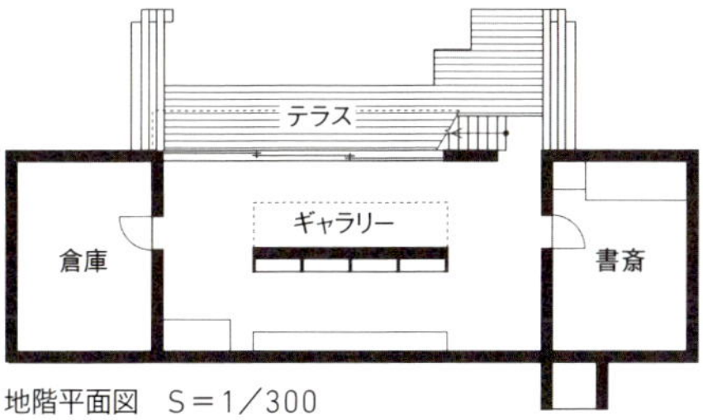
テラス
ギャラリー
倉庫
書斎

地階平面図　S＝1／300

15

ニラハウス

東京・町田
藤森照信

自然との一体化を目指した住宅

屋根一面で、ニラがそよそよとなびく。

ニラハウスは、藤森照信による住宅［※1］である。東京郊外の住宅地では、いささか不思議な光景に見えるかもしれない。だが、屋根に草花を生やすのは、日本の茅葺き屋根でも見られる伝統的な工夫なのだ。芝土を屋根の棟に載せることで、茅葺き屋根を押さえ、かつ雨漏りを防ぐ「芝棟《しばむね》」という技法は、東日本でかつて多く見ることができた。自然の素材の特性を生かしたそんな先人の知恵は、見る人の目にも安らぎを与えていたことも、重要な点である。

ガラスと鉄とコンクリートでつくられた近代建築に植物が根を下ろすことはなく、芝棟のように植物と建築が一体化することはなかった［※2］。現代の材料や技術は、草花と上手になじむことができないのである。

今、街を見渡すと、アスファルトやコンクリートに囲われていて、自然を感じにくい。藤森は「植物の根っこまで」建築の一部となるような、現代版の野生の住宅づくり［※3］に挑戦したのだ。

※1：このほかに自邸「タンポポハウス」や屋根のてっぺんに松を植えた「一本松ハウス」などがある。
※2：近年、屋上・壁面緑化技術が発達しているが、藤森いわく「載せただけでは、一体化とはいわない」。
※3：木造でも伝統技術に回帰せず、現在利用できる最大限の技術を活用している。

自然になじむ外観

建築年	1997年
構造規模	木造　地上2階
敷地面積	482.37㎡
建築面積	106.60㎡
延べ面積	172.62㎡

環境や経済に対して合理的な選択、というよりも、ぱっと見たときに住宅と自然（草花などの植栽）がなじんでいるかが重視されている。

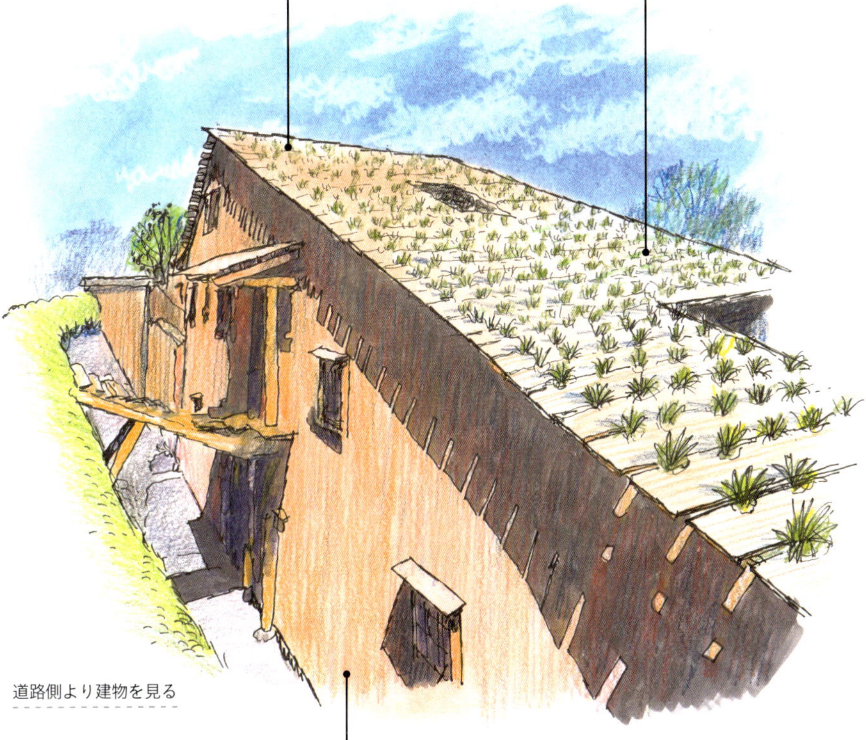
「芝棟」へのオマージュ。芝棟はかつて関東地方にも存在したが、現在ではごく少数が東北地方に残るのみ
かたちありきではなく、建築の仕上げありきで設計されている。つまり、見た目重視ということ
見たことはないけれど、どこか懐かしい。「無国籍の民家」のようないでたち。新築なのに、昔からそこに建っていたかのよう

道路側より建物を見る

自由な平面、自由な立面

平面や立面では、藤森と施主の意図に沿った自由な造形が実現されている。

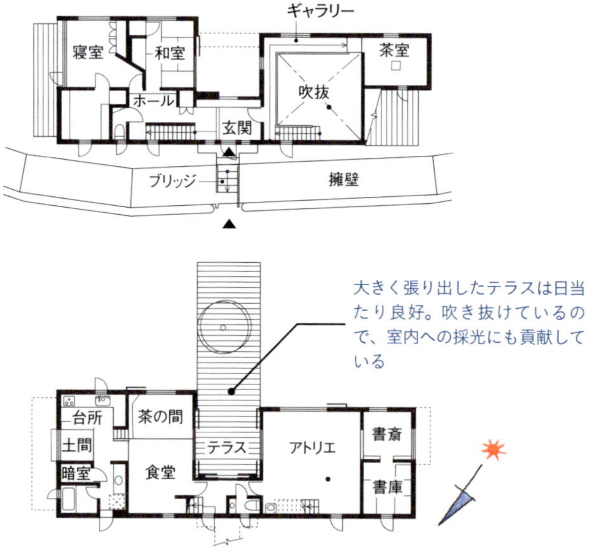

ギャラリー
寝室
和室
茶室
吹抜
ホール
玄関
ブリッジ
擁壁
大きく張り出したテラスは日当たり良好。吹き抜けているので、室内への採光にも貢献している
台所
茶の間
土間
テラス
アトリエ
書斎
暗室
食堂
書庫

各階平面図（下：1階、上：2階） S＝1／400

藤森建築の特徴の1つが、住宅内の茶室
寝室
和室
ギャラリー
茶室
台所
茶の間
アトリエ
書斎

断面図

屋根でニラを生やす

植物を屋根や壁面の上でコントロールするのは、至難の業。世話が焼けるのも、家に住んでいることを実感する契機になる。管理の難しさゆえ、現在では別の屋根材に葺き替えられている。

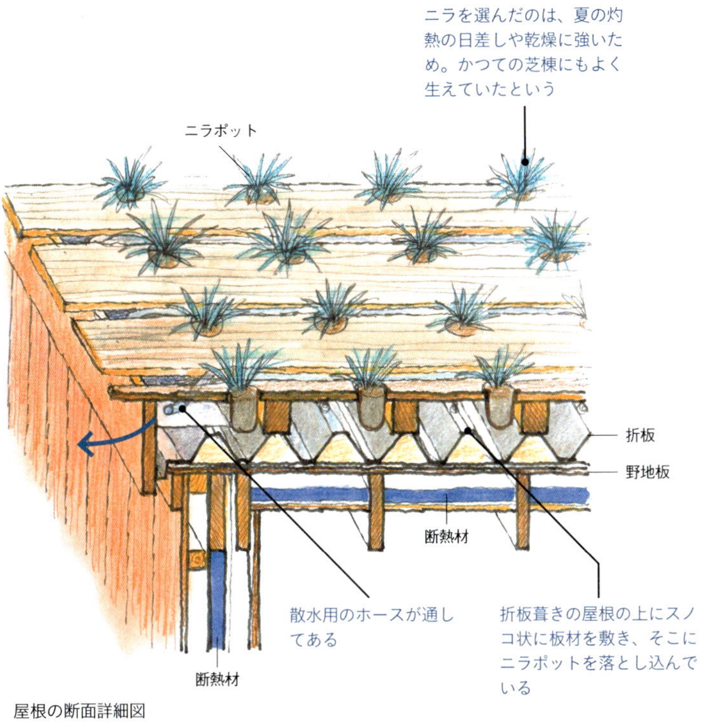
ニラを選んだのは、夏の灼熱の日差しや乾燥に強いため。かつての芝棟にもよく生えていたという
ニラポット
折板
野地板
断熱材
散水用のホースが通してある
折板葺きの屋根の上にスノコ状に板材を敷き、そこにニラポットを落とし込んでいる
断熱材

屋根の断面詳細図

MEMO

藤森は建築家であり、建築史家。現在は海外でも多数のプロジェクトを抱え、世界中を飛び回っている。こだわりは、伝統的な材料や工法、技法を必ずしもそのまま使うのではなく、新しい技術や材料と組み合わせて、自分流の建築をつくること。

藤森照信

Terunobu Fujimori (1946-)

その笑顔が建築をより身近なものに変える

　藤森は、大きな口でがっはっはっと豪快に笑う。膨大な知識とあまたの経験・研究に裏打ちされた論文や緻密な著作の印象と比べると意外なほど。まるで無邪気な少年のようだ。

　たくさんしゃべり、たくさん笑い、そしてたくさんご飯を食べる。藤森夫人は若かりし頃、そんな藤森の朗らかな姿に、心を奪われたという。

　また、藤森の歴史を追究する姿勢は、純粋無垢な好奇心に突き動かされた帰結でもある。現地へ赴き、現物を見ることの重要性を、研究室のゼミのなかでたびたび説いていた。その場で感じたこと、考えたことを、ポケットから取り出した小さなノートに書き留める。新たに知ること、見ることが、楽しくてしようがないようなのだ。

　このような快活で明るく、楽しそうに建築のことを語る藤森の人柄ゆえ、建築関係の技術者や研究者だけではなく、文芸作家や芸術家などとの幅広い交友が生まれたのだろう。その結果が、世間の建築についての認知度を高めることにもつながっているのだ。その功績は偉大である。

CHAPTER

04

風土に根付く住宅

世界中にはさまざまなカタチの家があります。その地域の気候にあった家の集まりが固有の美しい街並みをつくり出します。

CHAPTER_4

風土に根付く住宅

01

穴居《けっきょ》

チュニジア、中国、スペインなど

大地に身を寄せ、潜む

原始のころ、人は自然の脅威から身を守るため、大地に穴を掘って暮らしを営んだ。実は今も世界各地に、現役の地中住居（穴居）が残る。風が強く、雨が少なく、空気は乾き、昼の強烈な日差しと夜の冷え込みにさらされる――そんな過酷な環境では地中の住まいが最適なのだ。

土は地球上のどこにでもある材料だ。削ったり、水を加えて練ったりして、容易に扱えるという特徴がある。さらに、暑い時には日差しを遮り、寒い時には冷気を寄せつけない、断熱材の役割も果たす。気温差が激しい乾燥地帯でも、土の家の室内は快適なのだ。土は乾燥すると固くなるので、がっしりとした構造が可能。とりわけ、砂漠地帯や大陸の内陸深くには、長い年月をかけて砂や砂礫《されき》が圧縮され蓄積された大地が広がる。優れた建築資材を、自然が提供してくれているのである。

住居のかたちは、人口の増減や社会状況、地理的要因に大きく左右される。穴居住居も、換気塔を立てたり、他民族の侵攻から身を守るために地下通路で迷路のように住居どうしをつなげたりと、工夫が凝らされている。

敵から身を守る、マトマタの穴居

成立　12〜13世紀から
構造　洞窟（土）

チュニジア共和国・マトマタ旧市街地にある穴居。マトマタは内陸の町で、サハラ砂漠の一部。 乾燥砂漠気候なので、一日の気温の差が大きい。昼暑く、朝晩は寒い。ベルベル人がアラブ人からの侵攻から身を守るために生みだした知恵が、地下に住むことだった。

穴状の広場から放射状に横穴を掘り、居室としている

マトマタの穴居

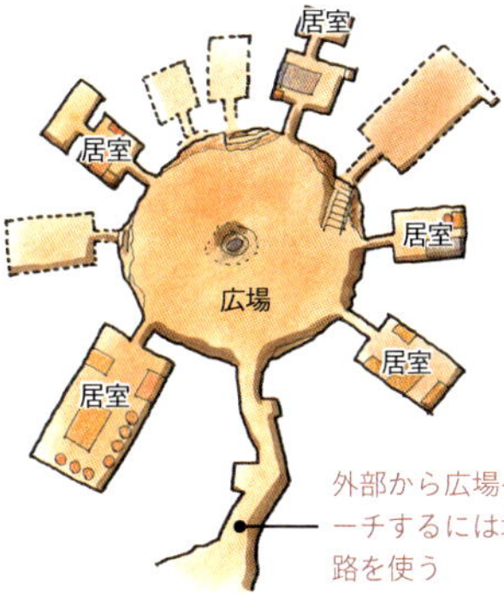
居室
居室
居室
広場
居室
居室
外部から広場へアプローチするには地中の通路を使う

マトマタの穴居　地階平面図

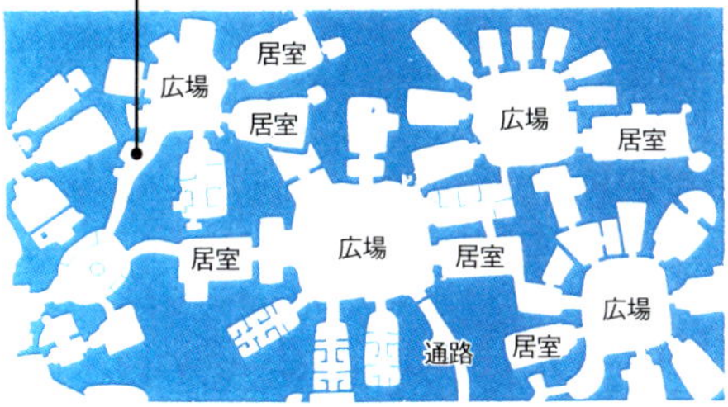
地中で縦横無尽に広がる蟻の巣のような迷宮の街。ベルベル人が、敵の目を欺くために地中に通路をつくった
居室
広場
居室
広場
居室
居室
広場
居室
広場
通路
居室

マトマタの古い穴居群を
ホテルとして再利用した事例　平面図

環境から身を守る
中国のヤオトン（窰洞）

成立　紀元前から
構造　洞窟（土）

中国の黄土高原という内陸の乾燥地帯につくられた伝統的な住居である。

地中部分の住居
生活の多様化や人口の増加などに伴い、洞窟の外にも付随的な建物がつくられることがあった

ヤオトン群　配置図

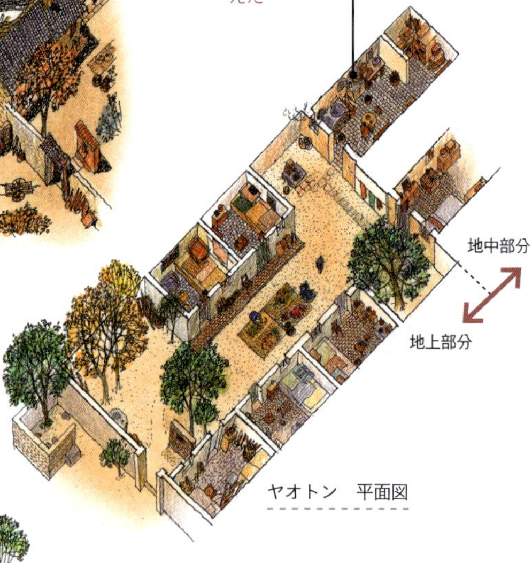

地中部分の住居。もともとは図のように横穴だけであった。人口増加に伴い、縦穴をうがってから横穴を複数あける形式が増えた
地中部分
地上部分

ヤオトン　平面図

寒暖差が激しく、風を遮るものもない。雨も降らない。そんな過酷な環境から身を守ってくれるのが土という素材だ

ヤオトン　断面図

ヨーロッパにもある地下住居クエバス

成立　14〜20世紀
構造　洞窟（土）

スペインの南部アンダルシア地方にある地中住居。
崖地を掘ってつくられている。

地中から突き出る煙突はクエバスのシンボル的な存在

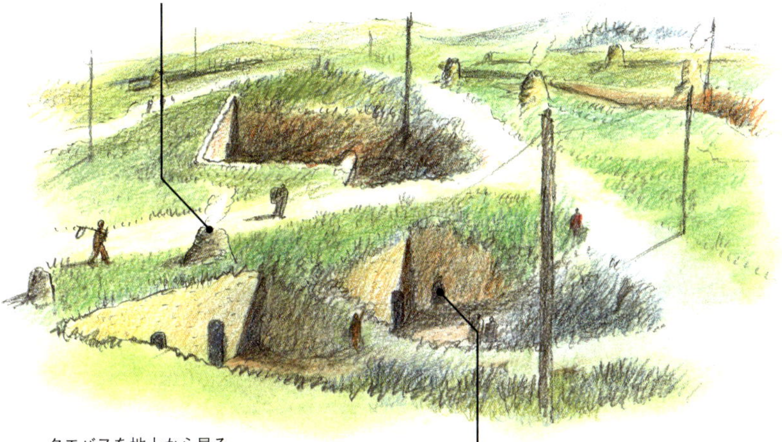

クエバスを地上から見る

クエバスは崖に横穴を掘ってつくられているので、そのままでは換気ができない。横穴に縦穴をあけることで、新鮮な空気を取り入れている

クエバスの上部には、屋根付きの煙突や通気塔が立っている

クエバス　断面図

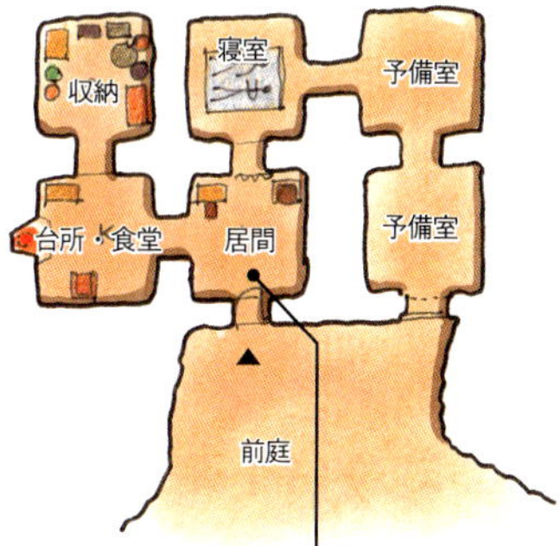

室内は石灰が塗られていたり、レンガが敷き詰められていたりする

クエバス　平面図

02

洞窟住居

トルコ、イタリア、ギリシアなど

知識の地層 洞窟に住む

岩は、水や風といった自然の力で浸食されて、美しい風景を生みだすことがある。たとえば、トルコのカッパドキア。石の帽子をかぶった塔のような奇岩が立ち並ぶ景色は、数千年にも及ぶ雨が形づくったものである。

そのカッパドキアで見られる、岩を利用した洞窟住居は、何世代もかけて少しずつ形成された。硬い岩をうがつには、土の洞窟（230頁参照）をつくるのに比べてケタ違いの時間と労力を必要としたからだ。同時に、その時々の文化や環境に適応すべく、住まいは可変性を備えていった。これら岩の住まいは、人の生活と文化が岩を浸食した成果物である。

そのために培われたノウハウの蓄積は、今も人々に受け継がれている。先人たちの知恵と工夫が凝縮された住まいなのである。

イタリアのマテーラにも洞窟住居群が見られる。こちらは、修道士が住み着いたごく素朴な洞窟が起源だ。時代の動向や、居室での過ごしやすさから住む人が増え、階段状・箱状の住居を幾重にも積層したような、独特の景観をつくり上げた。

広大なカッパドキアの洞窟住居

成立　紀元前5900～3200年から
構造　洞窟（岩）

カッパドキアというと地上の奇景をイメージしがちだが、広大な地下都市が形成されていることが近年の研究で明らかになってきた。

カッパドキアの地下都市

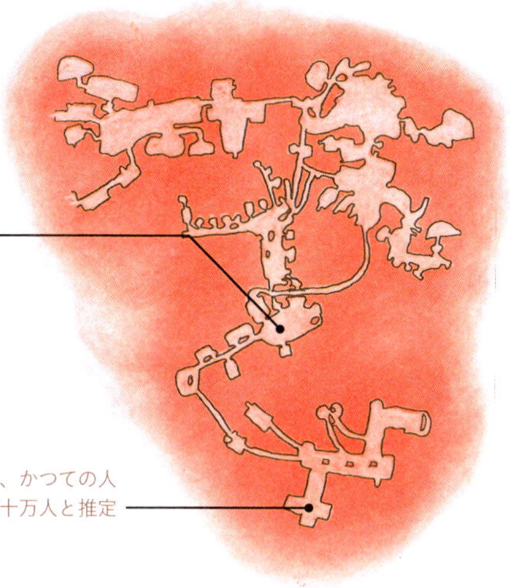

地下都市の数は数百、数千といわれ、外につながる穴以外は横穴で連結されている。都市は8層にも16層にも折り重なっており、調査隊を驚かせた

地下坑の規模から、かつての人口は数千人から数十万人と推定されている

自然の力がつくり出した奇景。地上にあった石（岩）の周りの溶岩や火山質の土が、雨に浸食され形成された。妖精の煙突とも呼ばれる

地上に出ずとも生活ができるだけの技術が結集されている

カッパドキアの洞窟住居　外観

マテーラの洞窟住居サッシ

成立　8世紀ごろから
構造　洞窟（岩）

マテーラの洞窟住居はサッシと呼ばれ、キリスト教の修道士が洞窟にフレスコ画を描いたことを起源としている。

16世紀ごろには人口増加に伴い、石を積み上げてつくった箱形の住居が重なり合うような街が形成されていった

マテーラの洞窟住居　外観

住まいの広がりが住人の歴史を物語る

マテーラの洞窟住居　平面図

岩壁の掘削には何年もの時間を要するが、一度形成されれば数十年から数世紀の間、居住が可能。何世代にもわたり住み継がれてきた

マテーラの洞窟住居群

貯蔵所だった
フェニキアの洞窟住居

成立　近世初頭以降
構造　洞窟（岩）

ギリシアのサントリーニ島の谷あいにあるフェニキアという集落の洞窟住居。かつて盛んだったぶどう栽培のワイナリーを、住宅に転用したものだ。

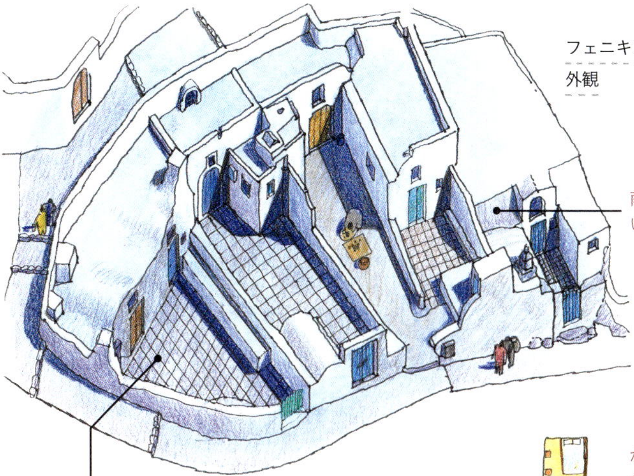

フェニキアの洞窟住居
外観

南向きの斜面に面している

前庭では家主が洗濯物を干したりもする

かつてワイナリーだった時代には、ぶどうの踏み場と樽置き場だったようだ

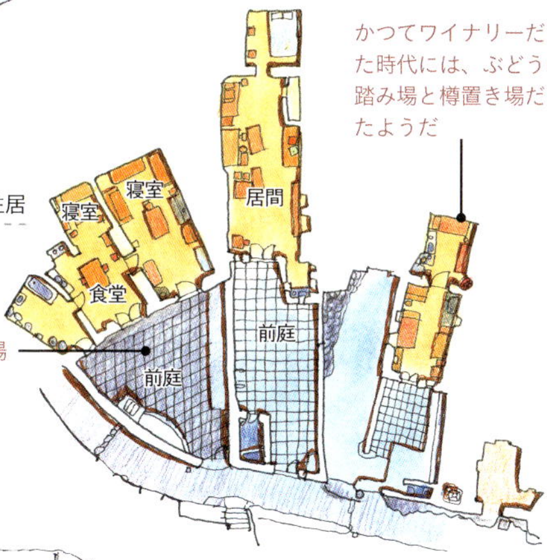

フェニキアの洞窟住居
平面図

前庭はかつての作業場

地中海の日差しを受ける南西の前庭

奥の部屋は、暗く涼しい。ぶどうを加工して寝かせるのにも、人が眠るのにも適した環境

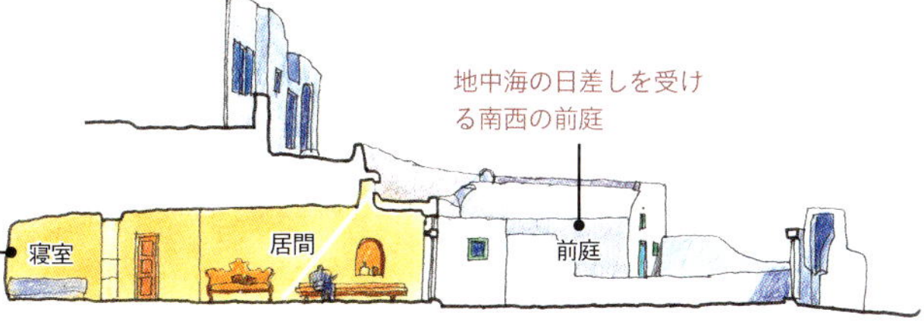

フェニキアの洞窟住居　断面図

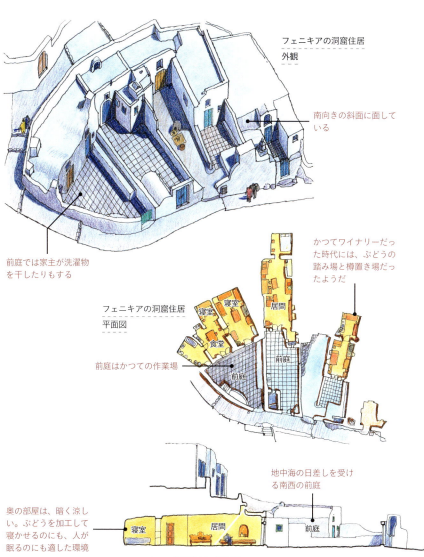

03

土屋根、草屋根の住居

アイスランド、北欧、北アメリカなど

土をまとい、草を生やすネイチャー住宅

暑さ寒さをしのげること、それが住まいの基本である。特に寒冷地域では寒さ対策として屋根や壁に土を載せ、芝などの草を植えるという方法が昔から行われてきた。地中の温度が比較的安定していることや、土の層が断熱・保温などに有効であることを、先人たちは知っていたのだ。

ここで紹介する「土を利用した住宅」は、アイスランドや北欧、北アメリカなど極寒の地に建っている。それらの地域の家では積雪が大きな問題になるが、それ以上に、強い寒風がやっかいだった。どんなに小さくても隙間があれば室内に冷気を運び込む。寒風への対策に有効とされたのが、土であった。土ならば、屋根も壁も隙間なく覆うことができる。継目のない建築をつくるにはもってこいの材料だ。その上に芝草を植えれば、土の流失も防ぐことができ、夏期の暑さを抑えることにも役立つ。

これらの住居は、昨今話題に上ることの多い、屋上緑化や壁面緑化など環境にやさしい建築にも通じるものである。

土と草が住まいを守る

寒冷地で寒さをしのぐために、先人たちはさまざまな工夫をしてきた。その1つが屋根に土と草をまとわせる方法だ。世界各地で行われてきた。

成立　古代から
構造規模　木＋土＋芝造
地上1階

合掌構造に板を並べ、その上に土を載せ、草を植える
建物の妻面には窓と出入口がある

アイスランド　芝土屋根の住宅

成立　古代から
構造規模　木＋土＋草造
地上1～2階

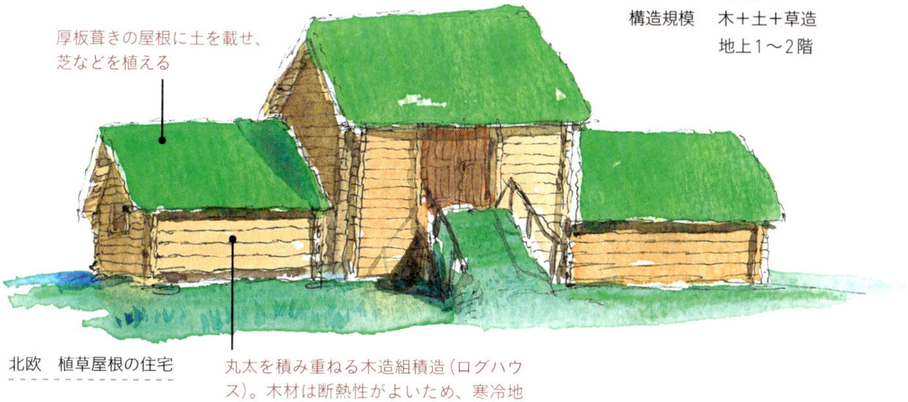
厚板葺きの屋根に土を載せ、芝などを植える
丸太を積み重ねる木造組積造（ログハウス）。木材は断熱性がよいため、寒冷地の住まいに向いている

北欧　植草屋根の住宅

円錐形の土屋根

アース・ロッジ

成立　先史、古代から
構造規模　木＋土＋草造
地上1階

アメリカ北部ミズーリ州の先住民族たちは、わが国の竪穴式住居（268頁参照）に似た構造をもつ家屋の屋根に土を葺き、芝を植えて寒さをしのいでいた。

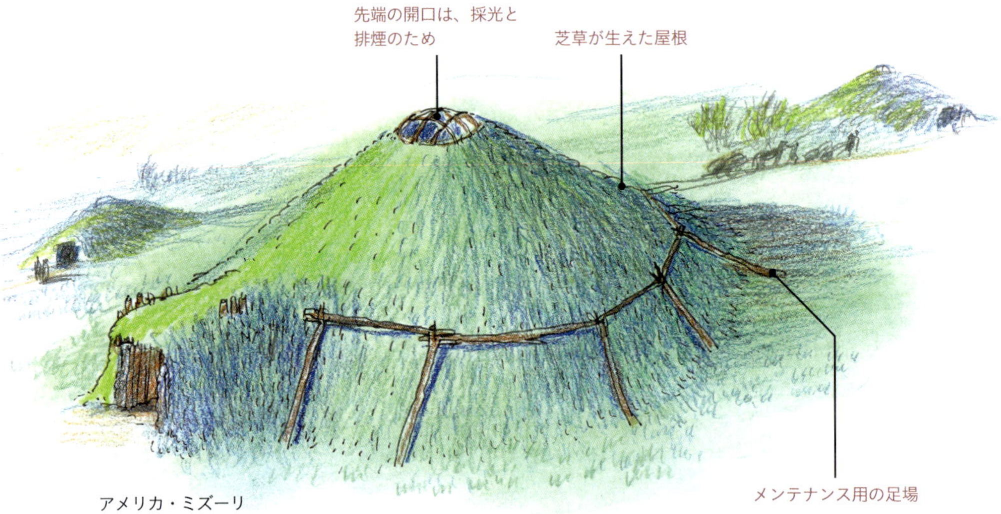
先端の開口は、採光と
排煙のため
芝草が生えた屋根
メンテナンス用の足場

アメリカ・ミズーリ
マンダン族のアース・ロッジ

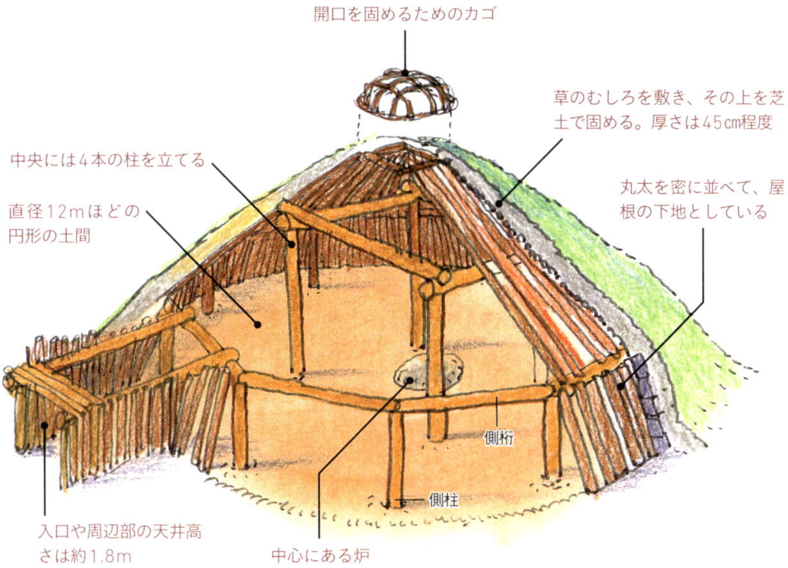

アース・ロッジ　内部構造

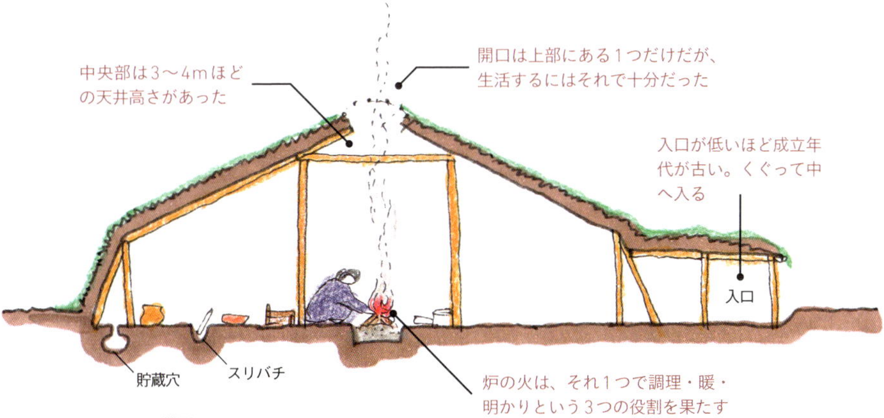

アース・ロッジ　断面図

高床式住居

タイなど

床を上げるには理由がある

高床式の住居［※1］は、熱帯・亜熱帯地域に多く分布しており、高温多湿または多雨の気候と深くかかわっていることが分かる。

高床式住居は大きく3つに分類できる。自然の樹木を利用してつくられた樹上住居［※2］、川や海などの上に建てられた水上住居（246頁参照）、そして地面の上に建てられた高床住居だ。

地上の高床住居は、特に東南アジアの熱帯地域で多く見ることができる。こうした高温多雨地域では、地面から床が上がっていたほうが台風などによる水害を避けるのに有利である。害虫や害獣の侵入を防ぐためにも適した構造であり、ハシゴを外して夜間の安全を確保するという。また、トイレなどの設備が不完全な地域が多く、地上面が非衛生的になり伝染病が蔓延しやすい。そのため、衛生健康面でも高床式住居は平地住居よりも優れている。

タイの一部地域では、高床式と平地式の住居が混在する集落を見ることができる。そこでは、衛生や居住性の点から平地式の住居をやめ、高床式の住居につくり替える村人が多くなっているという。

※1：床が地面より高い位置に設けられた住居。

※2：パプアニューギニアの樹上住居は、敵の襲撃から逃れるためのもの。自然の高木を利用してつくられている。現在では、ほかの部族との争いもなくなり、樹上で生活する必然性も薄れてきている。

タイ・アカ族の高床式住居

成立　不明
構造規模　木造　地上1階

この地域の高床式住居には、出入口を除き、窓らしい窓が意外にも少ない。隙間を空けながら竹や板を壁に張っていくため、十分な通風が確保できるからである。屋内で生活するのは主に夜間なので、採光はさほど重要ではない。

穂先を上にする日本の茅葺き（本葺き）とは異なり、東南アジアでは穂先を下にして屋根を葺く（逆葺き）。逆葺きの場合、茅の使用量は本葺きの半分で済む。茅が滑らないため施工が簡単だが、穂先に油分がないため、耐久性は劣る
窓は設けないが、隙間から光が差し、風も通る
床下の空間も小屋裏の空間も、有効に使う

タイ・アカ族の高床式住居　外観

男女別の間取り

アカ族のライフスタイルの特徴は、家の中央の壁を境に男女別々に生活すること。それぞれ囲炉裏をもち、出入口も別。空間的な差別はない。

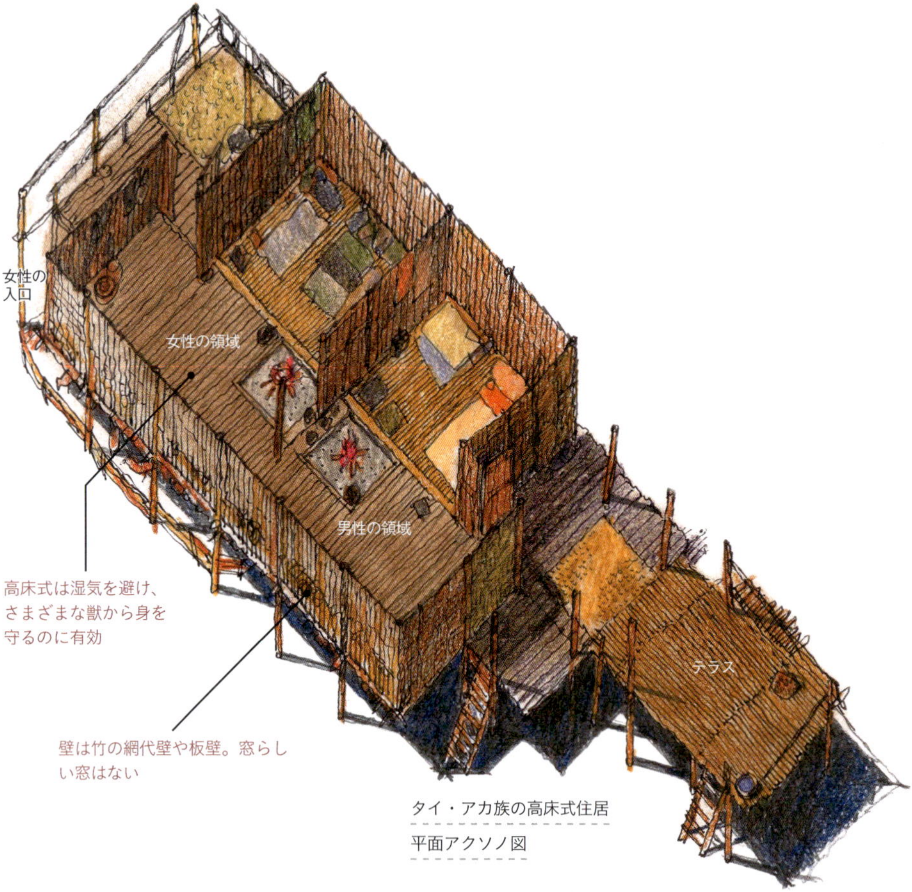

女性の入口
女性の領域
男性の領域
テラス
高床式は湿気を避け、さまざまな獣から身を守るのに有効
壁は竹の網代壁や板壁。窓らしい窓はない

タイ・アカ族の高床式住居
平面アクソノ図

屋根は草葺きだが、近年はスレートや波板などで葺くことが多くなった
板張り壁の隙間から入ってくる光が美しい
開口は出入口だけ
女性の領域
男性の領域
女性のハシゴ
男性のハシゴ
床下は家畜小屋や作業場として使う

タイ・アカ族の高床式住居　断面図

MEMO

湿度を避ける、水害や害獣から大切な食糧を守るなどの理由で、床を高く上げた建物は古くから存在する。日本でも、貯蔵した食料を湿気やネズミから守るために生まれた高床式倉庫の歴史は弥生時代にさかのぼる。床下に人が入って作業ができるほどの高さがあった。

水上住居

東南アジア、西アフリカなど

よりよい環境を積極的に求める

年間平均気温30℃、多雨のモンスーン地帯。熱帯雨林の森には、野生の動物や虫、病原菌が至る所にはびこる。そんな環境を克服し、心地よく暮らす方法として登場したのが、水上の高床式住居。床下の通気性が高まり、衛生環境も改善される。また、ぽつんぽつんと離れて建つ住宅どうしをつなぐために編み出されたキャットウォーク［※］は、物理的なつながりだけでなく、精神的なつながりや、集落内のネットワークをも生んだ。その細長い通路はコミュニティが可視化されたものといえる。通路の先にある学校や消防署、モスクは、行政の手ではなく集落の人々の協力でつくられていることも驚きだ。

「水上住居」といわれると、ともすると、陸地に住むことを許されない社会の下層の人々が、しかたなく水の上に住んでいると考えがちだ。ところがブルネイでは、住民たちが自ら進んで水の上に住まうことを選択している。

「ここだからこそ、住む！」という、ポジティブな動機に根ざす住まい。そのあり方が、集落を快適なものにするもう1つの要素なのである。

※：手摺などのない細い通路のこと。

マレーシアの水上住居

成立　集落により異なる
構造規模　木造 地上1階

学校などを「ないものはない」と諦めるのではなく、つくってしまう。ポジティブな発想が生活を豊かにする。

水上集落には、民家のみならず、小学校やモスクまである。わざわざ陸上へ行かずとも生活が事足りるのだ

マレーシア水上住居　集落の様子

ブルネイの快適な水上住居

成立　8世紀から（諸説あり）
構造規模　木造 地上1階

国や自治体が公共住宅を格安で提供しているのに、なぜ水上集落の住民たちは陸地に引っ越さないのか？　それは水の上のほうが便利で心地よいから。心地よさには、物理的な環境だけでなく、地域の人どうしでの交流を楽しめることも含まれているのだ。

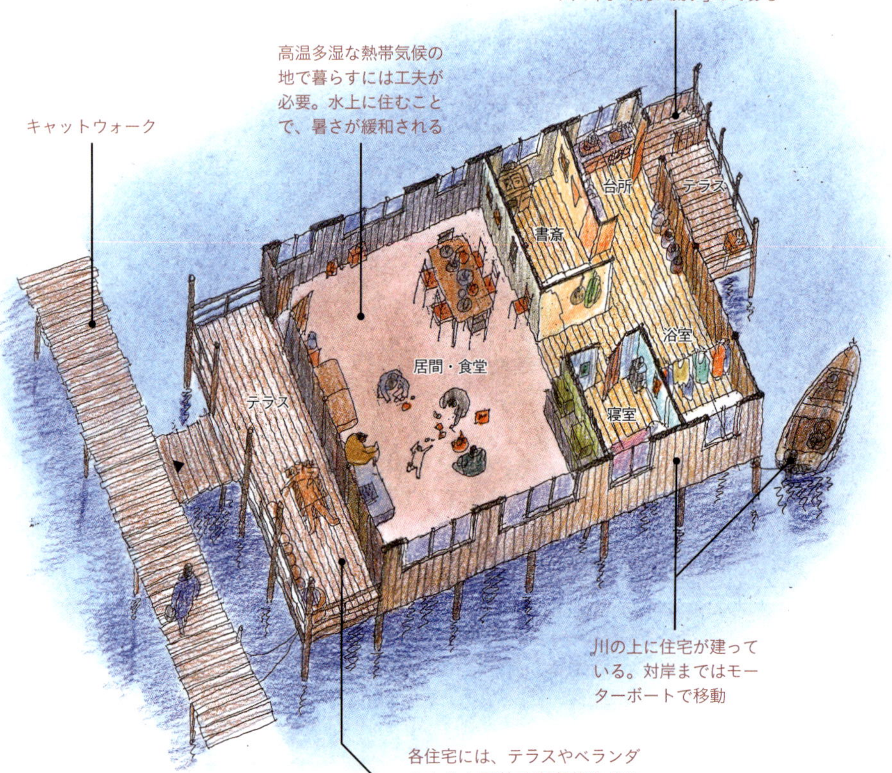

トイレは落下式、いわゆるボットン便所だが水洗。文字どおり川の「水で洗い流す」のである
高温多湿な熱帯気候の地で暮らすには工夫が必要。水上に住むことで、暑さが緩和される
キャットウォーク
台所
テラス
書斎
浴室
居間・食堂
テラス
寝室
川の上に住宅が建っている。対岸まではモーターボートで移動
各住宅には、テラスやベランダのような屋外の専有部分があり、鉢植えを飾ったり、隣人と歓談したりと、住環境を良好に保つ要となっている

ブルネイ水上住居　平面アクソノ図

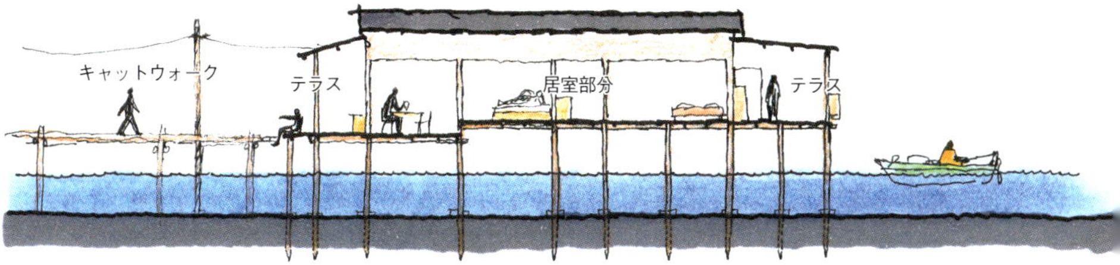
キャットウォーク
テラス
居室部分
テラス

ブルネイ水上住居　断面図

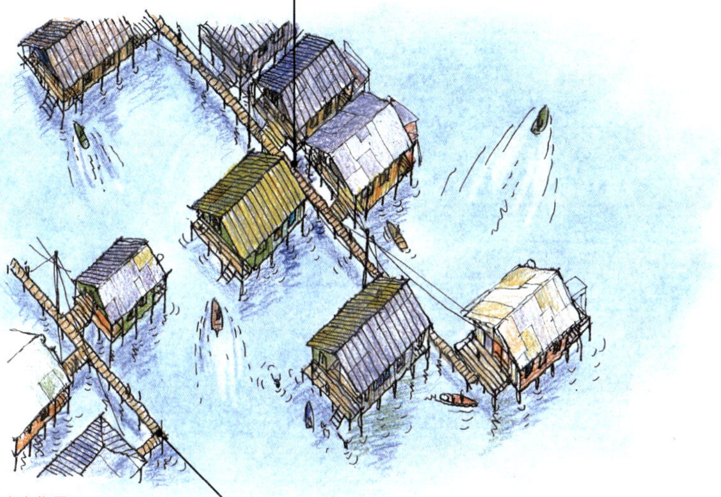
キャットウォークで住宅間を移動。陸上の集落の小道と同じ
住宅と住宅をつなぐ集落のネットワーク

ブルネイ水上住居
集落を上方から見る

MEMO

天然資源が豊かなブルネイでは、人々の暮らしぶりは実にのんびりしたもの。通勤も船で対岸の職場まで渋滞知らず、時には最寄りの陸地に停めたマイカーも利用……という何ともうらやましい土地柄だ。

組立て式住居

モンゴル、新疆ウイグル自治区など中央アジア

システム化された高性能の移動住居

　モンゴルや新疆《しんきょう》ウイグル自治区など、中央アジアには草原を移動しながら生活を営む遊牧民がいる。彼らの住む地域は厳しい気候で、そこでは農作物を育てることが難しい。そのため、馬や牛、羊などの家畜と共に、豊かな牧草を求めて移動しながら、生活を営んでいる。その際、住居も持ち運ぶ。軽くて簡単に組立て・解体ができる住居が重宝されてきた。

　モンゴルではゲル、中国ではパオ、その他の中央アジア地域ではユルトなどと呼ばれる組立て式住居は、直径4〜6mほどの円状の平面形。一般的にはヤナギ材を組んで構造材とし、フェルトや毛皮で覆うことで屋根と壁をつくっている。組立て式住居と家財道具は家畜2頭に乗せて運べる量で、男が2人いれば30分ほどで組み立てられるという。

　組立て式住居はワンルームで、室内の中央に設置されたストーブは暖房と煮炊きのためのコンロを兼ねている。家長や子ども、客などの空間領域には仕切りはないが、簡単な約束事で意識化されている。

構造も生活もシンプル

成立　先史から
構造規模　木造　地上1階

ゲルやパオの優れている点は、組立て・解体・運搬が容易であるにもかかわらず、厳しい寒さに耐える「住まい」としての性能が担保されていることである。

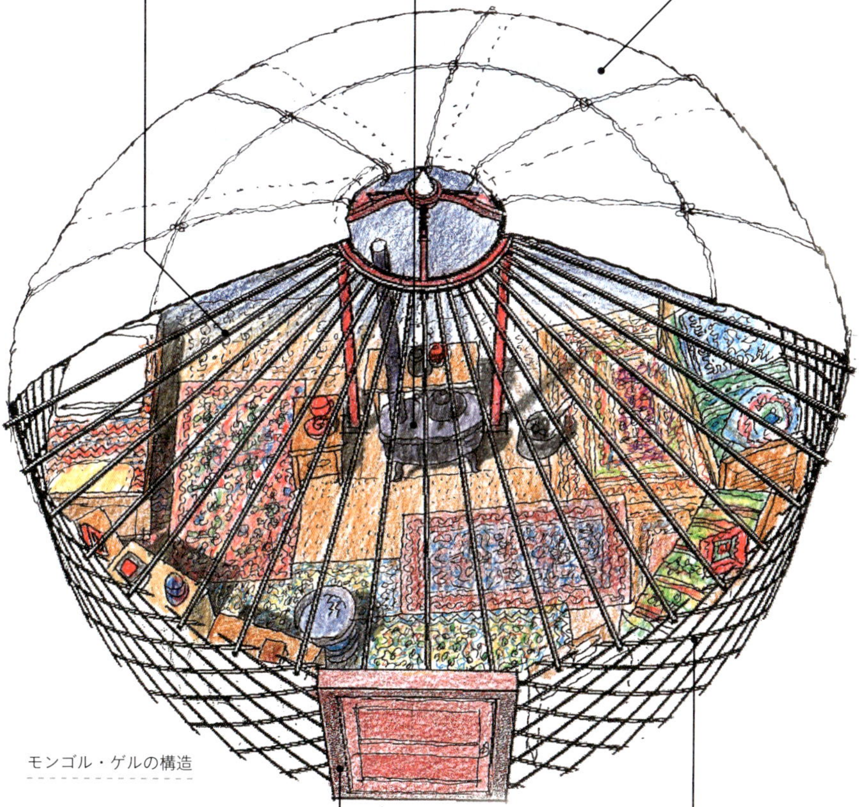
細い斜め材（オニー）を並べ、屋根の下地をつくる
組立て式住居の中心に備え付けられたストーブ
屋根や壁は、骨組みにフェルトや毛皮を張ってつくられる
入口は、枠と扉がセットになっている
伸縮自在の壁材（ハン）。1つのゲルにつき、通常5枚使用する

モンゴル・ゲルの構造

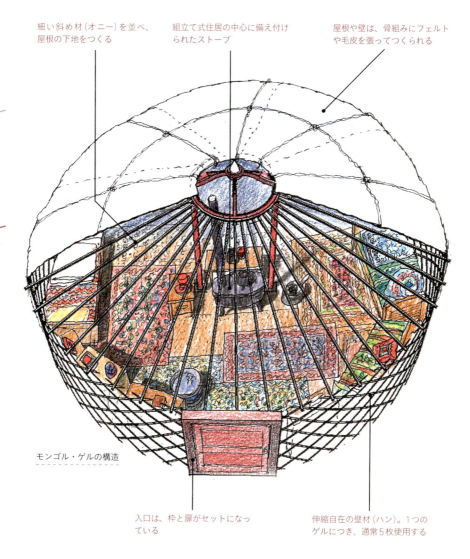

牧草を求め
家畜と共に移り住む

延々と続く平原に建つゲルやパオは、寒さだけでなく
強い風にも耐えなければならない。

点々と場所を変えて移り住む。
そのライフスタイルに最も適した住まいが、組立て式住居だ

モンゴル・ゲル　外観図

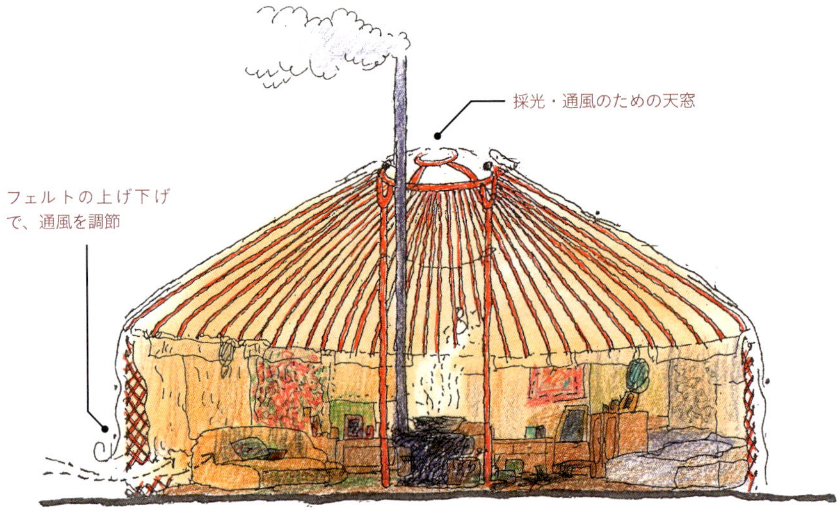
採光・通風のための天窓
フェルトの上げ下げで、通風を調節

モンゴル・ゲル　断面図

30分でつくれる組立て式住居

折たたみ式の壁材（ハン）を円状に立て、その中心につくったやぐらに屋根の斜め材（オニー）を掛ければ、骨組みは完成する。フェルトなどで仕上げる。

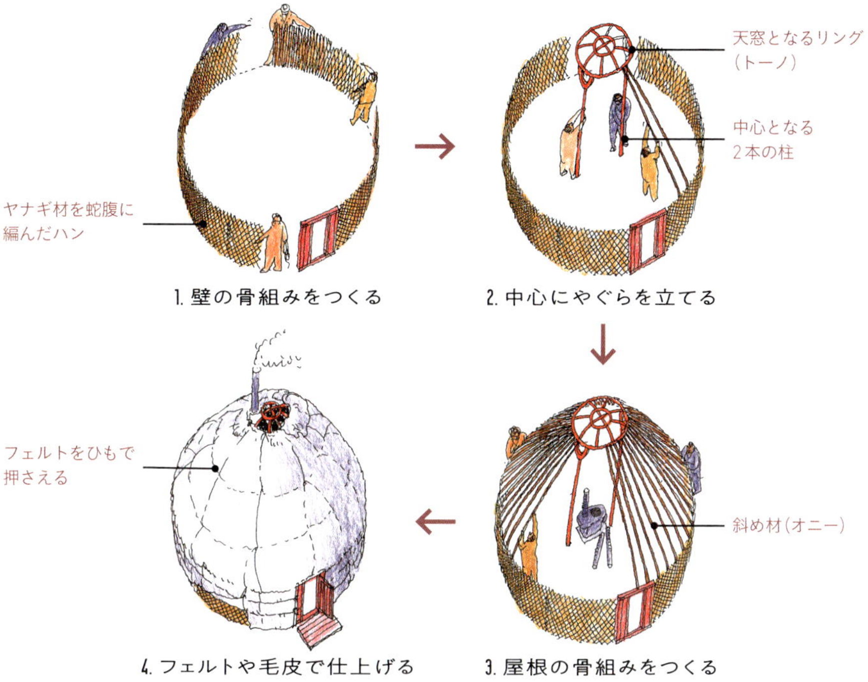

MEMO

柔軟性のあるヤナギを蛇腹に編んだ壁材（ハン）は、強風に耐える工夫。フェルトや毛皮など仕上げ材の重ね枚数を変えることで、容易に内部環境を調節できる。

テント式住居

北アフリカなど

太陽と風から身を守る移動テント

北アフリカなど熱帯乾燥地域の遊牧民たちの住居は、簡便なテント式である。厳寒地の移動仮設式住居、パオやゲル（250頁参照）がもつシステマチックで緻《ち》密《みつ》な構造や工法は見られないが、大きな布と支柱、ひもで構成する単純な構造は、強い日差しを遮り風を通すだけなら、それで十分だ。風向きに応じてテントの向きと支柱の角度を変えれば、強い砂嵐の時にも風をやり過ごすことができる。こうした急な気候の変化に適応できるのも、テントがもつ可変性と単純な構造のおかげである。

もちろん、乾燥地域以外においてもテント構造はキャンプやイベント時の仮設建築として、私たちの生活に欠かせないものになっている。そのほか、家族構成やライフスタイルなどの変化によって、住まいの形態もさまざまに変わっていかなければならない。

1つの価値観にとらわれて住居を考えるのではなく、柔軟で可変的なテント構造を選択肢とすれば、多くの可能性が生まれる。また、その仮設性は災害時の一時的な住まいとしても有効に機能するはずである。

遊牧民の
シンプルな移動式住居

成立　先史から
構造規模　テント造　地上1階

季節によって家畜と共に移動する、乾燥地域の遊牧民の住まいは、簡単に解体・建設ができ、ラクダに乗せて移動できる。

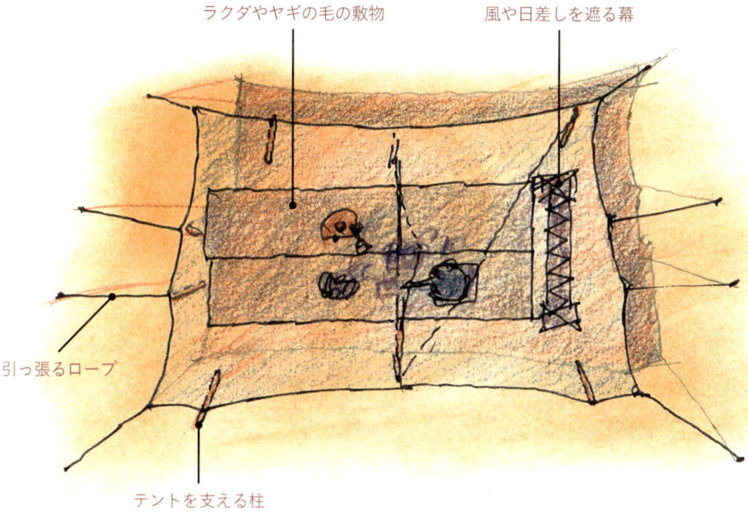
ラクダやヤギの毛の敷物
風や日差しを遮る幕
引っ張るロープ
テントを支える柱

ある遊牧民の移動テント　平面

時には支柱の傾きだけでテントを支える

ある遊牧民の移動テント　外観

ベドウィン族のテント式住居

テントを周囲から引っ張って安定させる
羊やラクダの毛でつくった布
横からの風や日光を遮る幕
テントを支える柱

ベドウィン族の移動テント　外観

MEMO

北アフリカの熱帯乾燥地帯には、家畜と共に移動しながら生活する遊牧民の部族がいる。彼らは、土地にしばられない自由なライフスタイルを望む。その生活指向は、現代人と共通する要素がある。

現代の「遊牧民」のライフスタイル

基礎のないトレーラーハウスやハウスボートは、不動産としての家屋に含まれない、移動式の住居。社会や土地にしばられずに、自由に移動し、生活を楽しむ人たちが増加している。

トレーラーハウス
建物は基礎がなく、土地から切り離されている

ボートを住まいとし、水上で生活する
ハウスボート

08

中庭式住居

地中海沿岸（北アフリカ含む）、中国など

中庭に集まるのは人だけではない

狭小地や、材料の制約がある土地など、悪条件のもとで通風や採光など室内の環境をよりよく保つことを目的として、中庭はつくられる。そこには各地域の生活文化や、自然環境にうまく適合しようとした先人の知恵を見ることができる。

中庭をもつ住宅は世界中にさまざまある。本稿で取り上げる地中海沿岸や中国の中庭式住居のほかにも、韓国の伝統的な住居ハノック［※1］、イスラムの中庭式住居［※2］などが有名だ。

1　地中海の中庭（パティオ）式住居

地中海人の美意識は中庭に現れる。人口が密集する都市で、土地は限られる。そのなかであえて設ける中庭は、自らの人生をいとおしみ暮らしを彩るために不可欠な舞台であった。

2　中国の中庭式住居・四合院

四合院は、かつて一般的だった伝統住宅。特徴的なのはそのかたちだ。「四」とは、東西南北の方位を指し、「合」とは、取り囲むという意味である。

四方を家屋や壁で囲むことによって、南から来るよいエネルギーを、中央の集いの場である庭と主室に集めようとしたのである。

※1：中国の四合院同様、風水に基づいてできている。オンドル式床暖房があり、日本の住宅のように床座が一般的。
※2：イスラムの住宅は、各部屋に名前やヒエラルキー（空間の序列）があり、信仰と同様に厳密に守られている。

地中海世界の美意識はパティオに現れる

成立　古代から
構造　石造

スペインのコルドバでは、毎年中庭コンテストが行われ、地域に住まう人々によって、花や植栽で街が美しく彩られる。人と中庭との良好な関係が、暮らしの質を高める役割を担っているといえるだろう。

地中海地域の中庭は、文化的な美意識の表出の場である。中庭や、中庭から外部へと連続する空間にも、住民の心意気や互いの親密さがあふれ出ている

地中海沿岸の中庭式住居のパティオ

狭い都市住居においてスペースをつくるのは大変だが、つくることでそこに心のゆとりが現れる。一息つける貴重な場となる

地域によっては、いかに中庭を素敵な空間に演出できるかを競うこともある。ただつくればよいのではなく、中庭空間をいかに美しく居心地よく維持できるかも重視されている

風水に基づいた気の流れ、四合院

成立　遼朝期（916〜1125年）、現存の多くは清朝期（1636〜1911年）のもの
構造　石造

中国で住宅をつくるときに最も大切にされるのが「風水」。自然からもたらされるよいエネルギーを、住まいのどこに導くべきかを考え、つくられる。

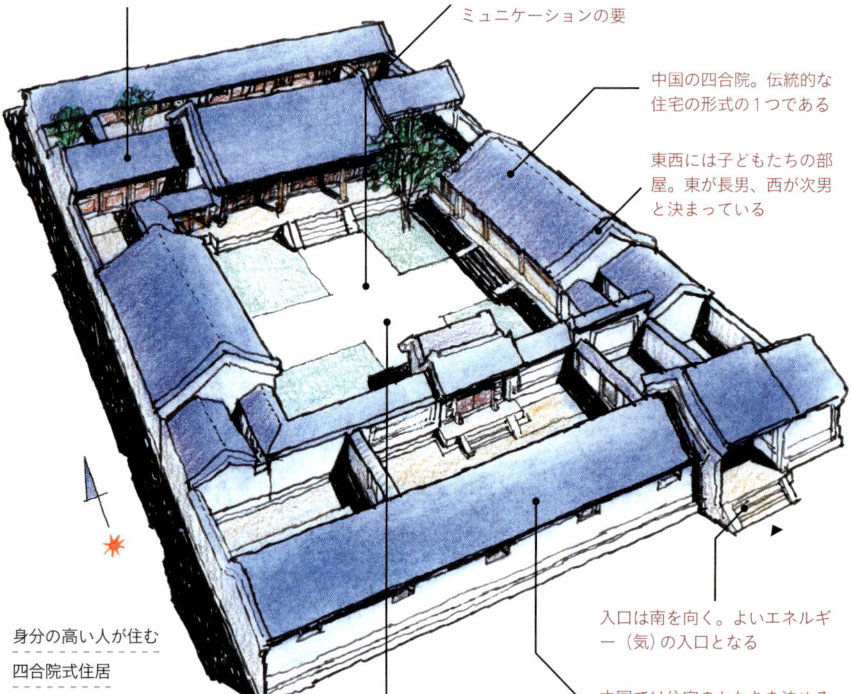

部屋の配分も、礼や孝という中国流の年長者を敬うルールにのっとる。北には年長者の部屋が、南には使用人室や台所が配される
中央の庭は、家庭のコミュニケーションの要
中国の四合院。伝統的な住宅の形式の1つである
東西には子どもたちの部屋。東が長男、西が次男と決まっている
入口は南を向く。よいエネルギー（気）の入口となる
中国では住宅のかたちを決めるとき、風水が重要な指針となる
中央の空間は、日本の庭にあたる「院子（いんし）」と呼ばれる空間。部屋で囲われたなかに家族の独自の世界が築かれる

身分の高い人が住む
四合院式住居

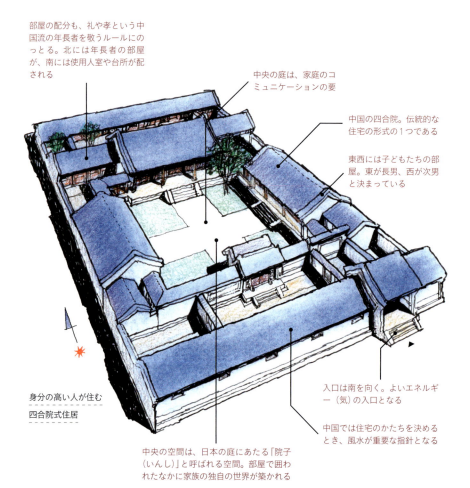

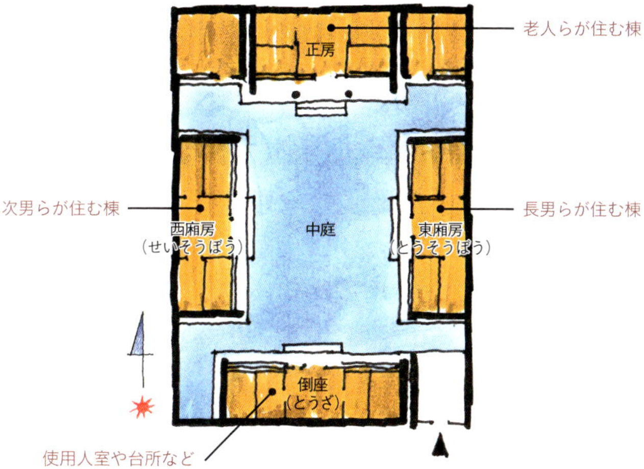
老人らが住む棟
正房
次男らが住む棟
西廂房
(せいそうぼう)
中庭
東廂房
(とうそうぼう)
長男らが住む棟
倒座
(とうざ)
使用人室や台所など

西廂房
中庭
東廂房

典型的な四合院の配置

平面図(上)、断面図(下)

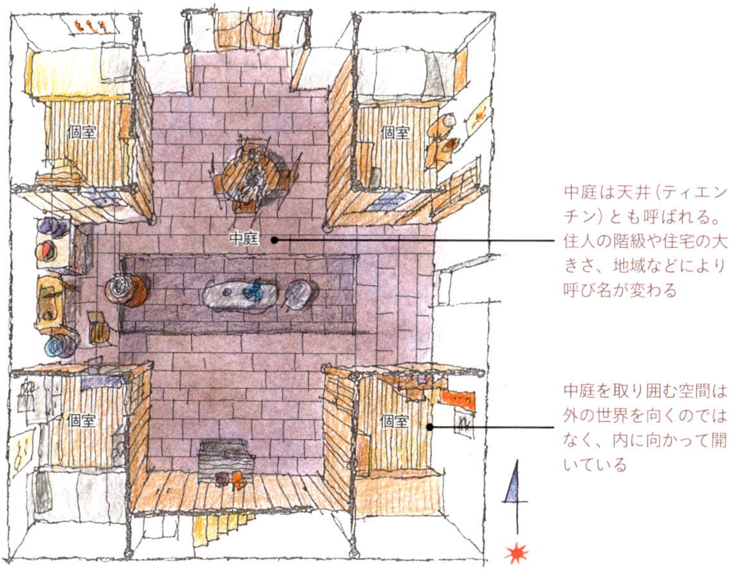
個室
個室
中庭
中庭は天井(ティエンチン)とも呼ばれる。住人の階級や住宅の大きさ、地域などにより呼び名が変わる
個室
個室
中庭を取り囲む空間は外の世界を向くのではなく、内に向かって開いている

中国で一般的な中庭式住宅　1階平面パース

合掌造りの民家

岐阜・白川郷、富山・五箇山

村人総出でつくる合掌造り

白川郷（岐阜）や五箇山（富山）では、急勾配の付いた大きな茅葺《かやぶ》き屋根が特徴的な「合掌造り」の民家が多く見られる。

これらの地域でこの特異な形態の民家様式が生まれた背景には、気候風土が雪深く厳しいものだったことに加え、蚕産《ようさん》を生業《なりわい》としてきたことも深くかかわっている。大きな屋根裏空間は、蚕《かいこ》を生育する空間として最適だった。

養蚕《ようさん》は多大な人の手を必要とする。家族が結束し、ときに次男・三男は一生結婚せずに大家族での労働を担う一員として一生を過ごすこともあった。合掌造りの民家は、そんな大家族が暮らすための大空間を提供した。

家族だけではない。「結《ゆい》」という共同体の存在から分かるように、地域の結束も固かった。結の存在が顕著に表われるのは、主に合掌造りの建設時と、大きな屋根の葺替え時。村全体の人々が協力して共同作業を行う。

厳しい環境下では、人々が身を寄せ合いながら、結束して生きてゆかなければならなかった。結の存在があったからこそ、今日まで合掌造りは存続することができたのである。

小屋裏は
蚕のための空間

成立　19世紀ごろから
構造規模　木造　地上1階
（小屋裏は複数階）

合掌造りの建物において居住スペースは1階部分だけで、合掌の小屋裏スペースはすべて養蚕のための空間として使われている。

1階以外の階はすべて
蚕室である
1階は大家族のための
居住スペース

旧大戸家　外観図

火も煙も役に立つ

囲炉裏の煙や熱は建物全体に回る。煙でいぶされることで建物は虫害から守られ、暖気が蚕を育てる。

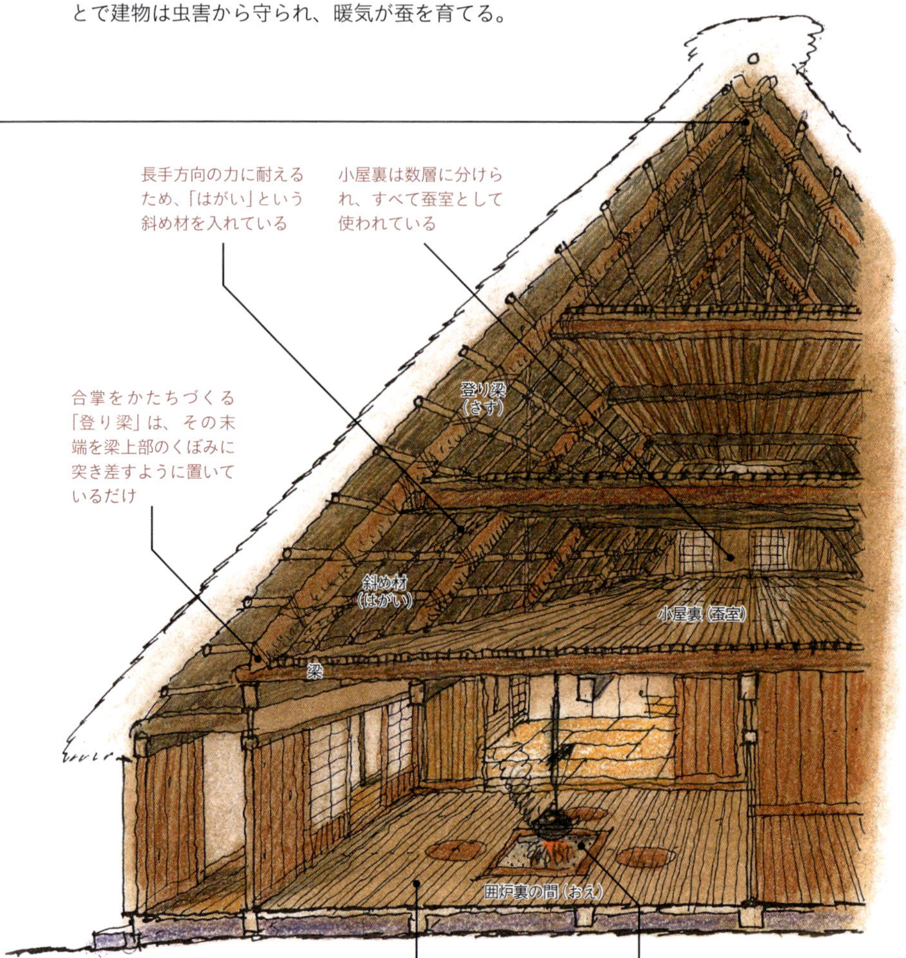
長手方向の力に耐えるため、「はがい」という斜め材を入れている
小屋裏は数層に分けられ、すべて蚕室として使われている
合掌をかたちづくる「登り梁」は、その末端を梁上部のくぼみに突き差すように置いているだけ
登り梁(さす)
斜め材(はがい)
小屋裏(蚕室)
梁
囲炉裏の間(おえ)
囲炉裏の間「おえ」は、家族や客人などみんなの共有スペース
囲炉裏の火で調理し、暖を取る。そこから立ち上る煙や暖気が建物や蚕を守っている

旧大戸家　断面図

小屋裏のすべての材は縄で結ばれる。強風時には微妙に動くことで、材に無理な力がかかるのを防ぐ

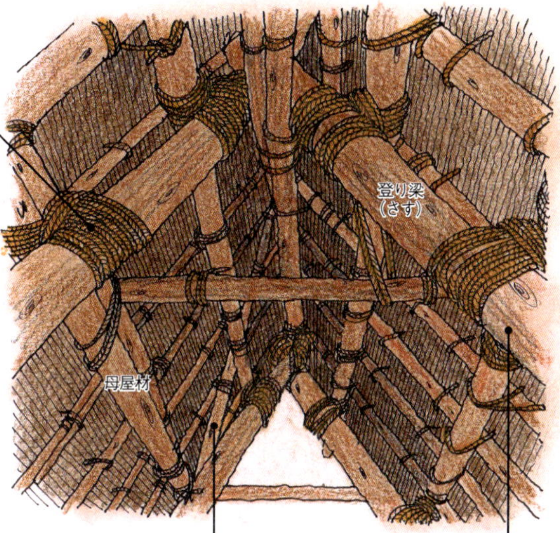

はがいは合掌の転倒を防ぐ斜め材

さすと呼ばれる合掌の登り梁

合掌造りの小屋裏

大家族の生活は1階で完結

大家族が暮らした合掌造りの家。奥座敷が与えられる主人夫婦以外は、みな養蚕のための労働力として、原則、男女別々に就寝していた。

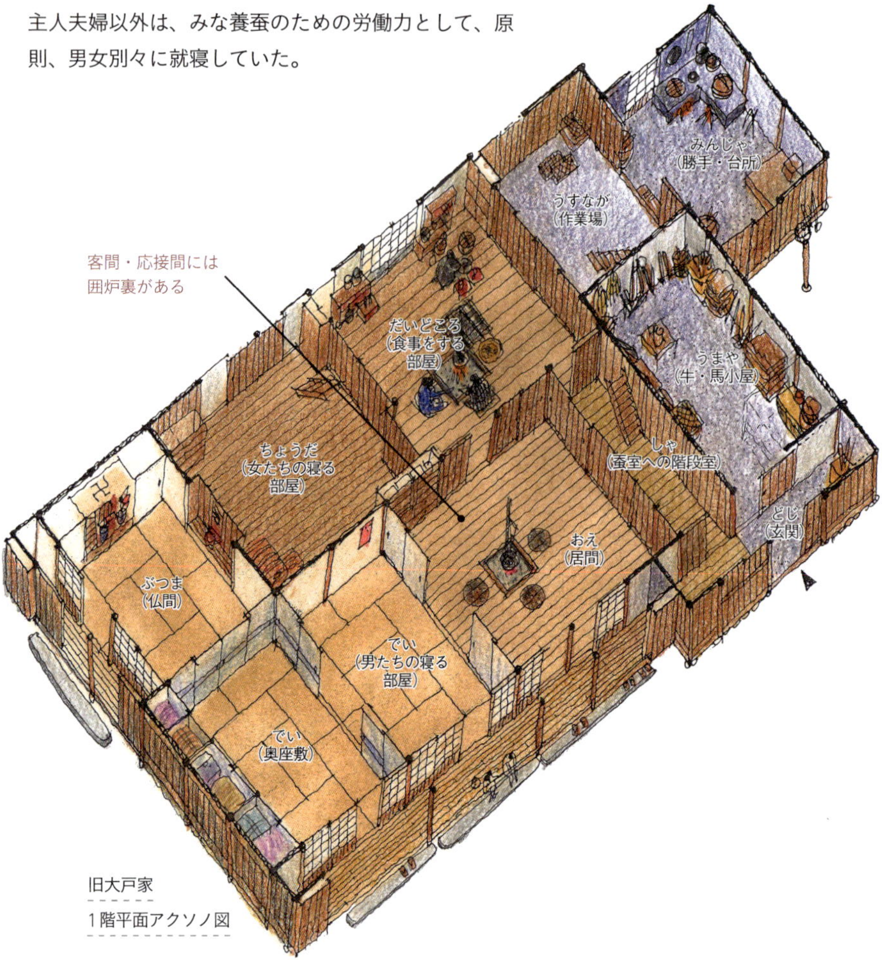

旧大戸家

1階平面アクソノ図

MEMO

本稿で取り上げた旧大戸家は、岐阜・白川村にあった。現在は同・下呂町に移築されているが、建設年代のはっきりしている（1833年、棟札による）合掌造りの基準作である。

「結《ゆい》」でつくる合掌造り

1軒の住まいの建設や屋根の葺替えも村民が共同で行う。

1. 1階の柱・梁を組む

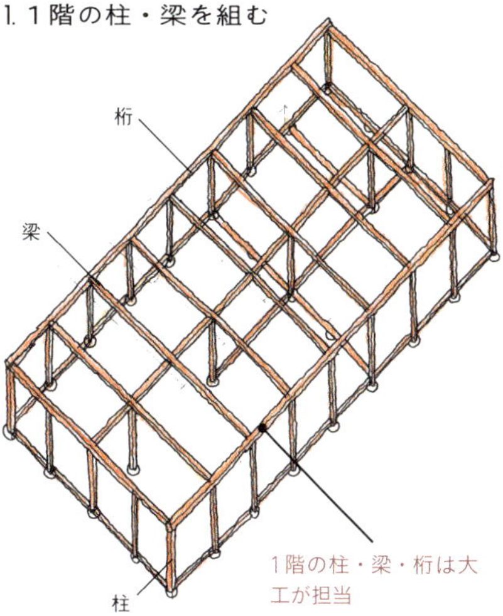
桁
梁
柱
1階の柱・梁・桁は大工が担当

2. 小屋組をつくる

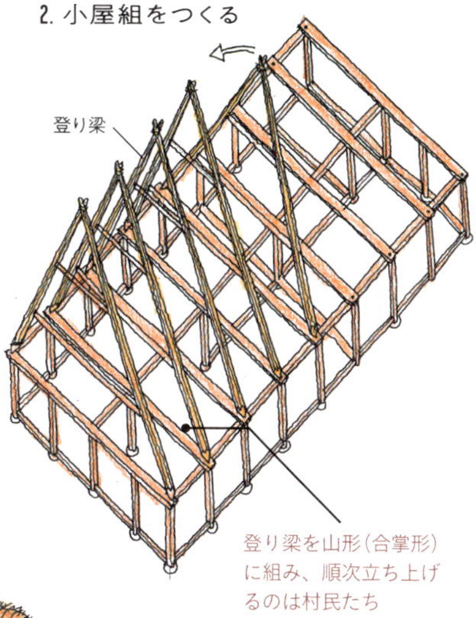
登り梁
登り梁を山形(合掌形)に組み、順次立ち上げるのは村民たち

3. 屋根を葺く

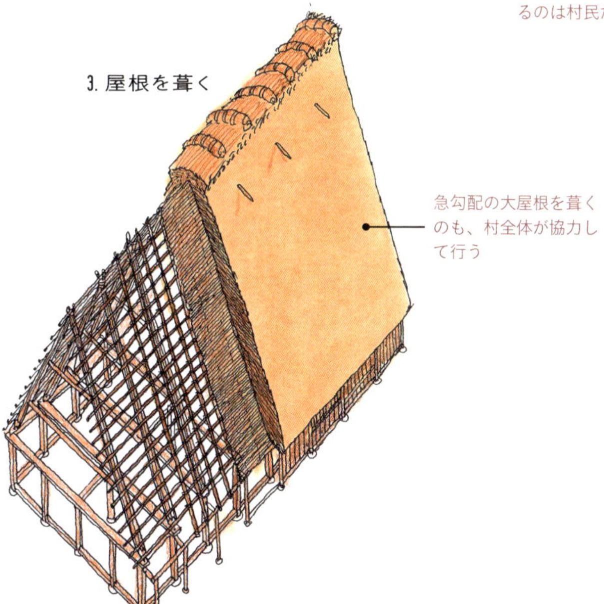
急勾配の大屋根を葺くのも、村全体が協力して行う

住まいは移動から定住へ

私たちの祖先が、動物や果実を狩猟採集しながら移動生活していた時代、住まいは自然の洞窟であった（横穴式）。適当な洞窟がなければ、木の枝を組んだ上に枝葉を載せた、屋根だけの簡易な小屋をつくって住まいとしていた。

その後、大陸から稲作が伝わり[※]、食糧の安定供給が可能になると、人々は田のそばで定住を始めた。掘り下げた地面（竪穴）に柱を立て、梁《はり》を組んで斜めの材を支える「竪穴式住居」である。稲を貯蔵しておくための「高倉」（270頁参照）もつくられた。高倉は、湿気や鼠から稲を守るためにつくられた建築である。

貯蔵可能な稲は、人々の生活を安定させた一方で、持つ者と持たざる者をつくり、貧富の差を生むことにもなった。

狩猟採集のため移動生活をする

屋根だけの簡易小屋
先端をツルなどで結ぶ
床は簡単にならす
木を組んで枝葉を載せた簡易小屋
枝木を円形に組み、屋根は葉や草を葺く

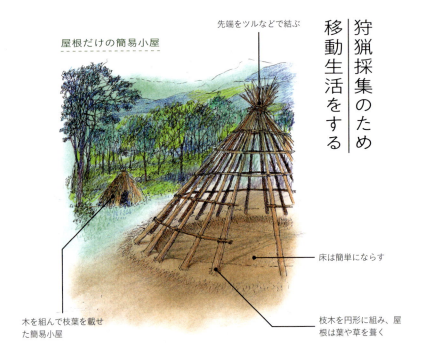

稲作が人を定住させた

竪穴式住居

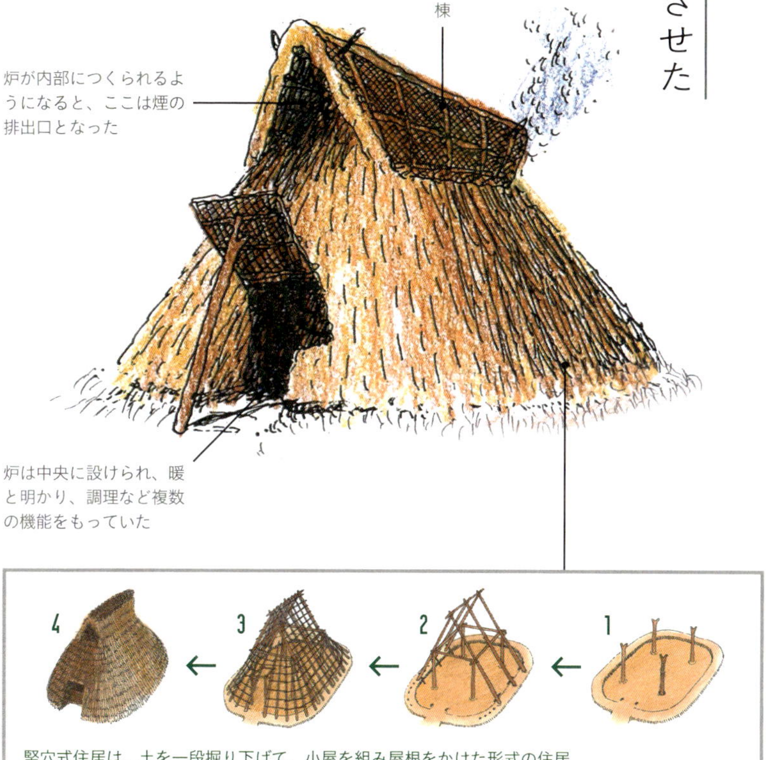
棟
炉が内部につくられるようになると、ここは煙の排出口となった
炉は中央に設けられ、暖と明かり、調理など複数の機能をもっていた
4
3
2
1

竪穴式住居は、土を一段掘り下げて、小屋を組み屋根をかけた形式の住居

※：コメは栄養価が高く、保存ができるという利点があった。また、人手をかけるほど収穫量を増やすことができたため、安定供給が可能になり、人口は増加した。

土を掘って住む、平地に住む

時代が下ると、竪穴式住居も進化した。柱を高くして屋根を持ち上げ、壁をつくる。内部の空間が広くなり、壁に設けた開口で通風と採光が可能になった。煙を直接外に排除できる「かまど」も生まれ、竪穴式住居の居住環境や食生活は著しく改善された［※］。

地面を掘り下げてつくる竪穴式住居では、内部空間の広さが確保できる。地熱もわずかに伝わり、暖かい。

一方、地面を掘り下げない「平地式住居」も出現した。室内のどこでも立ったまま行動できるので、生活行為や作業に余裕が生まれた。壁に大きな開口を設けることで、快適で健康的な居住環境が確保できるようになった。土間にモミや藁を敷き、むしろを敷き詰めた「土座床《どざゆか》」は、座ったり寝たりできる便利な床であった。

稲作農耕社会では富裕層が生まれた。彼らは権力を握り、高倉と同じ高床式の住居（高殿《たかどの》）に住んだ。居住性に優れる高殿は、支配者層の象徴する存在となっていった。

壁付きの進化系竪穴式住居

壁が生まれ、かまどができた

竪穴式住居の壁に設けた「かまど」は、土器を載せて使う煮炊き専用。火は用途に応じ使い分けるようになった
壁に窓が開けられた
煙道
雨天時、煙の出口は石でふさぐ
コシキといわれる土器の蒸し器

壁がつくられ、屋根が持ち上がった

※：住居の中央にあった炉の煙は、生活上、不便極まりないものであった。

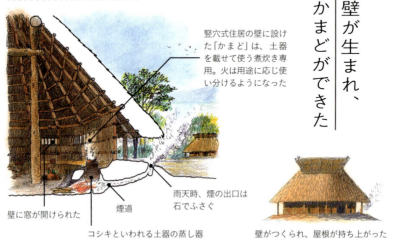

平地式や高床式の住居が登場

平地式の住居

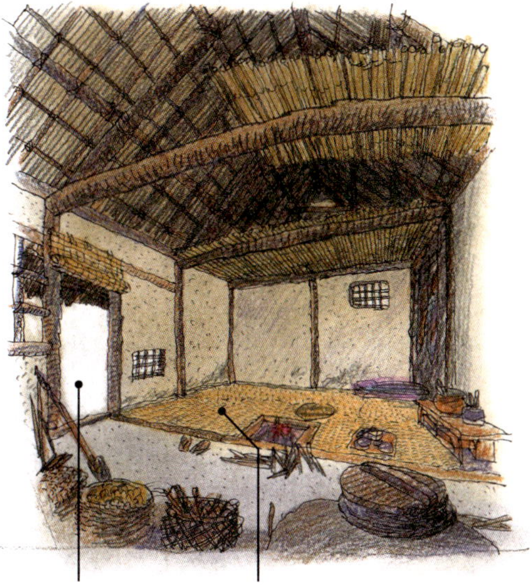

壁に設けた開口により、採光・通風や、人の出入りも容易に

土座床は、土の上にモミや藁を敷いた床

高床式の住居や倉庫

権力を持った支配者が住む高床式住居（高殿）

稲を貯蔵する高倉

ねずみ返し

巻末COLUMN

日本の住まい

03

非農耕民の住まいが生まれた

各地域の産物が豊かになると、それらを分かち合うために交易が始まる。農産物のほか日用品も扱われ、日用品の製造に専念する者や、それらを仲介する者など、農業を生業《なりわい》としない者たちが出現する。

当初、商いは主に市《いち》の粗末な小屋で行われていたが、彼らは徐々に商品を売るための家を建て定住するようになった。

土間と、藁やむしろを敷いた土座《どざ》で構成された間取りには、農耕に従事する人々の平地式の住居（270頁参照）と大きな違いはない。ただし道路に面したファサードに、商品を並べる棚と出入口が設けられていた。屋根は主に板葺きに石を置いたものか、藁葺き。壁は、土・板そして網《あ》代《じろ》［※］などの粗末な材料で仕上げられていた。

商いに適応した住まい

商いを行う住まいの外観

板葺きの石置き屋根。屋根板が傷むと裏返して使い、最終的には燃料とした
のれん
道側から見た建物。道に面した、商品の陳列棚が特徴的

※：樹皮などをさまざまな模様に編んだもの。

商いを行う住まいの間取り

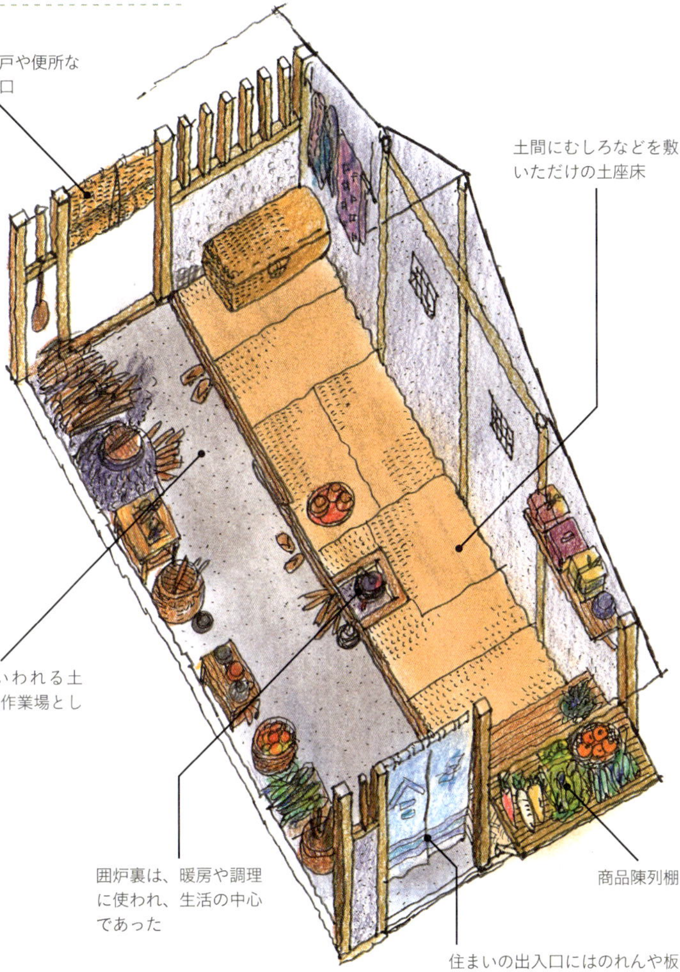
勝手口。井戸や便所などへの出入口
土間にむしろなどを敷いただけの土座床
通り庭といわれる土間。台所や作業場として使う
囲炉裏は、暖房や調理に使われ、生活の中心であった
商品陳列棚
住まいの出入口にはのれんや板戸が付けられた

公家は儀礼に使える住居を求めた

京を中心に、特権階級である公家の時代が訪れる。源氏物語の世界を思い描けば分かりやすい。多くの一般庶民がまだ竪穴住居や平地式住居に住んでいた時代に、公家たちの住まいは豪華絢爛《けんらん》。寝殿造りといわれる住宅様式であった。

寝殿造りでは中心となる寝殿（本殿）が対《つい》の屋《や》と呼ばれる建物群（居住部分）をしたがえ、さらに正面の庭を囲むように釣殿・泉殿などの「遊び」のための建物が設けられた。

寝殿造りの建物内では、畳（当時は座具であった）や屏風《びょうぶ》、几帳《きちょう》、そして寝台として使われた帳台《ちょうだい》などの舗設《しつらい》を用途に応じて配置するスタイルで、生活が営まれていた。1つの空間を多用途に使い分ける日本独自の住まい方は、この時代から徐々に確立されていく。

住まいと遊びの場が同居した寝殿造り

豪華絢爛、寝殿造りの住まい

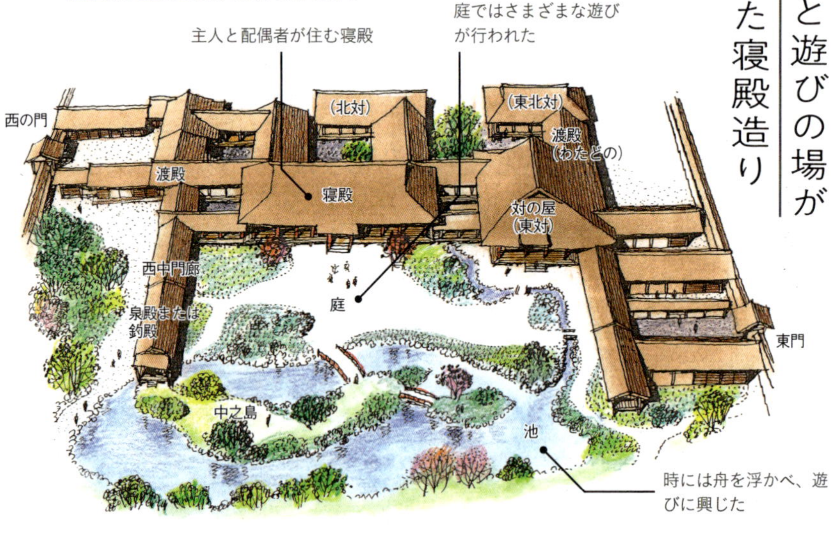

生活領域をつくる舗設《しつらい》の数々

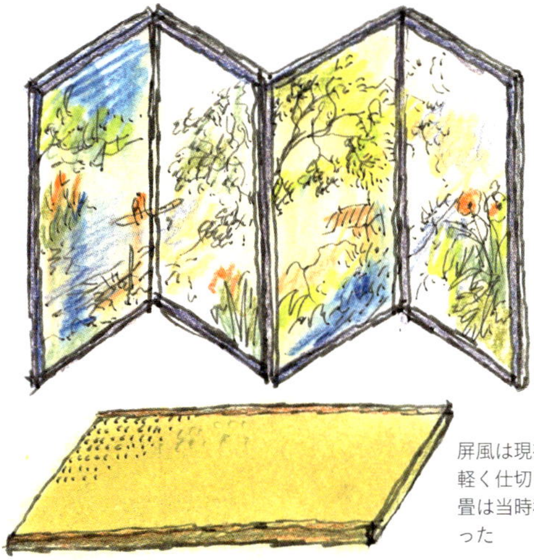

屏風は現在も使われる、軽く仕切るための装置。畳は当時移動式の座具だった

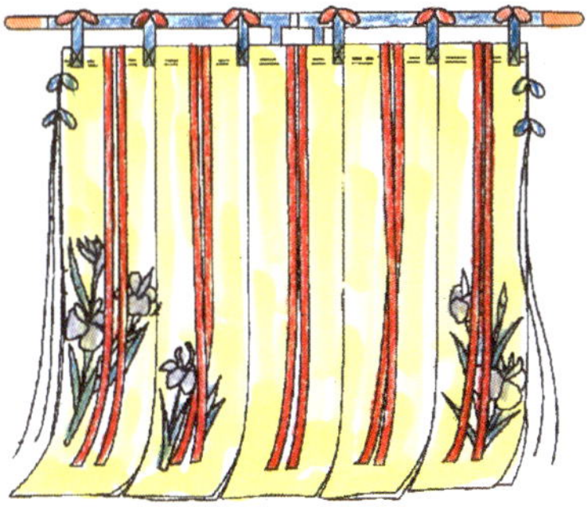

几帳は衝立式のカーテン。これを並べて自分の領域をつくった

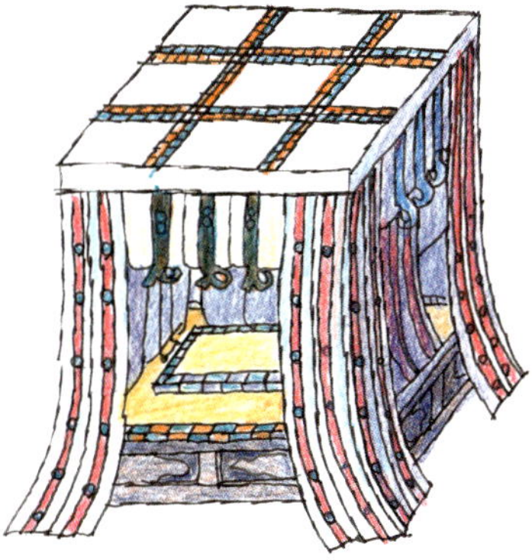

帳台は、高貴な人が使う、天蓋付き寝台。御簾（みす）や布で環境を調節する

巻末COLUMN

日本の住まい

05

武家の社会が接待空間を生んだ

貴族たちが没落し、武士が権力を握る時代が訪れる。主君と家来という主従関係を基盤とした社会である。そのなかで、応接空間が求められるようになる。

さらに、主君となる武士は武力だけでなく、知性や教養によっても家来からの信頼を得る必要があった。書物を置く違い棚や、読み書きするための机となる書院は、武家的な素養の象徴でもあった。

その原型が、京都にある慈照寺（銀閣寺）東求堂《とうぐどう》の一室、同仁斎《どうじんさい》である。４畳半の部屋に飾り棚と書院が備えられている。

今日、「和風」「和室建築」ともいわれる書院造りの源となった建物である。

和風建築の原型 書院造り

銀閣寺東求堂の一室、同仁斎

同仁斎には違い棚や書院がしつらえてある。私たちが「和風建築」と呼ぶアイテムがそろう

銀閣寺境内の小さなお堂

銀閣寺東求堂の外観と間取り

桧皮(ひわだ)葺きの入母屋(いりもや)屋根
縁
開き戸の奥に仏間がある
明かり障子(紙障子)
舞良戸(まいらど)
銀閣寺東求堂は今も残る建物。室町時代に建立された

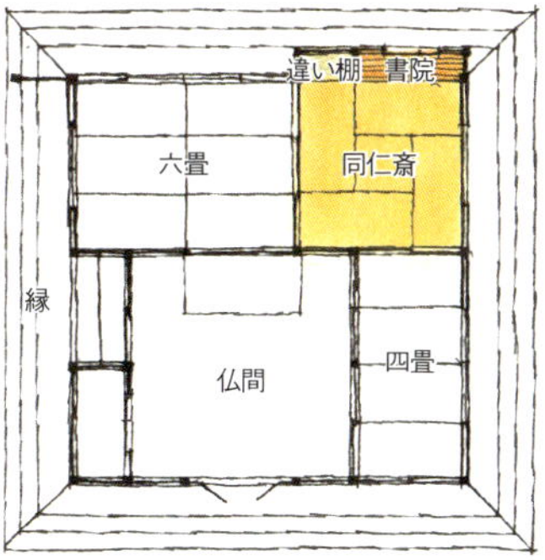

違い棚
書院
六畳
同仁斎
縁
仏間
四畳

東求堂の平面図(S＝1/200)。同仁斎はその一室

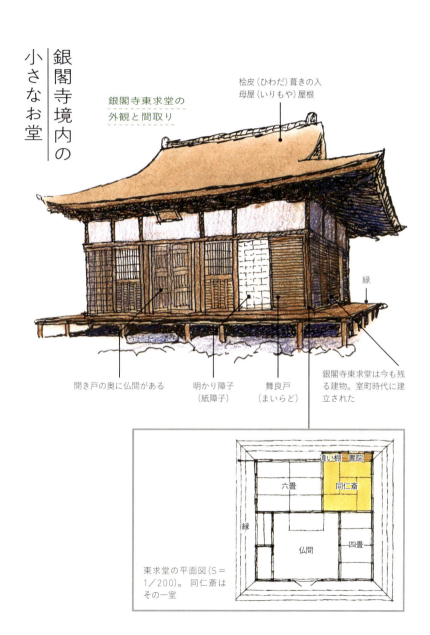

巻末COLUMN

日本の住まい

06

畳にはまだ遠い、農家の原型

古井家住宅（兵庫）[※] は室町時代の建造とされる。別名「千年家《せんねんや》」。実際に千年建っているということではなく、長い歴史をもっている家という意味だ。

すでに江戸時代にそう呼ばれていたという記録が残っている。土間にはうまやとかまどが設けられ、広間は板敷き、囲炉裏のある間の床には竹を敷き並べている。

室町時代の一般農民の住まいではまだ、畳を敷き詰めた「座敷」を見ることはできない。畳は当時、一般庶民の使える床材ではなかった。一方、身近な材料であった竹は、成長も早く弾力性があるため、仕上材としてだけでなく、壁の下地や屋根の垂木《たるき》などにも使われていた。

中世の農家は土座から床の生活へ

古井千年家の外観

茅葺きの寄棟屋根
土で塗り込められた、開口部が少ない、閉鎖的な空間
便所

※：国指定重要文化財。兵庫県姫路市。

古井千年家の間取り

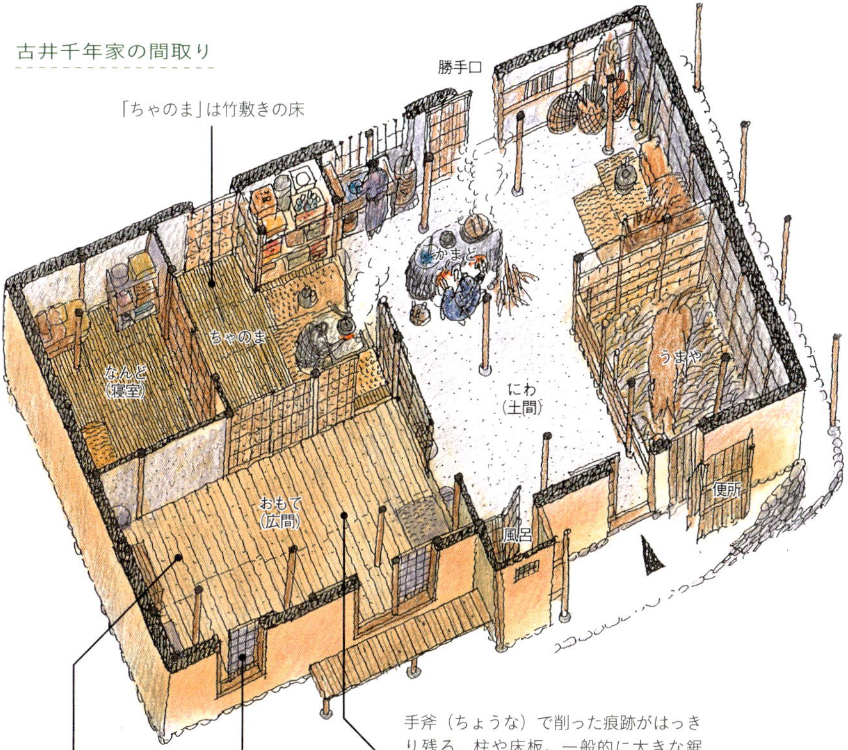

手斧（ちょうな）で削った痕跡がはっきり残る、柱や床板。一般的に大きな鋸で板を挽くようになったのは近世以降。ちょうな仕上げは古い建物（鎌倉・室町以前）の証

広間は板敷き床

開口は比較的小さい

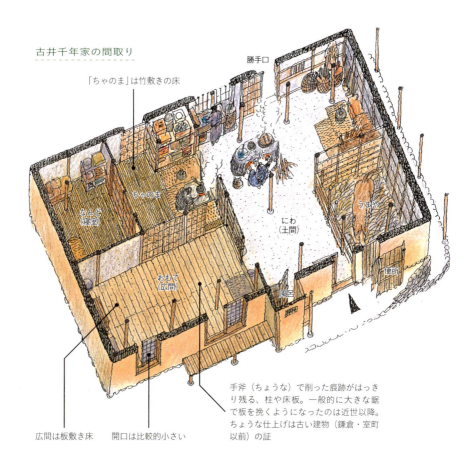

究極の数寄屋造りを茶室に見る

現在の和風建築の源として、「書院造り」[※1] のほかに、「数寄屋《すきや》造り」も忘れてはならない。曲がった木の柱や、仕上がっていない荒壁などにまで美を見出す感性は、和風建築やわが国の芸術の基盤になっている。

臨西宗《りんざい》の寺、妙喜庵《みょうきあん》にある待庵《たいあん》[※2] は、千利休がつくった究極の草庵《そうあん》茶室といわれる。書院で行われていた従来の茶の湯に対し、素朴な建物で行う茶を草庵茶という。建物全体で4畳半大しかない待庵は、茶の湯の精神が高密度に凝縮された究極の数寄屋建築なのである。

待庵のなかで主人が客をもてなす場は、わずか畳2枚に床《とこ》の間《ま》が付いた空間である。いわば極小空間だが、ひとたび中に入れば、一部折り上げた天井がその圧迫感を和らげ、相対する人の表情が容易に読み取れ、ささやくような微妙な声をも聞き分けられる、ほどよい距離感であることが分かる。

わざわざ頭を下げなければ出入りのできない「にじり口」は、身分の高低による差別を打ち消す、茶の湯の精神を具現化したものである。

数奇の心を凝縮した空間

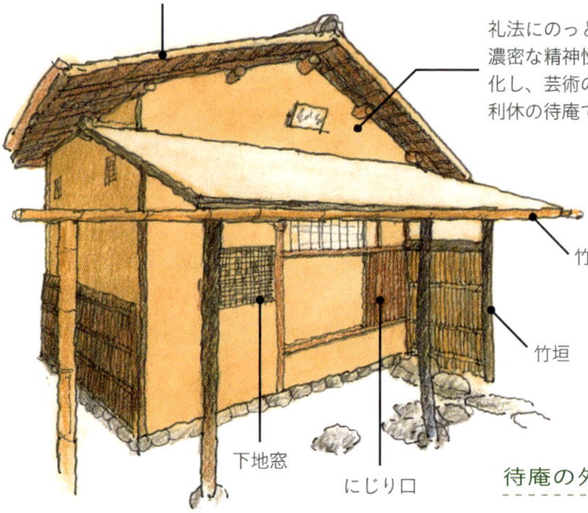
柿(こけら)葺きの切妻屋根。薄い木片(柿板)で葺くことを柿葺きという
礼法にのっとり茶をたしなむ行為には、濃密な精神性が現れる。その行為を秩序化し、芸術の域にまで昇華させたのが千利休の待庵である
竹の雨樋
竹垣
下地窓
にじり口

待庵の外観

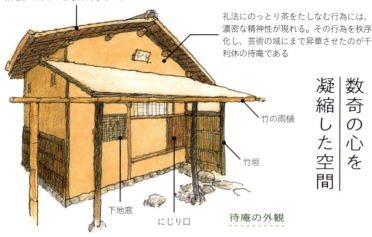

茶席部分の構成

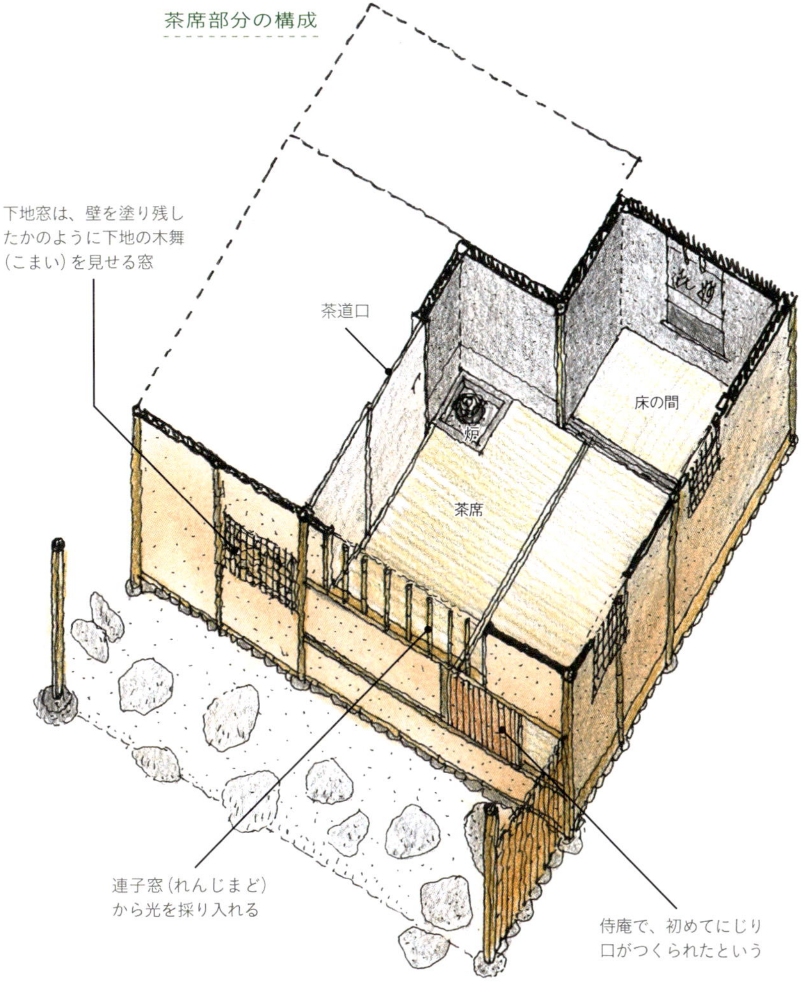

※1：寝殿造りから発展し、生まれた（276頁参照）。
※2：建築は安土桃山時代、天正年間（1573～1592年）ごろ。国宝。

独自の美意識が新しい価値を生む

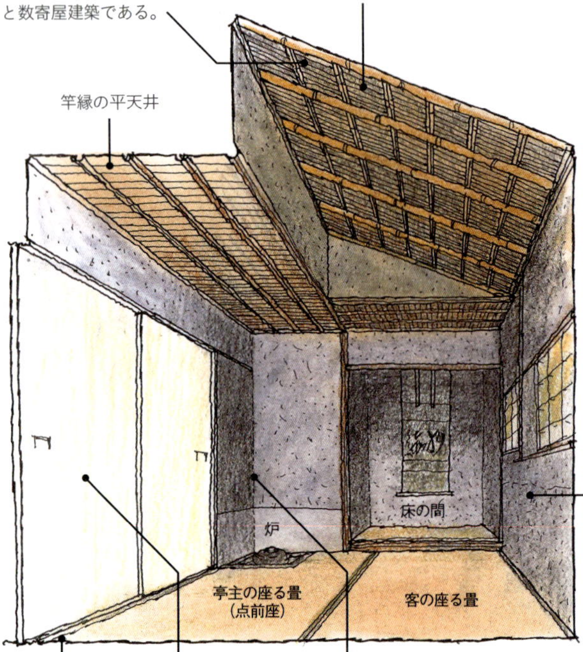

きれいに仕上げたものや真新しいものが美しいとされていた時代、自然のあるがままの造形に美を見出したのが、茶の心と数寄屋建築である。
竹の垂木（たるき）でつくられた折れ天井。狭小空間の圧迫感を和らげる
竿縁の平天井
炉
床の間
材料の藁スサを表面に出した荒壁
亭主の座る畳
（点前座）
客の座る畳
茶席部分
断面パース
亭主が出入りする茶道口。袋張りの引違い襖
1階は階段も含めてほとんどが外部空間である

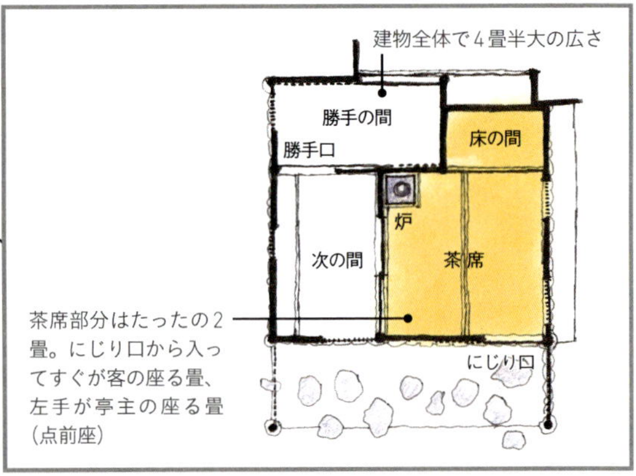

建物全体で4畳半大の広さ
勝手の間
勝手口
床の間
炉
次の間
茶席
にじり口
茶席部分はたったの2畳。にじり口から入ってすぐが客の座る畳、左手が亭主の座る畳（点前座）

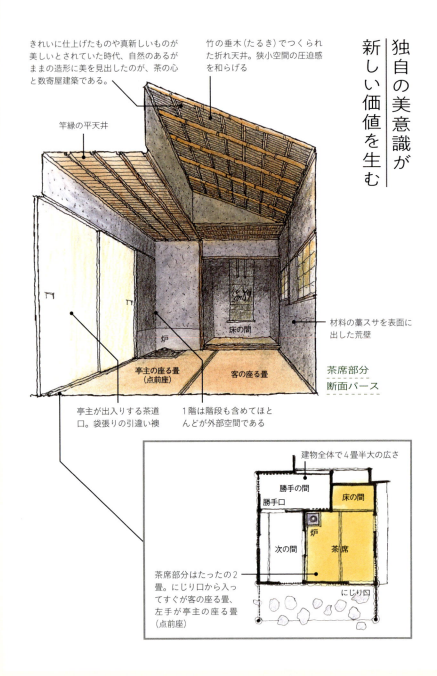

巻末COLUMN

日本の住まい

08

座敷の登場、江戸時代の農家

土間に続く床の部分を田の字形に間仕切った「田の字形プラン」。江戸時代後期以降、農家における典型的な間取りとなった。その原型となるのが三つ間取りの平面といわれる。

旧北村家住宅［※］は、江戸の中期ごろに関東地方に建てられた農家だ。土間の脇に広間、その奥に2つの座敷（畳の間）がある三つ間取り。当時としては比較的裕福な家だ。広間のうち炊事場部分は板敷きだが、囲炉裏部分は、まだ真竹を敷き並べたものであった。表座敷には床の間と仏壇を備え、奥座敷は主に寝所として使われた。

江戸時代中期には、さまざまな建具が使われていた。建具の種類の多さは、変化に富む日本の気候に適応するためであるが、これが和風建築をかたちづくる要因の一つにもなった。

農家にも畳が普及する

旧北村家住宅のように、寄棟屋根で長方形間取りを持つ家を直屋（すごや）造り（286頁参照）という

旧北村家住宅の外観

※：神奈川県秦野市から川崎市立日本民家園（神奈川県川崎市）に移築。

旧北村家住宅でも建具は多彩。板戸、無双戸、紙障子、そのほか紙障子に竹の格子が付いた「しし窓」という窓も設けられている

座り流しは、座って作業する原始的な流し

旧北村家住宅の間取り

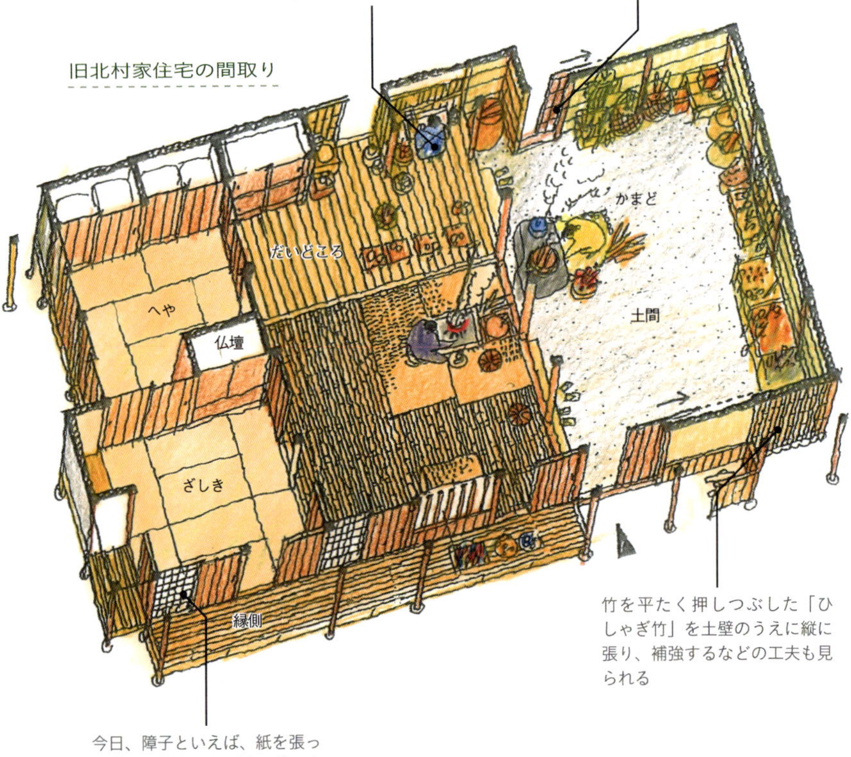

竹を平たく押しつぶした「ひしゃぎ竹」を土壁のうえに縦に張り、補強するなどの工夫も見られる

今日、障子といえば、紙を張った建具を指すことが多いが、本来は建具の総称であった

気候や用途に応じた建具が誕生

建具のいろいろ

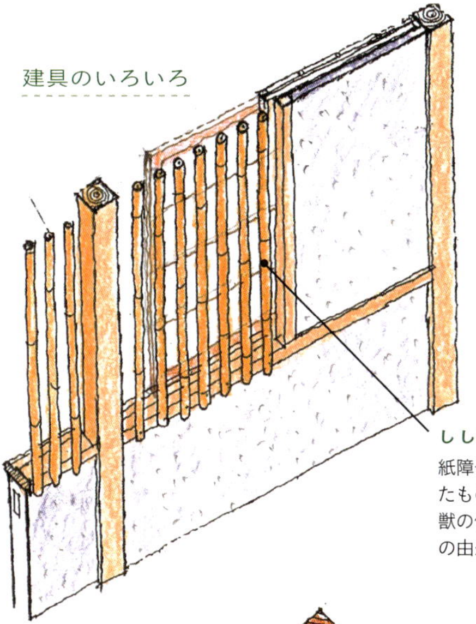

しし窓

紙障子の建具枠に竹を打ちつけたもの。窓に格子を打ち付けて獣の侵入を防いだことがその名の由来

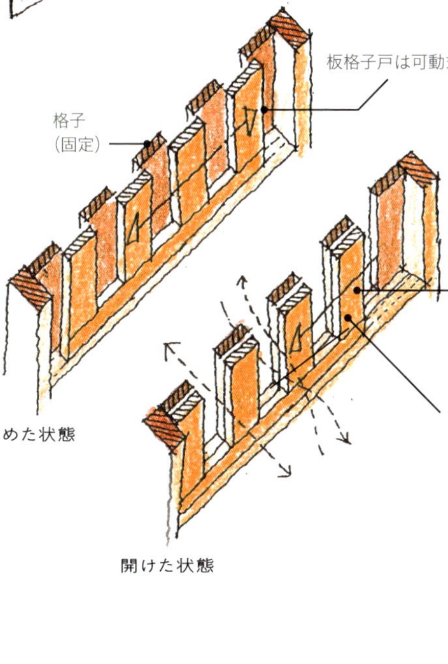

板格子戸は可動式
格子
(固定)
板格子戸を
スライドさせる
閉めた状態
開けた状態

無双窓

板格子戸をスライドさせることで、窓を開閉する。シンプルだが防犯・採光・通風の機能を満たす

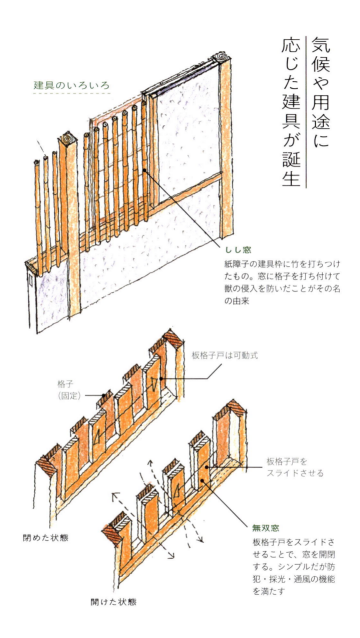

巻末COLUMN

日本の住まい

09

多様化していく農家

南から北まで多様な気候帯をかかえるわが国は、その地域に適応したさまざまな様式の民家を育んだ。さらに江戸の中期から後期にかけて、社会階層に適応するかたちでも多様化していく。地方の農民たちのなかに、財力や権力を持つ名主や庄屋といった人たちが台頭してきたことと、それは深くかかわっている。彼らにとって家は、「住む」ためのもの以外に「権力を誇示する」ものであり、それが重要視されたからだ。

住むだけでなく見せる、誇示するものへ

民家の主な様式①

直屋《すごや》造り
切妻、寄棟など単純な屋根を載せた、長方形の間取りをもつ家。最も一般的で、全国に存在

曲がり屋造り
直屋造りの建物に厩の棟が直角に付随したL字形の民家。東北地方に多く分布

※1：メインの入口が建物長手側にあるものは「平入り」という。
※2：表口から裏口まで通り抜けられる土間。

民家の主な様式②

中門《ちゅうもん》造り

曲がり屋造りと同様、L字形の平面だが、曲がりの部分が入口になっている点が異なる。秋田地方に多い。図は凹字形平面

中門といわれる入口

合掌《がっしょう》造り（262頁参照）

2つの材を山形（合掌形）に組んだ、巨大な屋根（合掌）をもつ。富山県五箇山などに分布

妻《つま》入《い》り型

メインの入口が建物短手側（妻側、※1）にある。通り庭［※2］の土間をもち、町家の平面構成と類似。兵庫・丹波、京都北部に点在

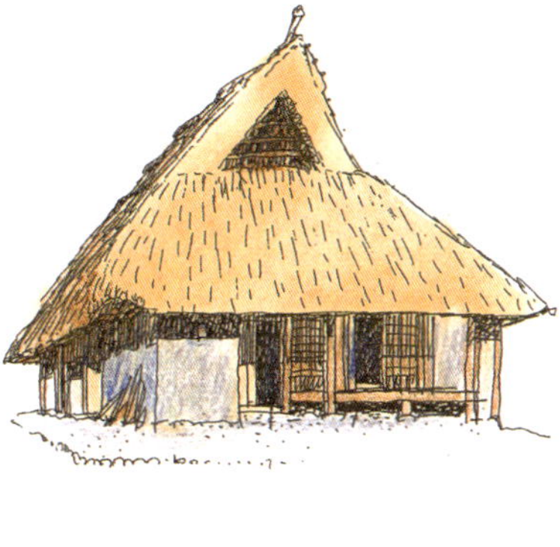

分棟《ぶんとう》型

主屋と釜屋といわれる2つの建物が合体した民家。かまどのある釜屋からの延焼を避けるために別棟に建てたものが、後に一体化したと考えられている。主に九州、四国、房総などの太平洋沿岸に分布

2つの屋根の谷の部分に、木をくり貫いた樋を設けて雨仕舞いする
主屋
釜屋
かまどがあり、農作業用の土間になっている

くど造り

コの字やロの字形など、「くど（かまど）」に似たかたちをしていることから名付けられた。その発生由来は「ひとつの大きな屋根をかけることが難しかった」「強い風がどの方向から吹いても受け流せるようにした」など諸説ある。主に九州・佐賀に分布

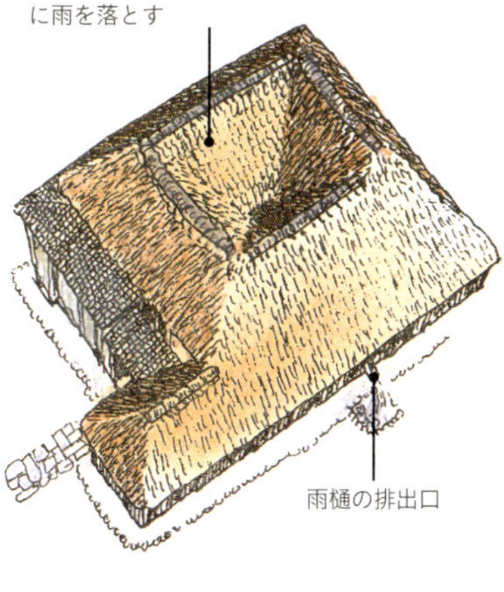
雨仕舞いとしては不合理な形態。分棟型と同様に谷樋が室内を通り、外に雨を落とす
雨樋の排出口

巻末COLUMN
日本の住まい
10

人々の生活に「和風」が浸透する

今日、和風住宅という言葉から思い浮かぶのは、畳敷きの和室（座敷）に床の間。これらは武家の時代に由来する書院造りが起源である。それがいつ、民家にまで広がったのだろう？

旧松下家住宅［※］が建設されたのは江戸時代の末期（19世紀中ごろ）とされる。北陸・金沢の街外れで茶店を営み、種物《たねもの》（農作物の種子）を扱う中規模程度の商家であった。

内部の間取りは、表の「みせのま」、その奥に「帳場」、そして家人らの生活空間である「いま」、「ざしき」が並ぶ。

注目したいのは、奥の「ざしき」に床の間と書院が設けられていることである。

地方の商家にこうした部屋がつくられていたということから、書院造りが市井《しせい》の人々の生活にすでに深く浸透していたことが分かる。

民家や地方の建物にも床の間・書院が備わる

旧松下家住宅の外観

冬期の厳しい気候のためか、屋根はびっしりと石を敷き並べた石置き屋根
落とし込み式のしとみ戸
庇は板葺き

※：国指定重要文化財。現在は、金沢湯涌江戸村（石川県金沢市）に移築。

旧松下家住宅の間取り

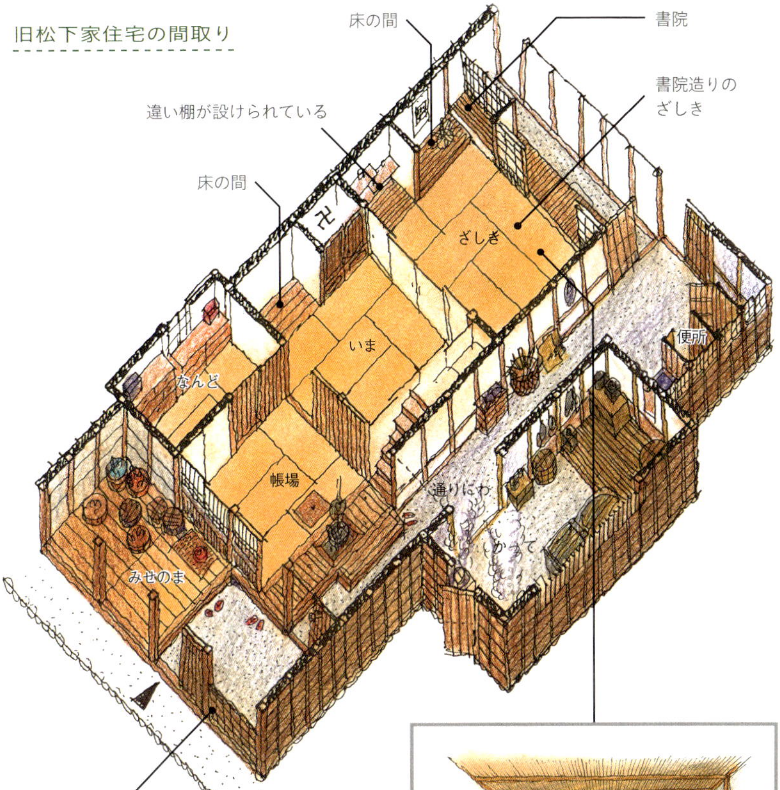
床の間
書院
書院造りの
ざしき
違い棚が設けられている
床の間
ざしき
いま
なんど
便所
帳場
通りにわ
みせのま

京都の町家のようにファサード
に格子は見られず、「しとみ戸」
が町家の原型を彷彿とさせる

床の間、違い棚、書院があるざしき。
書院造りは住宅のステータスとなった

火災に強い町家はなぜできた

家屋の密集した都市部は、しばしば大きな火災に見舞われた。木造建築が主な構造であったわが国においては、宿命といってもいいほどの避けられない災害であった。

江戸時代の中ごろになると、大火の経験から町家は、2階部分を防火処理した塗《ぬり》屋《や》造り、土蔵を店舗にしたような土蔵造りの防火建築に進化していった。

そのほか、2階部分の側壁を伸ばし、隣家からの延焼を防ぐための「うだつ」（166頁参照）も見られるようになる。藍を取り扱う商いで栄えた四国・徳島の脇町や、中山道の宿場町であった海野宿などは「うだつ」のある町家群としてよく知られている。

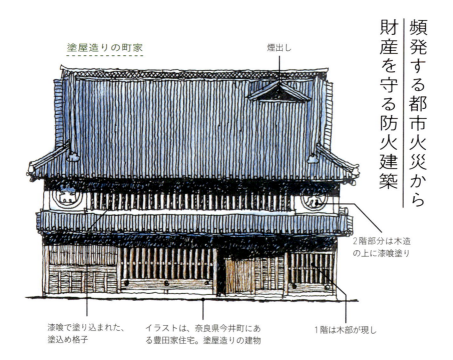

頻発する都市火災から財産を守る防火建築

塗屋造りの町家

煙出し
2階部分は木造の上に漆喰塗り
漆喰で塗り込まれた、塗込め格子
1階は木部が現し

イラストは、奈良県今井町にある豊田家住宅。塗屋造りの建物

土蔵造りの町家

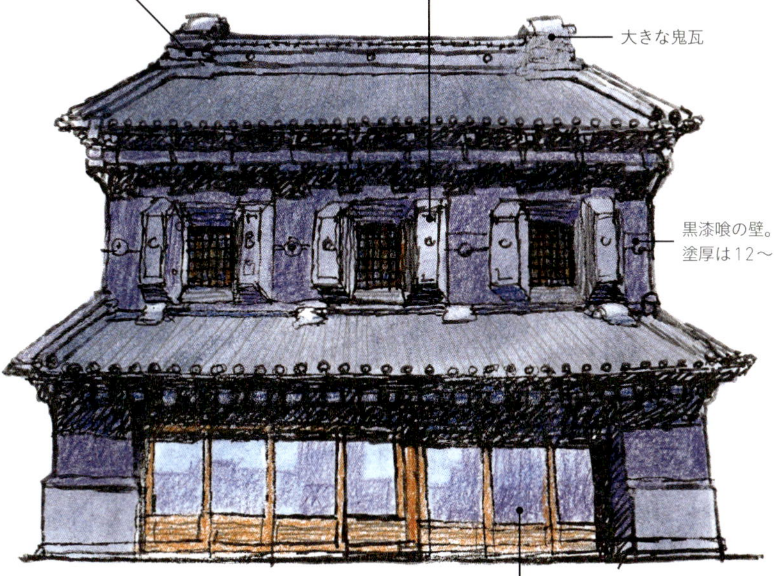
棟を箱状にした箱棟
観音開きの防火扉。火災時には外から閉め、締め合わせの部分を粘土質の土（用心土）で塗り込めた
大きな鬼瓦
黒漆喰の壁。塗厚は12～18㎝
ガラス戸は現代になって入れたもの。江戸時代は取外し式の板戸を入れ、土戸といわれる防火扉を両脇の壁の内側に収めていた。

ARCHIECT INDEX

建築家インデックス

あ		
アアルト, アルヴァ／Aalto. Alvar (1898-1976)	p.082	カレ邸
アスプルンド, エリック・グンナー／Asplund. Erik Gunnar (1885-1940)	p.046	夏の家
池辺 陽／Ikebe. Kiyoshi (1920-1979)	p.180	立体最小限住宅 住宅 No.3
イームズ, チャールズ＆レイ／Eames. Charles (1907-1978)　Eames. Ray (1912-1988)	p.062	イームズ自邸
ウェブ, フィリップ／Webb. Philip Speaksman (1831-1915)	p.010	レッドハウス
ヴェンチューリ, ロバート／Venturi. Robert (1925-)	p.114	母の家
内山新造／Uchiyama. Shinzo	p.162	吉島家住宅
か		
カーン, ルイス／Kahn. Louis Isadore (1901-1974)	p.107	エシェリック邸
	p.092	フィッシャー邸
菊竹清訓／Kikutake. Kiyonori (1928-2011)	p.198	スカイハウス
グワスミー, チャールズ／Gwathmey. Charles (1938-2009)	p.123	グワスミー邸兼アトリエ
コーニッグ, ピエール／Koenig. Pierre (1925-2004)	p.103	スタール邸
コレア, チャールズ／Correa. Charles (1930-)	p.144	パレク邸
さ		
篠原一男／Shinohara.Kazuo (1925-2006)	p.204	白の家
ジョンソン, フィリップ／Johnson. Philip (1906-2005)	p.072	ガラスの家
清家 清／Seike. kiyoshi (1918-2005)	p.194	私の家
た		
丹下健三／Tange. Kenzo (1913-2005)	p.186	丹下自邸
な		
西田伊三郎／Nishida. Isaburo	p.162	吉島家住宅
は		
林 雅子／Hayashi. Masako (1928-2001)	p.220	ギャラリーをもつ家
バラガン, ルイス／Barragan. Louis (1902-1988)	p.055	バラガン自邸
ハリーリ, ネダール／Khalili. Nader (1936-2008)	p.140	スーパーアドビ
広瀬鎌二／Hirose. Kenji (1922-2012)	p.190	SH-1
藤井厚二／Fujii. Kouji (1888-1938)	p.168	聴竹居
藤森照信／Fujimori. Terunobu (1946-)	p.224	ニラハウス
フラー, バックミンスター／Fuller. Richard Buckminster (1895-1983)	p.050	ウィチタ・ハウス
ブロイヤー, マルセル／Breuer.Marcel Lajos (1902-1981)	p.088	フーパー邸
ヘルツォーク, トーマス／Herzog. Thomas (1941-)	p.132	レーゲンスブルクの住宅

ボッタ, マリオ／Botta, Mario (1943-)	p.128	リヴァサン・ヴィターレの住宅
ホール, スティーブン／Holl, Steven (1947-)	p.148	Yハウス
ま		
前川國男／Maekawa, Kunio (1905-1986)	p.176	前川自邸
マーカット, グレン／Murcutt, Glenn (1936-)	p.136	マグニー邸
ミース・ファン・デル・ローエ, ルートヴィヒ／Mies van der Rohe, Ludwig (1886-1969)	p.066	ファンズワース邸
宮脇檀／Miyawaki, Mayumi (1936-1998)	p.208	もうびぃでぃっく
ムーア, チャールズ／Moore, Charles (1925-1993)	p.098	ムーア自邸
メーリニコフ, コンスタンチン／Melnikov, Konstantin (1890-1974)	p.020	メーリニコフ自邸
モリス, ウィリアム／Morris, William (1834-1896)	p.010	レッドハウス
や		
ヤコブセン, アルネ／Jacobsen, Arne Emil (1902-1971)	p.024	ローテンボー邸
吉阪隆正／Yoshizaka, Takamasa (1917-1980)	p.216	浦邸
ら		
ライト, フランク・ロイド／Wright, Frank Lloyd (1867-1959)	p.035	ジェイコブス邸
	p.040	落水荘
リートフェルト, ヘリット・トーマス／Rietveld, Gerrit Thomas (1888-1964)	p.014	シュレーダー邸
ル・コルビュジエ／Le Corbusier (1887-1965)	p.028	サヴォア邸
	p.077	ジャウル邸
ルドルフ, ポール／Rudolph, Paul (1918-1997)	p.110	マイラム邸
レーモンド, アントニン／Raymond, Antonin (1888-1976)	p.172	軽井沢夏の家
M.S		
MLTW／MLTW	p.118	シーランチ・コンドミニアム
SeARCH、クリスティアン・ミュラー・アーキテクツ／SeARCH＋CMA	p.152	ヴィラ・ヴァルス
その他		
設計者不明	p.158	新島旧邸
設計者なし	p.230	穴居
	p.234	洞窟住居
	p.238	土屋根、草屋根の住居
	p.242	高床式住居
	p.246	水上住居
	p.250	組立て式住居
	p.254	テント式住居
	p.258	中庭式住居
	p.262	合掌造りの民家

MAP INDEX

建物インデックス

現存しないもの、移築されたものも含みます。

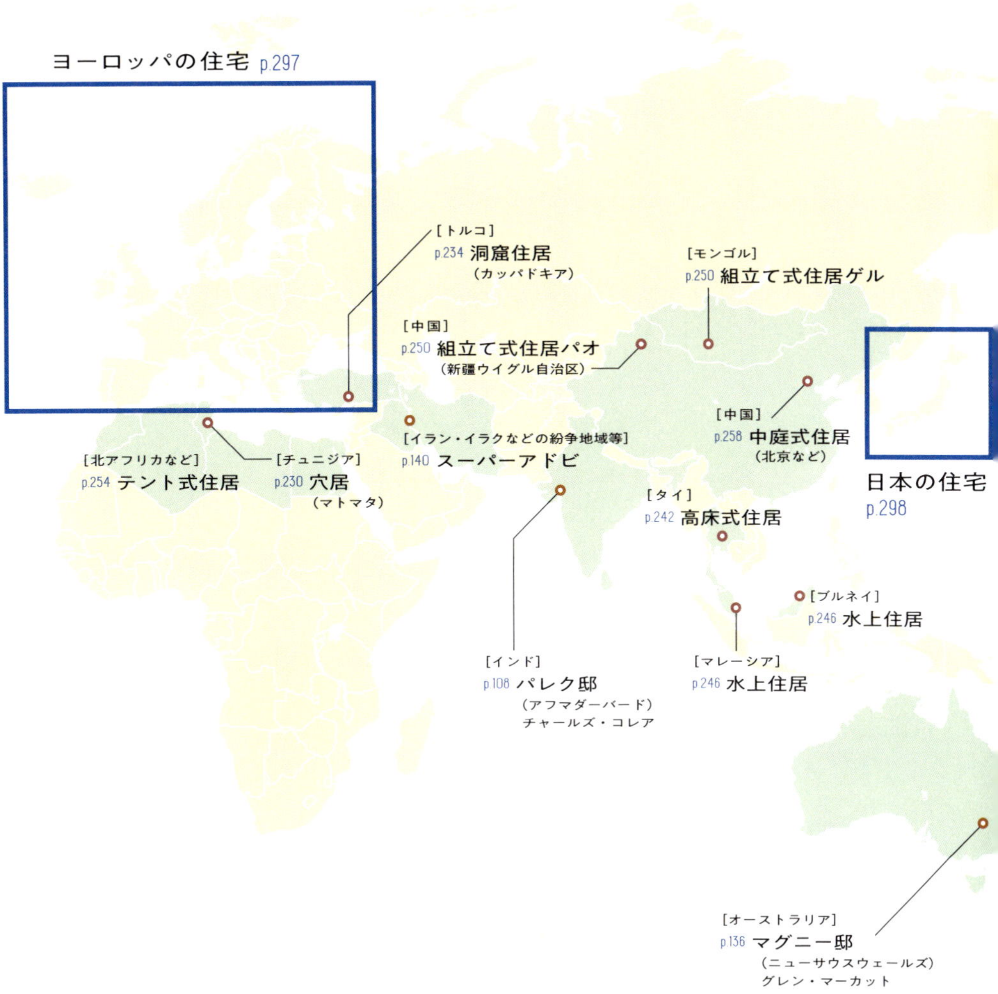
ヨーロッパの住宅 p.297
[トルコ]
p.234 洞窟住居
(カッパドキア)
[モンゴル]
p.250 組立て式住居ゲル
[中国]
p.250 組立て式住居パオ
(新疆ウイグル自治区)
[中国]
p.258 中庭式住居
(北京など)
日本の住宅
p.298
[イラン・イラクなどの紛争地域等]
p.140 スーパーアドビ
[北アフリカなど]
p.254 テント式住居
[チュニジア]
p.230 穴居
(マトマタ)
[タイ]
p.242 高床式住居
[ブルネイ]
p.246 水上住居
[インド]
p.108 パレク邸
(アフマダーバード)
チャールズ・コレア
[マレーシア]
p.246 水上住居
[オーストラリア]
p.136 マグニー邸
(ニューサウスウェールズ)
グレン・マーカット

MAP INDEX 2

北アメリカの住宅

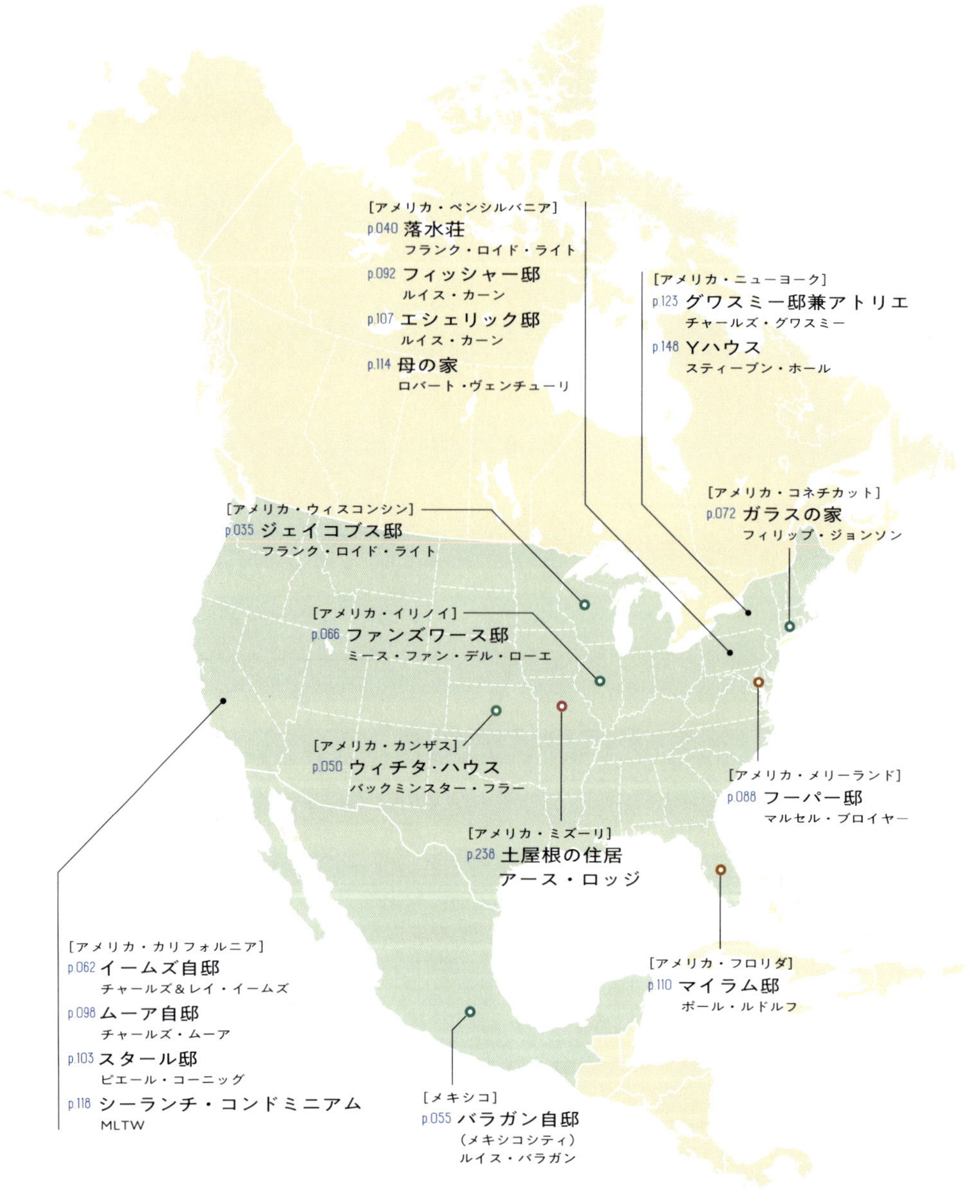

[アメリカ・ペンシルバニア]
p.040 落水荘
フランク・ロイド・ライト
p.092 フィッシャー邸
ルイス・カーン
p.107 エシェリック邸
ルイス・カーン
p.114 母の家
ロバート・ヴェンチューリ
[アメリカ・ニューヨーク]
p.123 グワスミー邸兼アトリエ
チャールズ・グワスミー
p.148 Yハウス
スティーブン・ホール
[アメリカ・ウィスコンシン]
p.035 ジェイコブス邸
フランク・ロイド・ライト
[アメリカ・コネチカット]
p.072 ガラスの家
フィリップ・ジョンソン
[アメリカ・イリノイ]
p.066 ファンズワース邸
ミース・ファン・デル・ローエ
[アメリカ・カンザス]
p.050 ウィチタ・ハウス
バックミンスター・フラー
[アメリカ・メリーランド]
p.088 フーパー邸
マルセル・ブロイヤー
[アメリカ・ミズーリ]
p.238 土屋根の住居
アース・ロッジ
[アメリカ・カリフォルニア]
p.062 イームズ自邸
チャールズ＆レイ・イームズ
p.098 ムーア自邸
チャールズ・ムーア
p.103 スタール邸
ピエール・コーニッグ
p.118 シーランチ・コンドミニアム
MLTW
[アメリカ・フロリダ]
p.110 マイラム邸
ポール・ルドルフ
[メキシコ]
p.055 バラガン自邸
（メキシコシティ）
ルイス・バラガン

MAP INDEX 3

ヨーロッパの住宅

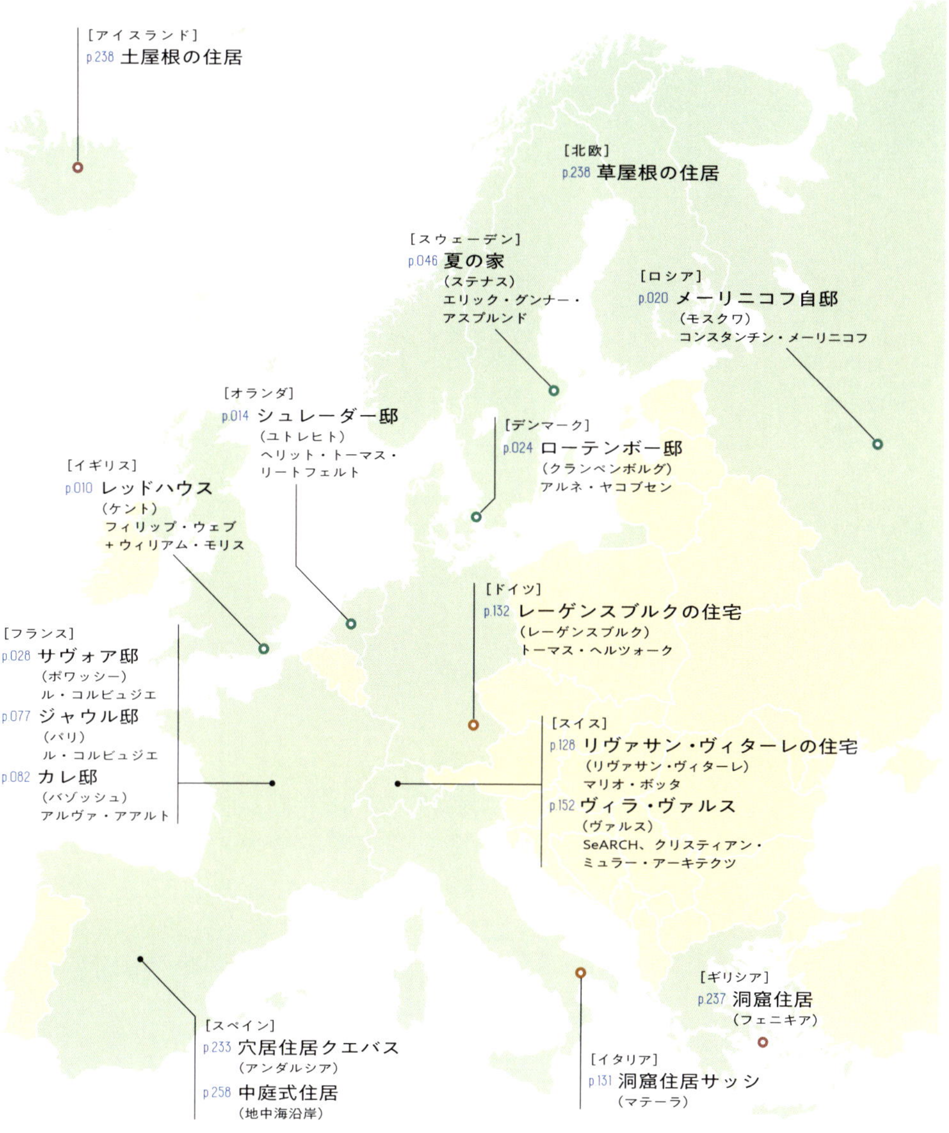

[アイスランド]
p.238 土屋根の住居
[北欧]
p.238 草屋根の住居
[スウェーデン]
p.046 夏の家
(ステナス)
エリック・グンナー・
アスプルンド
[ロシア]
p.020 メーリニコフ自邸
(モスクワ)
コンスタンチン・メーリニコフ
[オランダ]
p.014 シュレーダー邸
(ユトレヒト)
ヘリット・トーマス・
リートフェルト
[デンマーク]
p.024 ローテンボー邸
(クランペンボルグ)
アルネ・ヤコブセン
[イギリス]
p.010 レッドハウス
(ケント)
フィリップ・ウェブ
+ウィリアム・モリス
[ドイツ]
p.132 レーゲンスブルクの住宅
(レーゲンスブルク)
トーマス・ヘルツォーク
[フランス]
p.028 サヴォア邸
(ポワッシー)
ル・コルビュジエ
p.077 ジャウル邸
(パリ)
ル・コルビュジエ
p.082 カレ邸
(バゾッシュ)
アルヴァ・アアルト
[スイス]
p.128 リヴァサン・ヴィターレの住宅
(リヴァサン・ヴィターレ)
マリオ・ボッタ
p.152 ヴィラ・ヴァルス
(ヴァルス)
SeARCH、クリスティアン・
ミュラー・アーキテクツ
[ギリシア]
p.237 洞窟住居
(フェニキア)
[スペイン]
p.233 穴居住居クエバス
(アンダルシア)
p.258 中庭式住居
(地中海沿岸)
[イタリア]
p.131 洞窟住居サッシ
(マテーラ)

MAP INDEX 4

日本の住宅

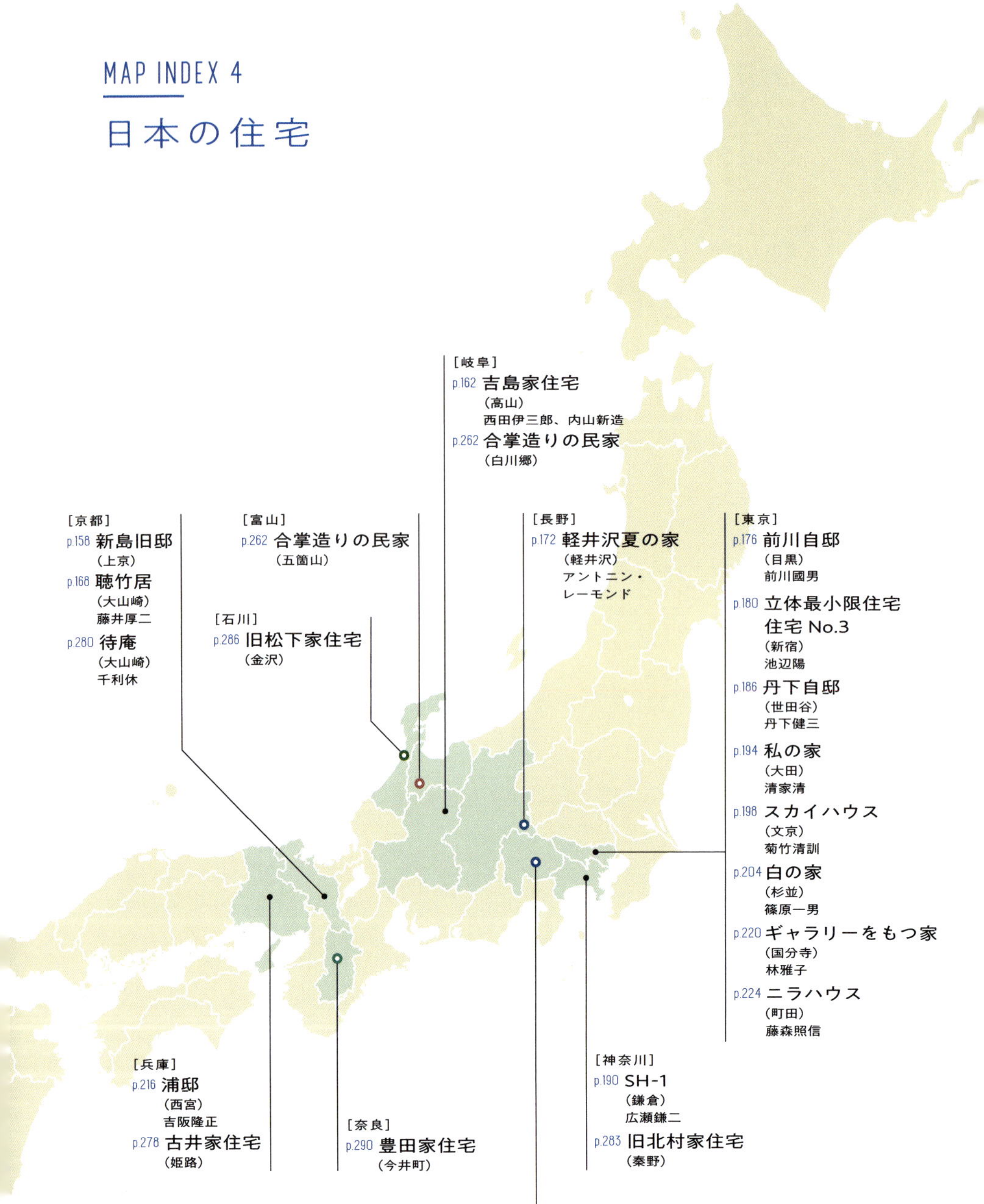

[岐阜]
p.162 吉島家住宅
(高山)
西田伊三郎、内山新造
p.262 合掌造りの民家
(白川郷)
[京都]
p.158 新島旧邸
(上京)
p.168 聴竹居
(大山崎)
藤井厚二
p.280 待庵
(大山崎)
千利休
[富山]
p.262 合掌造りの民家
(五箇山)
[石川]
p.286 旧松下家住宅
(金沢)
[長野]
p.172 軽井沢夏の家
(軽井沢)
アントニン・
レーモンド
[東京]
p.176 前川自邸
(目黒)
前川國男
p.180 立体最小限住宅
住宅 No.3
(新宿)
池辺陽
p.186 丹下自邸
(世田谷)
丹下健三
p.194 私の家
(大田)
清家清
p.198 スカイハウス
(文京)
菊竹清訓
p.204 白の家
(杉並)
篠原一男
p.220 ギャラリーをもつ家
(国分寺)
林雅子
p.224 ニラハウス
(町田)
藤森照信
[兵庫]
p.216 浦邸
(西宮)
吉阪隆正
p.278 古井家住宅
(姫路)
[奈良]
p.290 豊田家住宅
(今井町)
[神奈川]
p.190 SH-1
(鎌倉)
広瀬鎌二
p.283 旧北村家住宅
(秦野)
[山梨]
p.208 もうびぃでぃっく
(河口湖)
宮脇檀

PROFILE

執筆者紹介

中山繁信（なかやま・しげのぶ）[文章と絵]

法政大学大学院工学研究科建設工学修士課程修了。
宮脇檀建築研究室、工学院大学伊藤ていじ研究室を経て
2000〜2010年　工学院大学建築学科教授。
現在、TESS計画研究所　主宰。

〈主な著書〉

「美しく暮らす住宅デザイン○と×」小社刊
「美しい風景の中の住まい学」　オーム社
「世界で一番美しい住宅デザインの教科書」小社刊
「窓がわかる本」　学芸出版社
「建築のスケール感」　オーム社
「スケッチ感覚でパースが描ける本」　彰国社
「イタリアを描く」　彰国社
「日本の伝統的都市空間」編共著、中央公論美術出版
「現代に生きる境内空間の再発見」彰国社
（文章担当1章13、2章03、3章02・12、4章03・04・06・07・09、
建築家COLUMN 03・08・11・13・18・20・21、巻末COLUMN）

松下希和（まつした・きわ）[文章]

ハーバード大学大学院デザインスクール　建築学部修了。
現在、KMKa一級建築士事務所　主宰。
芝浦工業大学環境システム学科教授。

〈主な著書〉

「Harvard Design School Guide to Shopping」（共著）Tachen
「住宅・インテリアの解剖図鑑」小社刊
「やさしく学ぶ建築製図」（共著）小社刊
「世界で一番美しい建築デザインの教科書」（共著）小社刊
（文章担当：1章03・06・08・09・11・12、2章01・05〜07・09・14・15、
3章01・03・04・07〜09・11・14、建築家COLUMN 09・12）

伊藤茉莉子（いとう・まりこ）[文章]

日本大学生産工学部建築工学科卒業。
2005年〜谷内田章夫／ワークショップを経て
現在、会津短期大学非常勤講師。

〈主な著書〉

「矩計図で徹底的に学ぶ住宅設計」オーム社
（文章担当：1章01・02・04・05・07・14・15、2章04・08・11・12・16、3章06・10、
建築家COLUMN 02・04・10・16・19）

齋藤玲香（さいとう・れいか）[文章と人物絵]

工学院大学工学部建築学科卒業。
一橋大学大学院社会学研究科（社会動態研究）修了。フリーランスのイラストレータとして活動中。
（文章担当：1章10、2章02・10・13、3章05・13・15、4章01・02・05・08、
建築家COLUMN 05・07・14・17・22）

SPECIAL THANKS　松橋実乃里（建築家COLUMN 01・06・15）

参考文献
■「JA 22号　モダン住宅」新建築社
■「JA 29号　モダン住宅Ⅱ」新建築社
■「JA 33号　アントニン レーモンド」新建築社
■「20世紀　世界の名作住宅」小社刊
■「a+u Visions of the Real　20世紀のモダンハウス：理想の実現Ⅰ」エー・アンド・ユー
■「近代＝時代のなかの住居・改訂版ー近代建築をもたらした46件の住宅ー」黒澤隆／メディアファクトリー
■「住宅巡礼」中村好文／新潮社
■「シェルター」ロイド・カーン・玉井一匡日本語監訳／グリーンアロー出版社
■「建築のしくみ：住吉の長屋／サヴォワ邸／ファンズワース邸／白の家」安藤直見・柴田晃宏・比護結子／丸善
■「日本の民家2：農家Ⅱ　中部」学習研究社（学研）
■「日本の民家5：町屋Ⅰ　北海道・東北・関東・中部」吉田靖他／学習研究社（学研）

図解 世界の名作住宅

2018年10月1日　初版第1刷発行
2022年4月26日　第5刷発行

著者　中山繁信＋松下希和＋伊藤茉莉子＋齋藤玲香

発行者　澤井聖一

発行所　株式会社エクスナレッジ
〒106-0032
東京都港区六本木7-2-26
https://www.xknowledge.co.jp/

問合せ先

編集　Tel. 03-3403-1381
Fax 03-3403-1345
info@xknowledge.co.jp

販売　Tel. 03-3403-1321
Fax 03-3403-1829